KB069853

풍요와
거품의
역사

돈이 지배한
광기와 욕망의 드라마

풍요와 거품의 역사

안재성 지음

을유문화사

풍요와 거품의 역사

돈이 지배한 광기와 욕망의 드라마

발행일
2018년 7월 25일 초판 1쇄
지은이 안재성
펴낸이 정무영
펴낸곳 (주)을유문화사

창립일 1945년 12월 1일
주소 서울시 마포구 월드컵로16길 52-7
전화 02-733-8153
팩스 02-732-9154
홈페이지 www.eulyoo.co.kr

ISBN 978-89-324-7385-7 03900

서문

탐욕이 만들어 낸
풍요와 거품

'화폐'의 탄생과 발전, 그리고 자본주의 경제 시스템의 발전은 인류에게 최대의 부와 풍요를 선물했다. 우리는 인류 역사상 가장 풍요로운 시대에 살고 있다. 더 이상 헐벗고 굶주리는 사람을 찾기는 힘들며, 오히려 영양 과잉을 걱정하고 있다. 자동차, 항공기, 텔레비전, 컴퓨터, 스마트폰 등 편리한 문명의 이기가 넘쳐흐른다. 그럼에도 만족하기는커녕 우리의 정서는 점점 더 황폐해지는 느낌이다.

　다들 유난스러울 만큼 '돈'과 '경제'란 단어에 목을 매고 있다. 선거에 출마하는 모든 정치가들이 빼놓지 않고 입에 올리는 공약이 '경제 살리기'다. 주변에서는 "경기가 안 좋아 먹고 살기 힘들다"는 말을 흔하게 들을 수 있다. 그러다 보니 어느새 돈을 숭배하는 세상이 형성됐다. '천민자본주의', '황금만능주의' 등의 용어가 유행하고, 젊은이들의 꿈 중 '돈 많이 벌기'가 1순위를 차지할 만큼 노골적으로 돈을 숭배하고 있다. 게다가 인간의 끝없는 탐욕이 종종 거품을 빚어 국가와 사회에 심각한 피해를 초래하기도 한다. 카드 버블, 부동산 버블, 글로벌 금융 위기, 유럽 재정 위기 등 주기적으로 솟아올랐다가 꺼지는 거품 때문에 많은 사람들이 고통을 겪었다. 재산이 급감하는 경우는 흔하고, 심지어 알거지로 전락하는 사람들도 수두룩하다.

우리는 어쩌다가 이렇게 돈을 숭배하는 세상, 돈에 휘둘리는 세상에 살게 됐을까? 왜 파국이 우려되는데도 탐욕을 주체하지 못해 거품을 키울까? 이런 의문을 품다 보면, 종종 과거가 아름답게 미화되기도 한다. 적어도 옛날에는 지금처럼 천민자본주의에 지배당하는 세상은 아니었을 것 같다. 그런데 사실 과거에도 별반 다르지 않았다. 인간이 돈을 사랑하고, 돈에 좌지우지되고, 끝없이 탐욕을 부리는 것은 동서고금이 똑같았다. 언제나 돈은 매우 중요한 역할을 했다.

'정의'를 명분으로 내세운 전쟁의 진짜 원인이 돈 때문인 경우가 많았고, 국가가 시행하는 여러 정책의 배경에 이권을 둘러싼 다툼이 큰 영향을 끼치기도 했다. 전쟁과 국가적 사업의 성패가 오직 돈으로 인해 갈린 경우도 수두룩했다. '돈 문제'를 해결하려고 관료와 학자들은 여러모로 머리를 쥐어짰다. 그 결과 화폐와 경제 시스템이 점점 발전했으며, 이를 통해 인간의 부도 증가했다.

아이러니컬하게도 재정 부족으로 궁지에 몰린 정치가가 단지 눈앞의 위기를 넘기기 위해 행한 사기가 훗날의 금융 시스템 발전으로 연결된 경우도 여러 차례였다. 이런 발전은 또한 인류의 풍요를 더 진작시켰다. '악한 동기'가 '좋은 결과'를 만들어 낸 것이다. 반대로 '선한 동기'가

'나쁜 결과'를 초래한 예도 수없이 많다. 그래서 서양 속담에 "지옥으로 가는 길은 선의로 포장돼 있다"는 말이 존재하는지도 모른다.

이 책에서는 이처럼 금융과 경제의 발전에 얽힌 여러 역사적 일화를 통해 인류가 만들어 온 '풍요와 거품의 역사'에 대해 짚어 보고자 한다.

차례

1부
고대 제국을 취하게 만든
풍요와 거품

1장

메피스토펠레스도 혀를 내두르는
'가짜 돈', 지폐

"돈을 바닥에서 긁어모을 수는 없으나, 지혜는 아주 깊이 묻혀 있는 보물도 파낼 수 있습니다. 사고의 전환은 이를 능히 가능케 합니다. 폐하께서는 거역할 수 없는 명령을 내릴 권능이 있는데 무엇을 걱정하십니까? 앞으로 이 종이 한 장은 1천 크로네에 해당한다는 포고령을 내리시기만 하면 됩니다."

요한 볼프강 폰 괴테의 명작 『파우스트』에 나오는 장면이다. 여기서 악마 메피스토펠레스는 국가 재정이 거덜 나 고민하는 신성 로마 제국 황제에게 '악마의 꾀'를 불어넣고 있다. 황제는 처음에는 "터무니없는 사기극"이라면서 거부했다. 그러나 이미 피폐해질 대로 피폐해진 재정을 재건할 다른 방법을 찾지 못한 황제는 결국 메피스토펠레스의 유혹에 무릎을 꿇고 만다.

막대한 양의 지폐가 발행돼 제국에 뿌려지자 처음에는 재정이 단숨에 호전되는 듯했다. 비어 있던 국고가 충실해지고, 국가 경제도 회복됐다. 부동산, 주식 등 자산 가격이 치솟았으며, 사방에 돈이 넘쳐흘렀다. 정부뿐 아니라 시민들도 흘러넘치는 부를 만끽했고 사회 전체에 사치와 향락이 만연했다. 시인, 화가, 음악가 등 예술가들은 간만에 두둑한 후원금을 얻었다. 하지만 기쁨도 잠시, 곧 감당하기 힘든 하이퍼인플레이션Hyperinflation이 일어나 제국의 경제는 더 심하게 망가지고 만다.

우리가 여기서 주목해야 할 부분은 황제가 "지폐는 사기극"이라며 분노한 장면이다. 우리가 너무나 당연히 돈이라고 여기면서 생활하는 1만 원짜리나 5만 원짜리 지폐, 이를 '돈'이라 칭하는 것 자체가 사기란 지적이다.

실제로 먼 과거로 가서 지폐를 내밀면서 "이건 돈이다"라고 말하면 즉시 '사기꾼' 소리를 듣게 될 것이다. 지폐가 꽤 많이 유통되고 상용화된 200년 전의 유럽에서도 지폐로 물건 값을 지불하려 하면, 상인들은 "지폐는 '진짜 돈'이 아니므로 액면가 전부를 인정해 줄 수는 없다"고 답할 것이다. 여기서 '진짜 돈'이란 물론 금화와 은화를 뜻한다.

상품 통화로서의 기능이 결여된 절름발이 통화

단지 이들이 옛날 사람이라서, 지폐를 잘 몰라서 그런 것일까? 그렇지 않다. 지폐에는 '돈'에 꼭 필요한 기능이 심각하게 결여돼 있다. 우리는 세종대왕이 그려진 1만 원짜리 지폐로 1만 원에 해당하는 재화나 서비스를 구매할 수 있다. 그런데 그 지폐를 갈기갈기 찢으면 어떻게 될까? 물론 아무짝에도 쓸모없는 쓰레기가 될 것이다. 이것이 지폐가 '가짜 돈'이라는 첫 번째 증거다.

돈은 크게 가치 통화와 상품 통화의 두 가지 기능을 가지고 있다. 우선 돈은 가치 통화로서 다른 상품의 가치를 재는 기능을 한다. 자동차, 컴퓨터, 휴대폰 등 여러 상품에 돈을 기준으로 가격을 매겨서 우리는 그 가치를 측정할 수 있다. 또한 상품 통화로서 돈이 그 자체로 내재된, 상품으로서의 가치를 지닌다. 생각해 보면 당연한 말이다. 일단 돈이, 그 화폐가 어느 정도의 가치를 보유했는지 명확해야 그걸 기준으로 다른 상품의 가치를 잴 것 아닌가?

예를 들어, 『수호지』를 보면, 등장인물들이 은그릇, 은잔 등을 발로 밟아 찌그러뜨려 부피를 줄인 후 보따리에 싸서 도망치는 장면이 종종 나온다. 당시 송나라에서는 은이 주된 통화로 활용됐는데, 은 덩어리는 멀쩡하든 일그러지든 무게만 같으면 동일한 가치로 인정됐기 때문에 그런 장면이 서술된 것이다.

'진짜 돈', 즉 금과 은은 쪼개거나 부수거나 혹은 녹여도 그 가치는 거의 훼손되지 않는다. 금화 및 은화의 가치는 표면에 새긴 숫자가 아니라 그 속에 포함된 금과 은의 함유량에 따라 결정되기 때문이다. 그런데 지폐는 찢으면 그냥 쓰레기가 된다. 여기에 무슨 내재된 가치가 있겠는가? 따라서 지폐는 상품 통화로서의 기능이 거세된, '절름발이 통화'라고 해도 과언이 아니다.

뿐만 아니라 원화는 대한민국 정부가 쓰러지면 그냥 휴지 조각일 뿐이다. 세계적으로 가장 널리 통용되는 달러화도 미국 정부가 망하면 역시 휴지 조각이 된다.

역사의 긴 호흡으로 살펴볼 때 국가의 흥망은 흔히 있는 일이다. 국가가 사라진다고 해서 즉시 가치가 제로로 변하는 돈은 이미 돈이라고 인정하기 힘들다. 이것이 지폐가 '가짜 돈'이라는 두 번째 증거다. 이 때문에 신용통화 시스템이 자리 잡기 전까지 지폐는 진짜 돈이 아니라 단지 진짜 돈과 교환할 수 있는 교환권 정도로만 여겨졌다. 일반 시민들은 물론 자본가들 사이에서도 지폐의 신뢰도는 그리 높지 않았다. 어쩌면 과거의 인류가 지폐를 잘 모르는 게 아니라 현대인들이 지폐의 문제점을 제대로 파악하지 못한 채 정부에 의해 "이 종이쪽지는 돈이다"고 세뇌당한 채 살아가고 있는 건지도 모른다.

　반면 금과 은은 상품 통화로서 내재된 가치가 있기에 어떤 상황에서도, 설령 미국이 내일 멸망해도 통화로서 기능할 수 있다. 그렇기에 세계 각국의 중앙은행은 만약을 대비해 일정량의 금을 보유하고 있다. 한국은행도 47억 9천만 달러(2018년 5월 말 기준)어치의 금을 보관 중이다.

인플레이션과 거품은 어떻게 유발되는가?

이처럼 지폐는 상품 통화로서의 기능이 결여된, 근원적인 불완전성 때문에 여러 가지 문제를 일으키곤 한다. 가장 흔한 문제로는 물가를 불안정하게 만든다. 정확히는 매년 인플레이션을 일으킨다. 지폐 자체에 정해진 가치가 없기에 지폐를 기준으로 책정되는 재화나 서비스의 가치

5000억 디나르
초인플레이션을 경험했던
유고슬라비아에서 실제로 발행한
적이 있는 5,000억 디나르 지폐

한국은행
한국은행 본관. 불완전한 지폐는 인플레이션을 유발하기 마련이다. 한국은행의 최우선 정책 목표 가운데 하나는 바로 이 인플레이션을 조절하는 일이다.

가 계속 변하는 것이다.

한국은행은 현관 로비에 '물가 안정'이라고 쓰인 커다란 간판을 걸어 두고 있다. 한국은행이 물가 안정을 최우선적인 정책 목표로 잡고 있다는 것은 거꾸로 말해 물가가 매우 불안정하다는 뜻이다. 첨언하자면, 매년 인플레이션이 일어나는 이런 현상은 인류 역사에서 극히 최근의 일이다. 내재된 가치를 지닌 금과 은을 통화로 쓸 때는 인플레이션이 별로 없었다. 과거에는 약탈 전쟁 등 특수한 이벤트가 발생하지 않을 경우 100년 동안 인플레이션이 거의 없는 사례도 흔했다.

물가가 불안정하니 거품 역시 자주 생긴다. 일본의 '거품 경기', 한국의 '부동산 거품', '글로벌 금융 위기' 등의 원인 가운데 하나는 지폐의 불완전성이었다. 이렇게 문제점이 많은 지폐를 왜 쓰는 걸까? 정치가들이 바보라서 그런 게 아니다. 사실 정치가들은 꽤 똑똑하다. 주변에 유능한 참모도 수두룩하다. 정부의 정책이 엉망진창인 것처럼 느껴지는 까닭은 정치가들이 나라를 위해서가 아니라 자기 개인의 이익을 위해 '정책'이라는 수단을 활용하기 때문이다.

실제로 지폐는 단점도 많지만, 장점은 그 이상으로 더 많다. 우선 편리하다. 수백에서 수십 킬로그램의 금을 싣고 다니는 것보다 지폐 몇 장을 들고 다니는 게 훨씬 편하다. 덕분에 지폐를 사용하면서부터 상업이 크게 발달했다. 또 지폐는 거품을 자주 일으키지만, 거품이 꼭 나쁜 것만은 아니다. 거품은 곧 풍요와 연결된다. 이는 여성의 화장과 비슷하다. 적절한 화장은 여성을 더 아름답게 보이게 만든다. 물론 과도한 화장은 아름다움이 아니라 추함을 느끼게 한다. 그렇다고 해서 화장을 다 걷어 버리면 그것 역시 그다지 상쾌한 결과로 이어지지는 않을 것이다.

마찬가지로 적절한 균형이 잡힌 거품은 인류를 더 풍요롭게 해 준다. 일본은 거품 경기 시절에 경제의 최전성기를 누렸다. 우리나라도 2000년대 초중반 부동산 거품이 한창일 때 사회 전체에 돈이 넘쳐흘렀다. 웰빙 문화나 해외여행을 자주 떠나는 풍조는 모두 그때부터 시작됐다.

무엇보다 지폐는 정치가 및 그들과 결탁한 자본가들에게 몹시 유리하다. 그들은 한낱 종잇조각을 '돈'이라고 부르며 민중을 현혹했다. 민중의 시선이 종이쪽지에 쏠린 사이 정치가와 자본가들은 뒤로 막대한 이익을 챙겼다. 실로 지폐야말로 정치가들의 입맛에 꼭 맞는, 그들 개인의 이익을 위한 정책이었다. 신성 로마 제국 황제가 분노한 이유 그대로 지폐의 탄생 배경은 사기극이었다.

지폐는 이처럼 '풍요와 거품의 역사'를 상징한다. 우리는 지폐를 일상적으로 사용하고, 그 지폐의 신뢰도를 높이기 위해 신용통화 시스템을 도입하면서 인류 역사상 최고의 번영기를 맞았다. 하지만 아무리 '신용통화'라는 그럴듯한 단어로 사람들의 눈을 가린다 해도 지폐가 내포한 근원적인 불완전성과 물가의 불안정함은 숨길 수 없다. 결국 현대의 경제적 번영은 누란지위累卵之危만큼이나 위태로운 시스템에 의존하고 있다.

2장

국채 유무有無로 갈린
포에니 전쟁의 승패

기록에 따르면, 세계 최초의 지폐는 서기 10세기 말경 송나라 상인들 사이에서 사용된 예탁증서 형태의 교자交子다. 1170년에는 상업이 발달하면서 유통 화폐 수요를 충당하기 위해 남송 정부가 공식적으로 지폐를 발행했다.

서양 최초의 지폐는 14세기 이탈리아에서 탄생했다. 장거리 신용이나 지불 수단으로 환어음, 지불 지시서 등을 활용한 것이 지폐의 시초가 됐다. 서양에서 지폐를 발행한 최초의 정부는 1690년 북아메리카의 매사추세츠 베이 식민지다. 영국의 식민지였던 베이는 당시 캐나다와의 전쟁 때문에 재정이 무척 열악해진 상태였다. 그래서 군비 조달을 위해 지폐를 만들었다.

이처럼 지폐의 발행 자체는 동양이 더 빨랐다. 공식적으로 정부가 발행한 지폐 기준으로만 500년이 넘는 차이가 난다. 그러나 지폐 시스템의 발전 속도는 서양이 동양을 훨씬 앞질렀다. 동양은 지폐가 크게 유통되지 못했으며, 곧 은자銀子가 그 자리를 차지했다. 심지어 조선은 후기

교자
송나라 때 발행한 예탁증서의
일종인 교자

까지도 물물교환이 대세였다.

반면 서양은 지폐의 근원적인 불완전성 때문에 거품 붕괴, 뱅크런, 하이퍼인플레이션 등 여러 문제를 겪으면서도 각국 정부가 꾸준히 지폐를 발행했다. 그 결과 지폐 발행을 관장하는 중앙은행을 만드는 등 각고의 노력을 기울인 끝에 지폐가 신뢰를 얻으면서 사회 시스템에 안착하게 된다.

지폐가 동양 여러 나라의 공식 화폐로 완전하게 자리를 잡은 것은 식민 지배 등을 통해 서양의 영향을 강하게 받은 후부터였다. 이렇게 된 원인은 대항해 시대, 은행 등 금융업의 발달, 자본주의 경제 시스템 활성화 등 여러 가지 이유가 있지만, 그중에서도 특히 빼놓을 수 없는 것이 국채였다.

정부가 재정이 어려울 때 쓰는 주요한 수단은 국채와 증세다. 그런데 서양에서는 이미 수천 년 전부터 정부가 국채를 발행해 민간으로부터 돈을 빌리는 전통이 존재했던 것과 달리 동양에서는 국채가 거의 활용되지 않아 사실상 증세에만 의존했다.

이 차이가 경제 시스템에 미친 격차는 매우 컸다. 국채의 존재는 지폐 발행을 유도했으며, 나아가 자본주의 경제 발전에도 일익을 담당했다. 후술하겠지만, 국채는 결코 증세보다 국민에게 유리한 수단이 아니다. 오히려 '세련된 약탈'이라고 불러도 좋을 만큼 교활한 수단이다. 하지만 세련되기에 국민을 속일 수 있었다. 제1차 포에니 전쟁은 국민을 속일 수 있는 국채와 속이지 못하는 증세가 국가 경영에 어떤 영향을 끼치는지를 알려 주는 역사적인 좋은 예다.

예상보다 훨씬 길어진 전쟁

제1차 포에니 전쟁은 지중해 세계의 강국 로마와 카르타고가 시칠리아 섬 영유를 놓고 벌인 전쟁으로 기원전 264년에 발발했다. 이 전쟁은 비록 시칠리아 섬과 그 주변에서만 싸운 국지전이었으나, 양국의 총력전 형태로 진행됐으며, 그만큼 치열했다.

전황은 처음부터 로마 측에 유리했다. 충성도가 높은 시민병 위주 편성인 데다 전투 경험이 풍부한 로마군은 충성도가 낮은 용병 위주의 카르타고군을 상대로 연전연승을 거뒀다. 기원전 262년 12월, 로마군은 아그리겐툼을 점령했다. 기원전 261년에는 시칠리아 내륙 태반을 점거했다. 마침내 기원전 253년, 시칠리아를 경영하는 카르타고의 최고 요충지인 팔레르모까지 로마군의 말발굽 아래 짓밟혔다.

육전은 물론이고 해군의 전통이 없었음에도 로마는 해전까지 카르타고를 압도했다. 로마 해군은 코르부스(까마귀)란 이름의 신무기를 앞세워 카르타고 해군을 격파했다. 로마군 함선에 매달린 코르부스가 카르타고군 배에 떨어지면, 그 잔교 위를 로마군 병사들이 내달리는 식이었다. 육박전에서는 누구보다 강한 로마군이 카르타고군 배로 쏟아져 들어오자 카르타고 해군은 잠시도 못 버티고 박살났다. 기원전 260년의 밀레 해전, 256년의 에크노무스 해전 등 제1차 포에니 전쟁 초·중기에 벌어진 네 번의 큰 해전에서 로마 해군은 모조리 완승을 거뒀다.

하지만 시칠리아 섬을 잃을 경우 자국 경제력의 절반이 날아가는 카르타고는 끈질기게 버텼다. 로마군은 큰 전투마다 대부분 승리하면서도 전진하고 점령하는 데 상당한 시간을 소요했다. 특히 기원전 247년 카르타고군 사령관에 임명된 하밀카르Hamilcar Barcas는 그전까지의 지휘관들과는 질이 다른, 빼어난 능력을 발휘했다.

그는 시칠리아 섬에 카르타고의 영유지가 릴리바이움과 드레파눔, 단 두 도시밖에 남지 않은 상황에서도 선전했다. 로마군의 강력함을 잘 아는 하밀카르는 정면 대결을 피하면서 게릴라전 위주로 로마군을 괴롭혀 4년간 교착 상태를 유지했다. 하밀카르는 팔레르모 근처의 펠레그리노 산 위에 휘하의 정예병을 주둔시킨 뒤, 릴리바이움과 드레파눔을 공략하는 로마군의 배후를 종종 들이쳤다. 전략과 정보에 뛰어난 그는 로마군의 약한 부분만 골라서 습격한 뒤 원군이 오기 전에 재빨리 뒤로 빠지곤 했다.

바다에서도 하밀카르의 게릴라 전법이 빛났다. 로마군 정규 함대가 아닌, 나폴리나 타렌툼 등 로마와 동맹을 맺은 도시의 소규모 함대가 종종 카르타고군의 습격을 받아 바다 속으로 가라앉았다.

전쟁은 물경 20년이 지나도록 끝날 기미를 보이지 않았다. 이렇게 오래 걸릴 것이라고는 로마도, 카르타고도 전혀 상상하지 못했다. 고대의 전쟁은 주로 봄부터 가을까지만 진행되고, 겨울철에는 자연적인 휴전기로 접어들곤 했다. 추운 겨울에 싸우는 것은 너무 가혹하기 때문이다. 병사들의 고통만 심한 게 아니라 이들을 지원하느라 국가의 부담도 배로 늘어나곤 했다.

이 때문에 이 시기의 전쟁은 대부분 1년 안에, 해가 바뀌기 전에 끝났다. 대개 전투 한두 번이면 우열이 가려지니 그 후에 적당한 선에서 강화를 맺는 경우가 많았다. 실제로 제1차 포에니 전쟁 도중 로마와 시라

코르부스
로마 해군은 배에 잔교를 단
신형 배인 코르부스를 이용해
해군력에서도 카르타고를
압도했다.

쿠사도 이렇게 강화조약을 체결했다.

설령 한겨울의 전투까지 감수하면서 이를 악물고 싸운다 해도 기껏해야 2~3년, 길어도 4~5년이면 전쟁이 끝날 것이라고 다들 예상했지만 현실은 정반대였다. 기원전 255년 아프리카에서 스파르타 출신 용병 대장 크산티푸스Xanthippus에게 당한 패배 외에는 거의 대부분의 전면전에서 승리한 로마는 카르타고가 먼저 강화를 청해 오길 기다렸다. 이쯤 싸워 봤으면 힘의 우열도 확실하겠다, 시칠리아 섬을 내놓은 뒤 적절한 수준의 배상금만 지불하면 전쟁을 끝낼 방침이었다. 그런데 카르타고는 도무지 포기를 몰랐다. 이로 인해 로마 정부는 무척 당혹스러웠다.

로마가 몰랐던 부분은 카르타고 입장에서, 특히 해외 교역에 가문의 생사를 걸고 있는 바르카 가문 입장에서 시칠리아 섬은 포기할 수 없는 땅이었다는 점이다. 바르카 가문의 하밀카르가 지속적인 게릴라전으로 로마군을 괴롭혀서 지쳐 나가떨어지게 하려는 전략을 구사한 것도 그 때문이었다.

그 역시 로마가 먼저 강화의 손길을 뻗어 오길 기다리고 있었다. 그러면 카르타고에 유리한 내용의 평화 협정을 맺을 수 있었기 때문이었다. 끝이 보이지 않는 전쟁에 지친 로마가 시칠리아 섬의 메시나와 시라쿠사에서 손을 떼고 이탈리아 반도로 돌아가겠다고만 약속하면, 하밀카르는 수용할 생각이었다. 그렇게 해도 로마는 전쟁 이전의 상태로 회귀할 뿐이니 손해 볼 것이 없으리라고 판단했다. 하지만 전쟁을 우세하게 이끌고 있는 로마 입장에서, 무엇보다 그간 흘린 피와 날린 돈 때문에라도 시칠리아의 점령지 모두를 포기하는 것은 고려할 가치조차 없는 방안이었다.

이렇게 해서 양국 정부는 모두 상대가 먼저 강화를 요청하기만 오매불망 기원했으나, 뜻이 이뤄지지 않아 당황스러운 처지가 됐다. 전쟁이 예상보다 훨씬 길어지면서 심각한 문제가 로마와 카르타고를 동시에 덮쳤다. 바로 바닥 난 재정이었다.

전쟁의 승패를 가른 로마의 국채

군대를 키우고 유지하는 데는 돈이 아주 많이 들어간다. 일본 전국시대의 기록에 따르면, 1년에 10만 석의 쌀을 추수하는 영주가 건전한 재정을 유지하는 가운데 거느릴 수 있는 상비 병력은 겨우 5백 명에 불과했다고 한다. 전쟁이 일어날 경우 군사비는 더 가파르게 증가한다. 옛날에는 1년간의 전비로 몇 년 치 국가 예산을 당겨 쓰는 일도 종종 발생하곤 했는데, 이때의 두 나라가 그랬다.

카르타고는 전통적으로 국방을 용병에 의존했다. 덕분에 오랜 전쟁에도 시민의 수는 크게 줄지 않았다. 이는 로마보다 인구가 훨씬 적으면서도 전쟁을 계속 수행할 수 있는 힘을 형성했지만, 대신 돈이 많이 들었다. 용병은 전투가 곧 직업이기에 매년 비싼 급료를 지불하지 않으면 싸우지 않는다. 20년이나 연속으로 용병료를 지불하다 보니 카르타고의 국고는 텅텅 비어 버렸다. 용병료 지급조차 차일피일 미루기 일쑤라 용병들이 반발했다는 기록이 자주 나온다. 이때 쌓인 불만과 불신은 제1차 포에니 전쟁 후에 카르타고에서 일어난 용병 반란으로 이어졌다.

돈이 없기는 로마도 마찬가지였다. 로마는 인구가 풍부했고 병역이 곧 시민의 의무이기에 시민병에게는 최소한의 급료만 지불했다. 그러나 전쟁이 20년이나 계속되면, 아무리 인구가 많다 해도 병력 자원의 고갈을 피할 수 없다. 게다가 로마는 기원전 255년과 253년, 두 차례에 걸쳐 커다란 해난 사고까지 겪었다. 하필 대함대가 항해 중에 거센 풍랑을 만나는 바람에 수백 척의 배가 침몰하고, 수만 명이 목숨을 잃었다. 기원전 247년 시행된 국세 조사에서 로마의 성인 남자 수는 5년 전보다 17%나 줄어든 것으로 집계됐다. 이는 곧 병력 자원의 감소와 동시에 세수의 감소를 의미했다. 즉, 하밀카르가 교묘한 게릴라전으로 버티던 기원전 243년, 로마의 국고에도 동전 한 닢 남아 있지 않았다.

재정이 고갈된 양국은 대책 마련에 몰두했다. 다만 서로 시행한 대책이 달랐다. 서양의 경제 개념을 가진 로마는 국채를 발행하기로 했다. 반면 본래 동양의 페니키아인들이 건설한 도시인 카르타고는 국채라는 개념이 없었기에 증세를 선택했다. 이 차이가 결국 전쟁의 승패를 갈랐다.

동서고금을 막론하고 세금이 늘어나는 걸 반기는 사람은 없다. 당시 카르타고도 마찬가지였다. 카르타고가 속령 리비아의 세금을 배로 올리자 분노한 리비아인들은 반란을 일으켰다. 이 반란을 진압하느라 카르타고는 돈만 더 많이 써야 했다. 카르타고 시민들에 대한 세금은 반발 때문에 늘리지 못했다. 견디다 못해 단지 돈을, 즉 금화와 은화를 구하기 위해 약탈 전쟁까지 벌일 정도였다. 그와 별개로 부유하기로 소문난 이집트의 파라오에게 2천 탈렌트의 돈을 빌려 달라고 사정했으나, 차갑게 거절당했다.

결국 카르타고의 증세책은 완전히 실패했다. 재정 고갈에 시달리던 카르타고는 기원전 249년에 벌어진 드레파나 해전에서 처음으로 대승을 거두고도 이를 기회로 시칠리아 부근 해역의 제해권 장악을 노리긴커녕 거꾸로 해군을 감축해 버렸다. 그만큼 전쟁을 수행할 능력이 바닥까지 떨어진 상황이었다.

세금보다 '세련된 약탈'

로마 역시 돈이 없기는 마찬가지였지만, 거기에 대응하는 방책은 달랐다. 로마는 국채 발행을 통해 큰 반발 없이 전쟁 자금을 마련하는 데 성공했다. 앞서 말했듯이 국채는 결코 증세보다 신사적인 수단이 아니다. 거꾸로 약탈에 가깝다. 로마 정부는 귀족, 기사 계급 등 소위 상류층들에게 국채를 강제로 할당했다. 정확히는 국채라고 이름 붙인 종이쪽지를 내밀고, 금과 은을 강탈해 갔다.

물론 로마 정부는 전쟁에서 승리하면, 카르타고로부터 뜯어낸 배상금으로 빚을 갚겠다고 약속했다. 하지만 이는 허망한 다짐이었을 뿐이다. 전쟁에서 패하면 당연히 빚을 갚을 돈도 없을 테고, 국채는 휴지 조각이 된다. 그래도 국채는 '세련된 약탈'인 것이 세금은 그냥 빼앗기고

알프스를 넘는 한니발
하인리히 류트만 그림,
「알프스 산맥을 넘는 한니발」
1차 포에니 전쟁 때 카르타고의
명장이었던 하밀카르의 아들인
한니발은 2차 포에니 전쟁 때
아버지의 뒤를 이어 로마를
무찌르기 위해 노력한다.
하지만 카르타고보다 선진화된
사회 시스템을 가지고 있던
로마를 끝끝내 물리칠 수
없었다.

끝이지만, 빚은 정부가 갚을지도 모른다는 미약한 믿음이나마 심어 준
다. 이 때문에 로마의 귀족과 부자들은 '울며 겨자 먹기'로 돈을 내놓으
면서도 반란만은 일으키지 않았다.

국채 매각 대금으로 로마는 2백 척이 넘는 대함대를 재건할 수 있었
다. 시칠리아 섬과 아프리카 해안 사이에 로마 함대가 출몰하자 카르
타고인들은 절망했다. 지금의 로마군도 감당하기 힘든데, 하늘에서 떨
어지기라도 한 듯 갑자기 출몰한 저 대함대를 무슨 수로 상대하란 말인
가? 이런 엄청난 병력에 맞설 능력이 없는 카르타고는 전쟁 수행 의지
를 상실해 버렸다. 결국 카르타고인들이 강화를 선택하면서 제1차 포
에니 전쟁은 로마의 승리로 끝났다.

여담이지만, 제1차 포에니 전쟁 후반기에 로마를 게릴라전으로 괴롭

혀 궁지에 몬 장군 하밀카르는 바로 그 유명한 한니발Hannibal의 아버지다. 하밀카르는 군사비 부족 때문에 눈물을 머금고 강화를 맺으면서도 속으로는 복수의 칼을 갈았다. 그는 훗날 히스파니아 반도(현재의 스페인과 포르투갈) 개척에 나설 때, 아홉 살 난 아들 한니발이 동행을 청하자 "반드시 로마에 복수하겠다"는 맹세를 시킨 뒤 데려갔다고 한다.

동양의 역사에서는 국가가 흔들리는 경우 내부에서도 반란, 특히 민란이 일어나는 경향이 자주 보인다. 재정이 부족할 때마다 오직 증세로만 문제를 해결하려 했기 때문이다. 백성들이 배가 고파 눈이 허옇게 뒤집히는 지경인데도 나라는 오히려 세금을 늘리고 곳간에 남은 마지막 쌀까지 털어 간다. 이쯤 되면 민란이 발생하지 않는 게 오히려 신기할 것이다.

반면 서양은 재정 부족을 일단 국채로 메우되 증세는 최후의 수단으로 미뤄 두곤 했기에 반란에 시달리는 경우가 상대적으로 적었다. 이는 서양의 위정자들이 착해서가 아니라 세금을 늘리면 반란의 위험이 증가하고, 반란을 진압하기 위해 돈이 더 많이 든다는 합리적인 판단 때문이었다.

앞서 말했듯이 국채는 언제든 휴지 조각이 될 수 있다. 다행히 로마는 카르타고로부터 3,200탈렌트의 배상금을 받아내 빚을 갚을 수 있었지만, 그 외 서양 역사에서 정부가 빚을 떼먹은 사례는 흔하게 찾아볼 수 있다. 권력을 쥔 위정자와 처벌을 받을 걱정이 없는 국왕들은 빚을 갚으라는 요구에 돈이 없다며 고개를 젓는 일이 흔했다. 그 뻔뻔함은 근래 유럽에 발생했던 재정 위기 당시 "빚의 절반 이상을 탕감해 주지 않으면, 모라토리엄(채무불이행)을 선언하겠다"면서 버티던 그리스 정부조차 못 미치는 수준이었다. 근대까지 국채는 '사실상의 세금', '준조세'

등으로 불리곤 했다. 그래도 빚은 갚을 것이라는 미약한 믿음이나마 심어 줌으로써 반란의 위험을 낮춰 준다. 이 세련된 약탈의 효과를 경험한 서양 정부들은 보다 더 세련된 약탈 기법을 찾아내려고 여러 가지 연구를 거듭했다.

이 과정에서 태어난 것이 앞서 얘기한 지폐다. 서양의 여러 정부가 지폐 발행에 집착한 것은 증세보다 세련된 약탈이었기에 반발이 상대적으로 작은 것은 물론 빚이 아니므로 갚을 필요까지 없어서였다. 즉, 지폐 발행은 그들에게 정말로 편리한 재정 확충 수단이었다. 동시에 지도층 개개인들에게도 많은 이익을 안겨 주곤 했다.

괴테의 명작 『파우스트』에서 신성 로마 제국 황제가 분노한 이유 그대로 지폐의 탄생 및 활성화의 배경에는 '사기극'이 자리하고 있다. 정확히는 사기적인 수법을 이용한 약탈이었다. 다만 아이러니컬하게도 이 사기극이 자본주의 시스템을 발전시키는 데 크게 기여하게 된다.

3장

황금으로 그리스를 농락한
페르시아

고대 페르시아와 그리스 간의 전투 중 유명한 것으로는 마라톤 전투, 살라미스 해전, 플라타이아이 전투 등이 있다. 특히 살라미스 해전과 플라타이아이 전투의 승리로 그리스는 페르시아 왕 크세르크세스^{Xerxes I}의 거센 공격을 막아 낼 수 있었다. 다만 그것으로 전쟁이 끝난 것은 아니었다. 그 후에도 수십 년간 페르시아와 그리스는 동지중해 및 소아시아에서 충돌했다. 스파르타의 왕 아게실라우스^{Agesiláus}는 직접 수만 명의 대군을 이끌고 페르시아에 원정하기도 했다.

흔히 그리스와 페르시아의 전쟁은 '다윗과 골리앗의 대결'로 일컬어진다. 그만큼 거대한 영토와 부를 지닌 페르시아에 비해 그리스는 너무 작고 가난했다. 고대 페르시아의 영토는 오늘날의 이란, 이라크, 시리아, 요르단, 이스라엘, 이집트에 터키 일부 등을 포함할 만큼 광대했다.

반면 아테네, 스파르타, 테베 등 그리스의 폴리스(도시국가)들은 발칸반도의 동부와 남부 지역만 지배했을 뿐이었다. 메소포타미아의 비옥한 평원을 중심으로 농업, 상공업, 광업 등이 두루 발달한 페르시아의

부는 그리스의 수십 배에 달했다. 유명한 영화 「300」에서도 페르시아
는 웅혼한 국력과 헤아릴 수 없이 많은 대군을 갖춘, 비교 불허의 최강
국으로 묘사된다. 훗날 마케도니아의 왕 알렉산드로스 3세Alexandros III는
페르시아를 멸망시킨 군사적 위업을 통해 '대왕'이라는 명예로운 호칭
을 얻기도 했다. 그러나 영화에 나온 장면이나 막연히 상상하던 모습과
달리 실제 군사력은 알렉산드로스 대왕이 등장하기 이전부터 그리스
가 더 강했다. 모든 폴리스가 합심해서 싸운 적이 별로 없음에도 대부분
의 전쟁에서 그리스군은 페르시아군을 무찔렀다. 그럼에도 알렉산드
로스 이전의 그리스가 페르시아를 정복하지 못한 까닭은 힘이 부족해
서가 아니라 페르시아의 황금에 농락당했기 때문이었다.

페르시아군을 이길 수밖에 없었던 그리스군

그리스도 처음에는 십만이 넘는 대병력을 국왕의 말 한 마디로 동원하
는 페르시아의 힘을 두려워했다. "크세르크세스가 백만 대군을 이끌고
쳐들어온다"는 헛소문에 수십 곳의 폴리스가 싸워 보지도 않고 백기를
들 정도였다. 하지만 플라타이아이 전투에서 예상을 뛰어넘는 대승을
거둔 뒤 그리스는 페르시아의 군사력이 의외로 취약하다는 사실을 깨
닫는다.

　그리스는 폴리스들 간에 전쟁이 쉬지 않고 일어나는 나라였다. 4년에
한 번씩 올림피아 제전(현대 올림픽의 기원)을 연 것도 4년에 한 번만은
서로 싸우지 말자는 의미였다. 물론 제전이 끝나면 곧 다시 전쟁이 벌어
지곤 했다. 덕분에 그리스군은 숫자는 적어도 모두 싸움에 단련된 정예

병들이었다. 장병들의 실전 경험이 풍부하다 보니 장교의 전술 착안 능력과 병사의 전술 수행 능력 모두 뛰어났다.

반면 페르시아군은 숫자만 많을 뿐, 대부분 급하게 징집된 농민병들이라 전투력이 부족한 오합지졸이었다. 그들은 훈련도가 크게 떨어지는 데다 전투에 대한 의욕도 별로라 전황이 불리해지면 즉시 등을 돌려 달아나곤 했다. 그나마 귀족들로 이루어진 중무장 기병대가 강력한 편이었는데, 전군 가운데 이들의 비중은 매우 낮았다. 무엇보다 실전 경험이 부족한 탓에 기병 개개인은 잘 싸울지 몰라도 집단 전술의 위력이 그리스군에 전혀 미치지 못했다.

무장의 차이 역시 컸다. 그리스군은 창, 방패, 칼, 갑옷, 투구 등을 충

팔레스트라
그리스의 올림피아 인근에 있는 팔레스트라 유적. 고대 그리스의 팔레스트라는 레슬링이나 육상
훈련장으로 쓰였던 공공장소로 일종의 체육관이었다. 고대 그리스의 도시국가들은 상당히 호전적이어서
폴리스들 간에 전쟁이 쉬지 않고 일어났다. 4년에 한 번씩 열리는 올림피아 제전도 4년에 한 번은 서로
싸우지 말자는 의미가 컸다.

실히 갖춘 중무장 보병이 주력이었다. 반면 페르시아군은 갑옷은커녕 방패조차 지급받지 못한 채 활 한 자루만 쥔 경무장 보병이 대다수였다. 페르시아 전쟁을 다룬 역사책 『역사』를 서술한 위대한 역사가 헤로도토스Hērodotos도 마라톤과 플라타이아이에서 그리스가 거둔 승리의 주원인으로 페르시아군의 빈약한 무장을 들었다. 당시 페르시아군은 첫 열 외에는 갑옷과 방패를 갖춘 병사가 거의 없었다. 이러한 문제점을 해결하기 위해 페르시아군은 화살을 비 오듯 퍼부어 그리스군의 접근을 견제했으나, 이를 이겨 낸 그리스군 병사들이 달라붙어 접근전이 벌어지면 전황이 금세 기울곤 했다. 페르시아군은 첫 열이 무너지면 그 뒤부터는 잠시도 버텨 내지 못했다. 날카로운 창칼이 번득이고, 피바람이 난무하는 전장에서 갑옷도 방패도 없이 용기를 유지하는 것은 너무나 힘든 일이었다.

이처럼 실제 전투, 특히 단병접전에서는 그리스군이 압도적으로 강했다. 페르시아군을 두려워할 필요가 없다는 사실을 깨달은 그리스는 이후 공세적으로 나선다. 아테네의 장군 키몬Kimōn은 기원전 468년 에 우리메돈 전투에서 대승을 거두는 등 이오니아 지방(소아시아 서안)에 서 페르시아 세력을 일소했다. 바다에서도 아테네 해군은 페르시아 해 군을 상대로 연전연승을 거둬 동지중해의 제해권을 장악했다.

아테네와 스파르타가 맞붙은 펠로폰네소스 전쟁(기원전 431~기원전 404년) 탓에 한동안 수세로 돌아서긴 했지만, 전쟁이 끝나자 승자인 스 파르타는 즉시 페르시아 원정을 실시했다. 기원전 399년 스파르타의 왕 아게실라우스는 병사 수만 명을 지휘해 소아시아로 쳐들어갔다.

페르시아 역시 군대를 모아 맞붙었으나 역부족이었다. 연전연패한 페르시아는 소아시아에 대한 지배권을 상실할 위기에 처했다. 심지어 아게실라우스는 페르시아의 심장부인 시리아와 메소포타미아까지도 노리고 있었다.

'황금 호우'가 그리스를 침몰시키다

상황이 변한 것은 전쟁으로는 도저히 이길 수 없다고 판단한 페르시아 가 전략을 바꾸면서부터였다. 페르시아의 태수 파르나바주스는 기원 전 395년에 벌어진 전투에서 또다시 패하자 전면전을 포기하고, 그리 스의 폴리스들 사이에 이간술을 쓰기로 했다. 비록 군사력에서는 그리 스보다 밀린다고 하나, 페르시아가 그리스보다 훨씬 크고 부유한 국가 인 것만은 틀림없었다. 이간술에 쓸 재물은 충분했다.

페르시아는 그리스 내 유력한 폴리스인 아테네와 테베 등에 막대한 군자금을 제공하면서 스파르타에 대항해 일어설 것을 종용했다. 그렇지 않아도 여러 폴리스들은 당시 그리스의 패자인 스파르타의 통치 방식에 깊은 불만을 품고 있었다. 군사적으로는 강력하지만, 정치적으로는 미숙한 스파르타가 매사에 힘만 내세워 다른 폴리스를 억눌렀기 때문이다. 그들은 오만무례하게 행동하고, 무거운 세금을 징수했다. 멋대로 남의 영토를 침탈해 요새를 건설하는 경우도 흔했다. 요새 및 요새 주둔군의 유지 비용은 당연하다는 듯이 가까운 폴리스에 부담시켰다. 느닷없이 땅을 뺏긴 데다 새로운 세금까지 부과당한 폴리스의 원망은 하늘을 찔렀다. 분노를 금치 못하던 폴리스들은 페르시아가 군자금까지 쥐어 주자 기뻐하면서 전쟁을 일으켰다. 그 결과 그리스 본토가 거센 전화에 휩싸였다. 위기감을 느낀 스파르타의 에포로이(감찰관, 왕과 함께 정무를 맡는 고위 관직)들은 페르시아 원정 중인 아게실라우스 왕을 소환했다. 아게실라우스는 크게 실망했지만, 결국 돌아올 수밖에 없었다. 그는 군대에 회군을 명령하면서 "페르시아는 3만 명의 궁수로 나를 이겼다"고 빈정댔다. 페르시아가 그리스에 뿌린 금화에 궁수가 조각돼 있었기 때문이다.

영화 「300」을 보면 페르시아가 돈으로 스파르타의 고위층을 유혹하는 장면이 나온다. 그런데 사실 페르시아 전쟁 당시에는 그런 일이 없었다. 그때의 왕 크세르크세스는 자신의 힘을 확신하고, 그리스를 얕봤기에 이간술이나 뇌물을 쓸 필요성을 느끼지 못했다. 그러나 아게실라우스의 원정 후에는 위기감을 느낀 페르시아가 적극적으로 황금을 뿌렸다. 아테네, 테베 등에 군자금을 제공하는 것은 물론 고위층에게도 개인적으로 뇌물을 줬다. 심지어 스파르타의 지도자들에게도 금은보화를 듬뿍 안겼다. 페르시아의 국부는 그리스의 수십 배에 달했으므로 돈은 얼마든지 있었다. 이를 통해 그리스에 황금이 쏟아져 들어오자 페르시아가 기대한 우호 세력 만들기 외에 또 다른 효과가 발생했다. 바로 지독한 인플레이션이었다.

만약 한국은행의 발권력을 동원해서 모든 국민에게 매년 1억 원씩 준 다면 어떻게 될까? 모두가 억대 연봉자가 될 테니 행복해질까? 그렇지 않다는 것을 우리는 대공황 후 독일에서 발생한 하이퍼인플레이션 사 례를 통해 알 수 있다. 그때 당시 독일 정부는 재정 부족을 메우기 위해 중앙은행의 발권력을 동원한 탓에 물가가 하늘을 뚫을 정도로 치솟았 다. 감자 한 포대가 1조 마르크에 거래됐으며, 돈의 가치가 휴지만도 못 해서 연료로 사용됐다.

페르시아가 금은보화를 뿌린 후 그리스에서 일어난 현상도 똑같았 다. 난데없이 '황금 호우'를 맞은 그리스인들은 처음에는 환호했지만, 결국 그 재물이 그들을 행복하게 만들어 주지는 못했다. 사방에 금화와 은화가 넘쳐흐르니 자연히 물가가 가파르게 올랐다. 하이퍼인플레이 션의 파도는 그리스의 국가 경제를 완전히 망가뜨렸다.

이런 문제를 예방하려면, 페르시아가 그랬듯이 정부 소유의 보물 창 고에 금은보화를 보관한 뒤 이의 유통을 철저히 통제해야 한다. 그러나 이 정도로 많은 황금을 소유해 본 적이 없던 그리스의 각 폴리스 정부들 은 대책을 세우지 못한 채 쩔쩔매기만 할 뿐이었다. 혼란기를 틈탄 선동 가들이 날뛰면서 아테네의 민주 정치는 중우정치로 타락했으며, 스파 르타는 막강한 군사력을 지탱하던 '실질강건實質剛健'의 정신을 잃어버 렸다.

본래 스파르타는 국가 전체가 병영 같은 시스템으로 운영되던 나라 였다. 시민들은 사유 재산과 영리 활동이 금지돼 있었으며, 남자아이들 은 10세 때부터 부모의 품에서 강제로 떼어내 단체 생활을 시켰다. 라

코니아의 노예 농장을 통해 공급되는 곡물 덕에 굶주릴 걱정은 없었으나, 다른 영리 활동을 안 하니 그야말로 간신히 먹고사는 것만 해결되는 수준이었다. "이런 음식은 아테네에서는 개도 안 먹는다"고 아테네인들이 조롱할 만큼 볼품없는 딱딱한 빵과 검은 수프가 스파르타인들의 주식이었다. 의복이나 주거도 매우 검소했다.

대신 모두가 가난하기 때문에 위화감은 별로 없었다. 그들은 남는 시간에 오직 군사 훈련에만 매진했다. 이를 통해 실질강건의 정신으로 무장한, 강력한 스파르타군이 형성됐던 것이다. 그러나 "중이 고기 맛을 보면 담장을 넘는다"는 말이 있듯이 소위 '돈맛'을 본 스파르타인들은 순식간에 타락했다. 그들은 사치를 부리면서 더 많은 돈을 탐했다. 영리 활동을 금지한다는 법안은 자연스레 고사되고, 상업에 뛰어들거나 잉여 자산을 부동산에 투자하는 사람들이 늘어났다. 그럴수록 '부익부 빈익빈'은 점점 더 확대됐다.

스파르타 고위층들 역시 이런 풍조를 막으려 하긴커녕 사치와 향락에 빠져 허우적댈 뿐이었다. 그러면서 현재의 생활 수준을 유지하기 위해 탐욕스럽게 더 많은 돈을 갈구했다. 결국 스파르타는 자신들을 그리스의 패자로 만들어 준 군사력을 잃어버린 채 스스로 몰락의 길을 걸었다. 이처럼 스파르타의 통제력이 약해진 사이 테베가 고개를 들었다. 유능한 지도자 에파미논다스Epaminondas의 지휘하에 테베는 빠른 속도로 세력을 확장했다.

기원전 371년 레우크트라 전투에서 스파르타군은 테베군에게 참패했다. 이 전투에서 테베군은 더할 나위 없이 용맹스러웠던 데 반해 스파르타군은 과거의 위명이 울 정도로 나약했다. 물밀 듯이 몰려온 테베의 7만 대군은 수도 스파르타 시까지 포위했다. 아게실라우스 왕의 침착한 지휘로 수도 함락의 위기는 넘겼지만, 이후 스파르타는 과거의 영광을 다시는 되찾지 못했다.

그 테베조차 스파르타와 마찬가지로 막대한 재화 속에 허우적대느라 전성기가 오래가지 못했다. 에파미논다스 사후 테베는 국가 경영의 방향타를 잃어버린 채 혼란에 빠졌다. 결국 허약해진 그리스의 폴리스들은 그간 북방의 야만족이라고 깔보던 마케도니아에게 차례차례 정복당했다. 아이러니컬하게도 모두가 간절히 원하는 황금 호우가 그리스를 몰락시킨 것이다.

여담이지만, 후일 알렉산드로스 대왕이 병사 3만 6천 명을 이끌고 페르시아를 침공해 연전연승을 거두자 당시 페르시아의 왕 다리우스 3세 Darius III는 과거에 효과가 증명된 이간술을 다시 썼다. 그리스의 여러 폴리스에 황금을 뿌려서 마케도니아에 대한 반란을 부추긴 것이었다. 이 수법은 여전히 성공적이어서 돈을 받은 아테네와 테베 등이 즉시 반란을 일으켰다.

알렉산드로스가 본국 마케도니아에 남겨둔 장군 안티파테르Antipāter는 비명을 지르며 구원을 요청했다. 하지만 알렉산드로스는 "우리가 넓은 대륙에서 싸우는 동안 그리스에서는 생쥐들이 소동을 일으킨 모양이군"이라고 비웃으면서 안티파테르의 요청을 깨끗이 무시했다. 그런 다음 알렉산드로스는 흔들림 없이 계속 진군한 끝에 페르시아를 완전히 정복했다. 이처럼 그의 업적에는 뛰어난 군사적 재능 외에도 개인의 야망을 위해 본국 시민들의 고통 따위는 가볍게 외면하는 냉혹함이 크게 작용했다.

4장

그라쿠스 형제는 어째서 죽을 수밖에 없었는가

티베리우스 그라쿠스Tiberius Gracchus와 가이우스 그라쿠스Gaius Gracchus, 두 그라쿠스 형제는 부유한 명문가 출신임에도 힘없고 가난한 서민들을 위해 평생을 바친 사람들로 유명하다. 제정 시대에는 이미 그라쿠스 가문이 멸족했음에도 제정 로마를 다룬 영화나 드라마에 민중을 편드는 역할로 그라쿠스란 성의 원로원 의원이 종종 등장할 정도다. 다만 그라쿠스 형제는 단지 서민들이 불쌍해서 그런 정책을 편 것은 아니었다. 자신들의 정책이 로마에도 이롭다고 굳게 믿었다.

국가에 이로운 정책은 곧 장기적인 시야에서 귀족과 부유층에게도 이로운 정책이다. 국가와 사회가 건전해야 그들의 권력과 부 역시 안전하기 때문이다. 하지만 그 정도로 시야가 넓고, 통찰력이 예리한 부자는 의외로 드물다. 당시 로마 귀족들도 좁은 시야와 지독한 이기심 때문에 그라쿠스 형제의 정책에 반대하고, 그들을 탄압했다.

로마의 성장통, 부익부 빈익빈

3차에 걸친 포에니 전쟁에서 완벽히 승리한 로마는 지중해 세계의 패권자로 떠올랐다. 당시 지중해 세계의 강국으로는 로마와 카르타고 외에 마케도니아, 시리아, 이집트 등을 거론할 수 있었다. 이중 마케도니아는 로마와의 전쟁에서 참패하면서 카르타고와 마찬가지로 멸망당하고 로마의 속주로 편입됐다. 시리아도 로마에 패한 결과, 소아시아의 영토를 전부 빼앗겼다. 이후 속국인 파르티아가 반란을 일으켜 독립해 나가면서 시리아는 소국으로 전락했다.

이들 국가와 달리 이집트는 로마와 동맹을 맺었다. 다만 동등한 위치에서의 동맹이 아니라 로마의 속국이 된 것이나 마찬가지였다. 기원전 180년대부터는 사실상 지중해 세계 전체가 로마의 지배하에 들어갔다고 해도 과언이 아니었다. 하지만 너무 짧은 시간 내에 영토와 부가 급격히 커지다 보니 로마에 '성장통'이 찾아왔다. 대표적인 성장통은 부익부 빈익빈 현상이었는데, 특히 가장 심각한 문제는 국유지의 편법 임차였다. 로마 정부는 패자에게서 몰수한 땅을 비롯해 방대한 국유지를 소유하고 있었다. 기원전 140년 당시 로마의 국유지는 140만 헥타르(로마 영토의 7분의 1)에 달했다.

로마는 이 국유지를 농민들에게 싸게 빌려 주었다. 일종의 자영농 육성책이었다. 두꺼운 중산층을 형성해 사회의 구조를 튼튼히 하는 동시에 이들을 징집해 병력 자원을 확보하려는 시도였다. 자영농 육성책이기에 1인당 국유지 임차 한도는 500유겔룸(125헥타르)으로 제한됐다. 그런데 돈 욕심에 눈이 먼 로마 귀족들이 이를 난장판으로 만들었다. 그들은 차명으로 국유지 임차권을 마구 사들였다. 임대료가 매우 저렴했

그라쿠스 형제 흉상
이 조각은 상상하여 만든
것으로 로마 시대부터
전해 내려오는 그라쿠스
형제의 조각상은 없다.

기에 귀족들은 막대한 이익을 올렸지만, 대신 다수의 농민이 삶의 터전을 잃고 말았다. 이처럼 로마의 자영농이 무너지자 이는 곧 극심한 사회 불안과 군사력 약화로 연결됐다. 모든 로마 시민들은 병역의 의무를 지고 있었지만, 프롤레타리아(무산자)는 병역이 면제됐다. 즉, 중산층이 붕괴돼 프롤레타리아가 늘어날수록 병력 자원이 부족해질 수밖에 없었다.

로마 정부는 병력 자원의 부족을 메우기 위해 병역을 면제받는 프롤레타리아의 기준선을 내렸다. 기원전 241년만 해도 12,500아세 미만의 재산을 지닌 사람은 병역이 면제됐다. 그러나 기원전 146년에는 이 기준이 6,400아세로 내려갔다. 기준선 하향 조정은 여기서 멈추지 않았다. 이어 4,500아세로 떨어지고, 기원전 130년 즈음에는 1,500아세까지 하락했다.

반면 최상류층의 재산은 계속 불어났다. 기원전 240년대에 로마의 1계급(가장 부유한 계층) 재산 기준선은 10만 아세 초과, 2계급은 7만 5천~10만 아세였다. 기원전 140년대에는 이 기준선이 1계급 100만 아세 초과, 2계급 30만~100만 아세로 변했다.

이는 로마 사회의 '부익부 빈익빈' 현상이 극도로 심화되고 있었다는 증거다. 상류층의 재산이 빠르게 늘어나는 동시에 하류층에서는 일정 수준의 재산조차 갖추지 못한 사람의 수가 같이 증가하는 중이었다. 로마 정부는 지금까지 병역이 면제되던 사람들을 강제로 징집하고 나서야 겨우 필요한 병력 수를 채울 수 있었다.

당연히 부익부 빈익빈의 확산은 국력의 저하와 사회 혼란을 불렀다. 당시 로마 사회에서 부자와 빈자의 대립은 점점 험악해지고 있었다. 기원전 134년, 호민관 선거에 출마한 티베리우스 그라쿠스는 이 문제를 해결할 뜻을 강하게 내비쳤다.

"들짐승이나 날짐승도 저마다의 보금자리를 지니고 있습니다. 그러나 세계의 패권자가 된 로마 시민들이 자기 소유라고는 흙 한 줌 가지고 있지 않습니다. 그들에게 남은 것은 햇볕과 공기뿐입니다."

티베리우스의 연설은 로마 시민들의 심금을 울렸다. 압도적인 지지로 선출된 그는 즉시 농지 개혁에 착수했다. 귀족들이 편법으로 임차한 국유지를 몰수하고, 이를 빈자들에게 다시 나눠 자영농을 육성하자는 정책이었다. 자영농 육성책은 부익부 빈익빈을 완화시켜 사회 불안을 감소시키고, 병력 자원을 늘려 군사력 강화에도 효과가 좋았다. 이는 장기적인 견지에서 귀족과 부자에게도 이로운 정책이었다. 극심한 사회 불안은 혁명으로 이어지기 쉬운데, 혁명의 첫 번째 표적은 언제나 부자다. 국방력이 약해져 전쟁에 패할 경우 역시 부자의 재산은 전부 약탈당한다. 즉, 국가와 사회가 건강해야 귀족과 부자의 지위 역시 오랫동안 유지될 수 있는 법이다.

게다가 티베리우스의 농지 개혁이 표적으로 삼은 것은 국유지일 뿐이고, 그들은 국유지 외에도 막대한 사유지를 따로 소유하고 있었다. 따라서 농지 개혁이 실시되더라도 실제로 손해 보는 재산은 별로 크지 않았다. 하지만 동서고금을 통틀어 대부분의 부자들이 그렇듯 로마 귀족들의 시야도 매우 좁았다. 그들은 당장 국유지 임차권을 잃고 약간의 재산을 내놓는 게 싫어서 티베리우스의 정책에 아주 격렬하게 반대했다.

그들은 로마 민중들 사이에서 티베리우스의 인기가 매우 높아 정면으로 공격하기 힘들어지자 대신 그를 '포퓰리즘populism'이라고 몰아붙였다. 나아가 티베리우스가 민중의 인기를 바탕으로 왕위를 노린다는 루머를 퍼뜨렸다.

원로원 최종 권고와 개혁의 몰락

로마 귀족들은 단지 헛소문을 퍼뜨리는 수준에서 멈추지 않았다. 왕위를 노리는 반역자를 처단해야 한다면서 스스로 들고 일어났다. 기원전 133년 호민관 선거일, 재선을 노리는 티베리우스를 귀족들이 폭력으로 막아섰다. 당시 최고 제사장 나시카를 필두로 귀족 수백 명이 철봉을 휘두르면서 티베리우스에게 달려갔다. 막아서는 자는 모조리 철봉에 맞아 피를 흘리며 쓰러졌다. 티베리우스는 달아나려 했으나, 실수로 발이 걸려 넘어진 것이 그의 최후를 결정지었다. 미처 일어서기도 전에 티베리우스의 머리 위로 철봉 세례가 쏟아졌다.

티베리우스에 대한 귀족들의 증오심은 그가 죽은 뒤에도 가라앉지 않았다. 그들은 시신만이라도 수습하게 해 달라는 유족들의 애원을 뿌리쳤다. 티베리우스와 그 일파 300여 명의 시체는 테베레강에 버려졌다.

티베리우스가 살해당하고 10년이 지난 기원전 124년, 그의 동생 가이우스 그라쿠스가 호민관에 선출됐다. 가이우스는 형의 정책을 이어받겠다는, 아니 더 발전시키고 확대시키겠다는 뜻을 분명히 했다. 그는 우선 티베리우스 사후 사실상 사문화된 농지법을 되살렸다. 뿐만 아니라 가난한 시민들에게 밀을 싼값에 제공하는 곡물법과 해외 식민지 건설, 공공사업 진흥 등 다양한 개혁을 추진했다.

물론 이번에도 재산 감소를 극도로 싫어하는 귀족들의 반발은 격심했다. 가이우스는 형처럼 되지 않기 위해 지지자들을 일종의 호위병처럼 활용해 자신을 보호했다. 과격파로 유명한 플라쿠스가 그들을 지휘했으며, 모두가 무장을 했다. 덕분에 호민관에 재선된 가이우스는 자신의 개혁 정책을 더 적극적으로 펼 수 있었다. 다만 귀족과 부유층의 극심한 방해 공작 때문에 3연임에는 실패했다. 가이우스의 상승세에 빨간불이 켜진 것이다.

귀족들은 기회를 잡은 김에 가이우스를 아예 끝장내기로 결심했다. 티베리우스처럼 단지 철봉만으로 때려죽이기는 힘든 상황임을 고려해 이번에는 용병까지 동원했다. 때마침 하급 관리인 안틸리우스가 누군가에게 살해당한 사건이 그들에게 좋은 핑곗거리가 됐다. 누가 죽었는지 아직 확실하지 않음에도 귀족들은 가이우스 일파의 범죄라고 외쳤으며, 그들을 폭도로 몰아붙였다. 그들은 무력을 동원해서라도 폭도를 진압해야 한다고 목소리를 높였다.

신변에 대한 불가침 특권이 인정되는 호민관을 철봉으로 때려죽인 자들이 고작 하급 관리 한 명의 죽음을 두고 로마 시에 폭동이라도 일어난 듯 호들갑을 떤 것이다. "가소롭다"는 말이 나올 만한 광경이었으나, 그들에게는 이 유치한 희극을 명분삼아 유혈의 장을 펼칠 수 있을 만한 권력과 무력이 있었다.

가이우스 그라쿠스의 죽음
프랑수아 토피노 레브룅,
「가이우스 그라쿠스의 죽음」
1792년 작. 그라쿠스 형제의
개혁은 결국 로마 귀족들의
이기심에 의해 좌절되었다.
로마 귀족들은 민중파에
승리를 거두었으나 결국에는
자신들의 목을 옥죄는 더 큰
결과로 되돌아오게 된다.

　기원전 121년 초, 로마 귀족들은 원로원에 모여 역대 최초로 '원로원 최종 권고(세나투스 콘술툼 울티뭄Senatus Consultum Ultimum)'를 선포했다. 원래 모든 로마 시민권자에게는 재판권이 보장되었다. 즉, 재판 없이 처벌받는 일은 있을 수 없었다. 또 사형 판결이 내려질 시에도 스스로 추방을 택할 수 있었다. 사형이 집행되기 전에 먼저 로마에서 멀리 떠남으로써 목숨을 부지할 수 있는 것이다. 그런데 원로원 최종 권고는 이런 로마 시민권자에게 보장된 권리를 깡그리 무시해 버렸다. 원로원 최종 권고가 가리키 는 대상, 즉 그들이 반역자로 규정한 사람들을 집정관이 재판도 없이 처형하거나 즉시 살해할 수 있는 권한을 인정했다.

　로마 귀족들은 "폭도의 위협으로부터 로마를 지키기 위한 조치"라고 엄숙하게 선언했다. 하지만 이는 귀족과 부유층이 싫어하는 대상, 그들의 재산을 위협하는 대상을 죽여 없애려는 조치란 사실이 누가 봐도 분명했다.

　이후 원로원 최종 권고가 과연 합법적인 조치인가에 대해서는 오랫동안 논란거리로 남게 된다. 율리우스 카이사르Gaius Julius Caesar는 정면으로 원로원 최종 권고의 불법성을 지적했다. 다만 이때의 가이우스 일파에게는 원로원 최종 권고의 합법성을 따지기 전에 자신들을 위협하는 무력에 맞서 싸울 만한 힘이 없었다.

귀족 중에서도 과격파로 유명한 집정관 루키우스 오피미우스Lucius Opimius는 원로원 최종 권고가 발동되자 미리 준비해 둔 용병들을 즉시 동원했다. 주로 마케도니아 출신 중무장 보병과 크레타 출신 궁병들로 이뤄진 용병들이 앞장서고, 귀족들이 장원 내의 노예들을 무장시켜 보낸 병력이 그 뒤를 받쳤다.

오피미우스가 지휘하는 군대는 단 한 번의 화해 시도도 없이 아벤티노 언덕에서 농성 중인 가이우스 일파를 들이쳤다. 목소리만 컸지, 전투 경험이 없는 가이우스의 지지자들은 첫 번째 격돌에서 바로 무너졌다. 오피미우스는 그들을 무자비하게 척살했다. 가이우스는 달아나다가 노예의 도움을 빌어 자살했다. 가이우스가 죽은 뒤에도 추적의 손길은 조금도 늦춰지지 않았다. 수만 명의 병력을 동원한 로마 귀족들은 가이우스 일파를 닥치는 대로 체포해 재판도 없이 즉결 처형했다. 그 수가 무려 3천여 명에 이르렀다고 한다. 이들은 반역자로 몰려 재산까지 몰수당했다.

별것 아니라면 별것이 아닌, 수백억 자산가가 1억 정도만 내놓으면 되는 수준의 국유지 임차권을 지키려는 귀족들의 이기심은 소름이 끼칠 정도였다. 그러나 이런 지독한 이기심은 그들에게도 결코 이롭지 않았다. 단지 몇 푼의 돈을 아까워한 그들의 행위는 훗날 자신과 후손의 목숨으로 대가를 치르게 된다.

5장

돈을 향한 어리석은 집착으로 사형 선고를 받은 로마 귀족

그리스의 견유학파 철학자 디오게네스^{Sinope Diogenēs}는 스스로 통 속에서 살 만큼 권력과 부에 초연한 삶을 지향했다. 알렉산드로스 대왕이 "원하는 것은 무엇이든 주겠다"고 회유하자 "지금 당장 비켜라. 햇볕 쬐는 데 방해된다"고 냉소했다는 일화는 유명하다. 이처럼 디오게네스는 당대에도 기인으로 유명했는데, 그처럼 돈을 싫어하는 사람은 극히 드물다. 거의 대부분의 사람은 돈을 사랑한다.

물론 부자도 돈을 사랑한다. 아니, 그들은 소위 '돈맛'을 알기에 더더욱 지극한 애정을 품는다. 백억 원을 가진 부자가 1억 원쯤 내놓는 것은 그리 대단한 일이 아닌 듯하지만 그럼에도 그들은 그렇게 하지 않는다. 그러기는커녕 가난한 사람의 돈 백만 원, 십만 원을 빼앗으려고 애쓴다.

오죽하면 "이 세상의 부는 모든 사람들이 배불리 먹고 살기에 충분하지만, 부자의 욕심을 채우기에는 부족하다"는 격언까지 존재하겠는가. 예수 그리스도도 "부자가 천국에 들어가는 것은 낙타가 바늘구멍을 통과하는 것만큼 힘들다"며 그들의 끝없는 욕심을 비판했다.

이처럼 돈을 향한 부자의 집착은 상상 이상으로 강해서 때때로 어이없는 수준의 바보 같은 판단을 내리기도 한다. 장기적인 시야로 볼 때 분명 그들에게 이익인데도 단기적으로 약간의 손해를 보기가 싫어서 우수한 정책을 반대하는 것이다. 그것도 매우 결사적으로 반대한다. 그러다가 가난한 자들의 분노가 폭발하면서 더 많은 것을 잃어버리고 만다. 앞서 이야기한, 그라쿠스 형제를 증오한 로마 귀족들이 바로 좋은 예이다.

"내 재산만 지키면 돼!"

기원전 107년의 로마 집정관으로 가이우스 마리우스Gaius Marius가 선출됐다. 그라쿠스 형제 이후로도 로마 사회의 병폐인 부익부 빈익빈과 국유지 편법 임차 문제는 아직 해결될 기미조차 보이지 않던 때였다.

마리우스는 로마 정계에서 '변방 중의 변방' 출신이라고 할 만한 인물이었다. 그는 단순한 평민일 뿐 아니라 로마 시 태생도 아니었다. 마리우스의 고향은 이탈리아 반도 내에서 꽤 가난한 편인 소도시 아르피노였다. 그라쿠스 형제보다 훨씬 미천한 출신이라 할 수 있었다. 심지어 마리우스로부터 집정관 선거에 출마하겠다는 이야기를 들은 명문 귀족 메텔루스Metellus가 "네가 집정관 선거에 출마한다고? 설령 집정관이 된다 해도 여기 있는 내 아들과 비슷한 시기에나 될걸?" 하고 조롱할 정도로 그의 신분은 보잘것없었다. 당시 마리우스의 나이는 49세, 메텔루스의 아들은 20세였다.

다만 군사적 재능 하나는 압권이었다. 그는 여러 전장에서 수많은 전공을 세웠다. 혈통 덕에 쉽게 사령관 자리를 차지했지만, 막상 전쟁 지휘에는 별로 자신이 없는 귀족들이 실질적인 지휘권을 위임할 인물로 종종 마리우스를 찾곤 했다.

사실 메텔루스도 유구르타 전쟁에서 마리우스를 자신의 부장으로, 전장에서 군사 지휘를 담당할 인물로 등용했었다. 다만 어디까지나 마리우스 같은 천출은 자신 같은 명문 귀족의 부하 노릇만 해야 한다고 믿는 메텔루스 입장에서 그가 공화국 최고의 관직인 집정관을 노린다는 점이 몹시 고깝게 느껴진 것이었다.

당시 로마는 거의 한 해도 거르지 않고 전쟁을 치렀기에 이처럼 군사 전문가에 대한

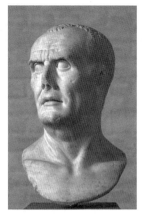

가이우스 마리우스
가이우스 마리우스로 알려진 두상. 가이우스 마리우스는 미천한 출신이었지만 탁월한 군사적 재능 덕분에 일곱 차례나 집정관에 선출되었다. 그가 군제 개혁을 통해 로마 제국에 끼친 영향력은 막대하다.

수요가 매우 컸으며, 국가 지도자가 갖춰야 할 최고의 재능으로 항상 군사적 재능이 꼽히곤 했다. 상위 관직으로 진출하기 위해서는 최소 10년 이상 군단 경험을 갖춰야 하는 것이 불문율일 정도였다.

로마의 집정관은 곧 로마군 최고 사령관이다. 그리고 사령관의 능력이 우수할수록 전쟁터에서 죽는 병사 수도 감소한다. 그만큼 유권자이자 병사인 로마 시민들은 집정관의 군사적 재능에 민감할 수밖에 없었다. 덕분에 마리우스는 그 무수한 전공만으로도 인기가 매우 높았다. 그뿐만 아니라 마리우스는 교양과 학식은 부족했지만, 정치적인 재능은 꽤 뛰어난 인물이었다.

"나는 확신하고 있습니다. 모든 인간은 평등하게 태어났다고 말입니

다. 그러나 동시에 공동체에 보다 더 공헌한 사람이 보다 더 고귀한 사람으로 대접받는다는 것도 확신하고 있습니다."

"로마의 명문 귀족들은 나를 족보도 없는 천민이라고 비난합니다. 그러나 그들의 비난은 대체 무엇에 근거하고 있습니까? 전쟁에 관한 한 그들의 지식은 남의 이야기를 듣거나 글로 읽은 것에 불과할 뿐입니다. 하지만 나는 직접 체험한 것에 바탕을 두고 있습니다."

"상속받은 명성을 더럽히기보다는 스스로 명성을 쌓아 올리는 것이 더 나은 삶이라고 생각하지 않으십니까?"

마리우스가 집정관에 당선된 후 했던 연설에서 발췌한 문장인데, 듣기만 해도 감동으로 가슴이 떨려 올 만큼 명문이다. 특히 그 시기 로마에서 부모를 잘 만나지 못했다는 이유만으로 고생하는 서민들의 귀에는 쏙쏙 꽂혔다.

21세기 민주주의 사회에 민중의 마음을 사려고 노력하는 정치가들은 바닷가 모래알처럼 수두룩하다. 그러나 그들 중 마리우스만큼 빼어난 선동가는 그다지 많지 않다. 게다가 마리우스는 지나칠 만큼 성실하고 고지식했던 그라쿠스 형제와는 달리 정말로 뛰어난 포퓰리스트였다. 마리우스뿐만 아니라 그의 주위에 있는 참모진의 정치적인 역량도 극히 우수했다. 그는 대중을 선동하면서도 적절한 선은 지킬 줄 알았다. 사실 그가 집정관 선거에 당선된 것은 순전히 귀족들의 지나친 이기심에 대한 로마 평민들의 분노 때문이었다.

그라쿠스 형제를 반역자로 몰아 처단한 뒤에 다른 방식으로라도 문제를 해결하려 노력했으면 좋았으련만, 로마 귀족들은 그러지 않았다. 그들은 돈을 버는 것에 만족할 뿐, 사회 불안과 국방력 약화에는 무관심한 태도를 이어 갔다. 그 결과 지중해 세계의 패권자였던 로마의 군사력은 깜짝 놀랄 만큼 허약해졌다. 집정관 카토Cato는 트라키아에게 패했고, 집정관 카르보Carbo는 게르만족에게 참패했다. 북아프리카로 원정을 간 로마군은 누미디아의 왕 유구르타의 군대에 포위당해서 스스로 무장을 해제한 뒤 쫓겨나는 치욕을 겪었다.

이후 본격적으로 확대된 유구르타 전쟁에서 마리우스의 활약에도 총사령관인 메텔루스가 지극히 소극적인 태도를 견지한 탓에 별다른 성과가 나지 않았다. 자연히 로마 시민들의 정치권에 대한 불신은 급등했다. 시민들은 기존 정치가들을 불신할수록 새 얼굴에 열광하기 마련이다. 마리우스는 딱 그들이 원하는 타입의 새 얼굴이었다. 기존 권력 구도에서 변방에 해당하지만, 능력만은 출중했던 것이다.

유구르타 전쟁을 조기에 끝내겠다고 공약한 마리우스를 시민들은 열광적으로 지지했다. 마리우스는 압도적인 다수표로 집정관에 선출됐다. 다만 신진 세력일수록 조직력이 취약하며, 시민의 열광은 그리 오래가지 않는다. 이를 잘 아는 마리우스는 권력을 손아귀에 쥔 후에도 적당한 수준에서 기득권 세력의 비위를 맞춰 줬다. 그는 '개혁'을 외쳤으나, 귀족들이 민감해하는 재산권에는 손을 대지 않았다. 대신 군제만 개혁해 기존의 징병제를 모병제로 바꿨다.

이 시기 병역을 면제받는 프롤레타리아의 재산 기준선은 1,500아세까지 내려가 있었다. 몇 푼 안 되는 재산을 가지고 있다는 이유만으로 매년 전장에 끌려 나가야 하는 것은 서민들에게 몹시 고통스러웠다.

어떻게 전장에서 살아 돌아온다 해도 가장이 자리를 비운 사이 먹고 살 길이 막막해진 가족들은 뿔뿔이 흩어져 버리는 경우가 다반사였다. 심지어 굶주림을 견디다 못해 아내가 딴 남자에게 시집가 버리기도 했다. 이런 불행을 원하지 않는 시민들에게 병역의 의무를 없애 버린 모병제는 호평을 받았다.

문제는 모병제하에서 누가 군대에 지원할까라는 점이었다. 고대 로마에서 병역은 곧 시민의 의무이자 소득세를 대신하는 개념이기에 병사에게 지급하는 급료는 매우 적었다. 하지만 마리우스는 지원자 수를 걱정하지 않았다. 일은 그의 예상대로 풀렸다. 부익부 빈익빈 현상이 도래하면서 급증한 프롤레타리아들, 1,500아세의 재산조차 없는, 진짜로 흙 한 줌 소유하지 못한 남자들이 대거 군대로 몰려온 것이었다.

고대에는 오늘날처럼 복지가 충실하지 않았다. 다수의 프롤레타리아들은 오늘 먹을 빵조차 고민하고 있었다. 그런 그들에게 먹을 음식과 입을 옷을 주고, 약간의 급료, 현대로 환산하면 매월 1백만 원가량의 급료를 지급하는 군대는 충분히 매력적인 직장이었다. 게다가 전쟁에서 승리하면, 전리품이라는 또 다른 보너스를 얻을 수도 있었다.

귀족들 역시 마리우스의 군제 개혁에 찬성했다. 농지 개혁이 아니기에, 단지 그들의 재산을 건드리지 않았다는 이유만으로 귀족들은 좋아했다. 그의 개혁 정책은 원로원과 민회에서 모두 무난히 통과됐다.

전무후무한 집정관 7회 당선의 기록을 세운 마리우스

그러나 그들의 판단은 어리석은 짓이었다. 우선 이 개혁 하나로 그간 세력 부족으로 고생하던 마리우스에게 갑자기 거대한 지지 세력이 생겨났다. 모든 정치가들에게는 정치 자금과 표를 지원해 주는 후원 조직이 있기 마련인데, 로마에서는 이들을 '클리엔테스Clientes'라고 불렀다. 선거에서 클리엔테스의 도움을 받는 대신 당선된 정치가는 '파트로네스

Patrones'로서 클리엔테스들의 민원을 해결해 주려 노력하는 것이 그들의 상부상조 관계였다. 이를 흔히 '파트로네스-클리엔테스 관계'라 일컫는다. 마리우스는 출신이 천해서 이런 후원 조직이 없었다. 그가 처음 집정관에 당선된 것은 순전히 거품이 잔뜩 낀 인기 덕이었다. 하지만 군제 개혁에 성공한 뒤 공화정 로마 역사상 존재하지 않았던 최대의 클리엔테스 조직, 최대의 당파가 탄생했다. 모병제 시행 덕에 병역의 의무를 벗은 중산층 및 서민들과 모병제를 통해 병사가 될 수 있는 기회를 얻은 프롤레타리아들이 모조리 마리우스의 클리엔테스가 된 것이었다.

이렇게 만들어진 민중파는 그 숫자에서 귀족과 부유층을 압도했다. 로마는 왕정을 끝내고 공화정을 확립한 뒤부터 투표로 집정관 등 주요 관직을 선출하고, 주요 정책의 가부를 결정했다. 현대의 간접 민주주의는 사실 수천 년 전 로마의 제도를 모델 삼아 만들어진 시스템이다. 즉, 공화정 로마에서는 현대 민주주의 사회처럼 선거의 승리, 민회 내 법안 통과 등을 위해 얼마나 많은 표를 확보하는지가 매우 중요했다. 따라서 마리우스가 최대 정파인 민중파의 후원을 얻게 됐다는 것은 실로 막강한 세력을 확보했음을 뜻했다.

마리우스 역시 그들의 지지를 계속 유지할 수 있을 만큼 똑똑했다. 그는 권력을 얻자마자 즉시 타락해 버리는 바보들과는 달랐다. 집정관에 당선된 후에도 마리우스는 오만하게 굴거나 안전한 후방에서 유희를 즐기려고 하지 않았다. 언제나 최일선에서 부하 병사들과 함께 돌격했으며, 병사들과 똑같은 식사를 하고, 똑같이 한뎃잠을 잤다. 심지어 진지 공사에까지 참여했다. 이런 그의 솔선수범에 감동한 병사들은 본국에 편지를 보내 마리우스의 훌륭함을 칭찬했다. 이로 인해 본국 로마에서 마리우스에 대한 지지 세력은 더욱 강고해졌다.

마리우스는 적극적으로 유구르타 토벌에 나섰으나, 유구르타가 전면전을 피하면서 도망만 치는 바람에 그를 처단하는 데는 실패했다. 마리우스가 기원전 106년에도 아프리카에서 군단 지휘권을 유지할 수 있도록 민회에 요청하자 민회는 두말없이 마리우스의 요청을 가결시켰다. 물론 민중파의 힘 덕분이란 점은 재론할 필요도 없다.

그뿐이 아니었다. 유구르타 전쟁이 끝나자 민중파는 북방에서 게르만족의 위협이 닥쳐오고 있으므로 유능한 사령관이 필요하다고 주장하면서 마리우스를 밀었다. 민회는 출마 선언도 하지 않은 마리우스를 기원전 104년의 집정관으로 선출했다. 이후 마리우스는 기원전 100년까지 5년 연속 집정관 선거에 당선된다.

나중에 기원전 86년의 집정관이 된 것까지 포함해 마리우스는 무려 일곱 번이나 집정관을 역임했다. 약 1천 년에 달하는 공화정 로마의 역사에서 5년 연속 집정관 당선도, 총 7회 당선도 모두 마리우스가 유일했다. 그만큼 그를 향한 민중의 지지는 뜨거웠다.

마리우스는 그야말로 '평민의 영웅'이었다. 훗날 그가 술라Lucius Cornelius Sulla에 의해 반역자로 규정된 뒤에도 민중은 그를 사랑했다. 마리우스의 처조카 카이사르가 대담하게도 '반역자 마리우스'의 승전비를 복원하자 로마 시민들은 그 비석 앞에서 눈물을 흘렸다.

내전의 소용돌이가 부른 군단의 사병화

그래도 여기까지는 귀족과 부유층 입장에서 지나치게 출세한 마리우스가 고깝기는 해도 큰 악영향은 없었다. 마리우스가 농지 개혁에는 소극적이라 그들의 재산은 건드리지 않았기 때문이었다. 호민관 사투르니누스Lucius Appuleius Saturninus가 농지 개혁을 추진해 봤지만, 곧 암살당했다. 그 뒤 마리우스는 농지 개혁에 뜻을 두지 않았다. 하지만 이보다 더 치명적인 문제는 군단의 사병화였다. 로마는 건국 이래 줄곧 징병제를 유지했기에 아무도 모병제의 최대 단점을 예상하지 못했다.

근대 이전의 모병제는 군대가 급료를 주는 사령관의 사병이 되기 쉽다는 단점을 지니고 있었다. 원칙적으로는 국가 재정에서 그들의 급료가 지불되지만, 병사들은 거기까지 생각하지 않는다. 가난하고 교육을 받지 못한 병사들은 자신에게 직접 돈을 주는 주체인 사령관에게만 충성했다.

로마군 역시 군제 개혁 이후 마리우스, 술라, 폼페이우스, 카이사르 등 여러 지휘관들의 사병으로 변질된다. 그리고 그들의 권력 다툼에 군대가 동원되면서 피비린내 나는 내전이 거듭해서 벌어지게 된다.

맨 먼저 자신의 사병화된 군단을 권력 투쟁에 악용한 이는 루키우스 술라였다. 술라는 미트라다테스 전쟁의 지휘를 맡고 싶었다. 동방의 부국인 폰투스의 왕 미트라다테스 6세Mithradates VI를 정벌하면, 막대한 전리품을 거둘 수 있을 것으로 기대했기 때문이다. 그런데 마리우스가 다 된 밥에 코를 빠뜨렸다. 그가 민중파의 득표력을 앞세워 훼방을 놓고, 미트라다테스 전쟁의 지휘권을 빼앗자 술라는 격분했다. 그는 군단을 이끌고 로마로 진격했다. 후일 군사령관들에 의해 몇 번이나 반복되는 '로마 진군'의 시작이었다.

술라는 권력을 독점하고, 마리우스 일파를 쫓아냈다. 하지만 그가 동방 원정을 떠난 사이 마리우스가 재기했다. 이번에는 마리우스가 군사력을 앞세워 로마를 장악했다. 곧 피의 숙청이 벌어졌다. 귀족 50여 명

술라
루키우스 코르넬리우스 술라의
두상. 술라는 권력을 잡자 철저하게
민중파를 탄압했다. 하지만
이 와중에도 민중파에 속했던
카이사르만은 살아남았다.

을 비롯해 부유층 1천여 명이 처형당했다.

극심한 사회 불안으로 인해 혁명이 일어
나거나 내전이 격화될 경우 언제나 첫 번째
타깃은 귀족과 부자다. 상대 파벌의 유력자
를 죽이고, 자금줄을 끊어 세력을 약화시키
는 방식은 역사적으로 흔한 수법이었다. 동
시에 부자의 재산을 몰수해 혁명 동지들끼
리 나눠 가지는 것은 일종의 보상이었다.

이런 숙청은 권력 구도가 바뀌었을 때도
마찬가지로 벌어진다. 미트라다테스 전쟁
을 끝낸 술라는 마리우스가 죽은 뒤 재차 로
마로 진격해 권력을 손에 넣었다. 이어 그는
살생부까지 작성해 반대파를 무자비하게 탄압했다. 이 살생부에는 무
려 4,700여 명의 이름이 적혀 있었다고 한다.

카이사르는 폼페이우스Gnaeus Pompeius와의 내전에서 승리한 뒤 관용을
베풀어 반대파를 처단하지 않았지만, 그런 자비는 카이사르만의 것이
었다. 그의 후계자로 훗날 아우구스투스Augustus라 불리게 되는 옥타비
아누스Gaius Octavianus는 적을 대하는 자세에서만은 카이사르가 아닌 술라
를 흉내 냈다. 옥타비아누스는 직접 살생부를 작성해 귀족과 부자 수백
명을 학살했다.

그라쿠스 형제의 농지 개혁에 그토록 알레르기 반응을 보이면서도
마리우스의 군제 개혁에는 쉽게 동의한 귀족들의 대가는 처참했다. 푼
돈을 아낀 대신 수많은 귀족과 부자들이 목숨을 잃고, 전 재산을 빼앗겨
야 했다.

6장

'농지 개혁'으로
슈퍼스타가 된 카이사르

카이사르는 로마 제국의 창시자로 유명하다. 그는 오랫동안 공화정으로 유지되던 로마의 정치 체제를 뒤엎어 제정으로 변환시켰다. 그렇게 만들 수 있었던 막강한 권력의 원천은 물론 당대 최고의 실력자인 폼페이우스를 비롯한 원로원파와의 내전에서 거둔 승리로부터 비롯됐다. 그러나 사실 로마 정계에 처음 뛰어들 시기만 해도 카이사르의 세력은 미약하기 그지없었다. 그가 워낙 보잘것없었기에 원로원 의원들은 그를 단지 '바람둥이'라고 부르며 무시했다. 첫 집정관 선거에 출마했을 때에도 표를 구하기 힘들어 고민하다가 폼페이우스의 비호를 얻고서야 겨우 당선될 정도였다. 그랬던 카이사르를 로마 정계의 슈퍼스타로 만들어 준 것은 농지 개혁이었다. 동서고금을 막론하고 민중에게 제일 중요한 것은 먹고사는 문제, 즉 경제적인 문제다.

특히 당시 로마에서 농지 개혁은 서민들에게 평생 먹고살 거리를 만들어 준다는 점에서 효과가 좋았지만, 그만큼 반발도 거셌다. 앞서 살핀 바대로 농지 개혁을 적극 추진한 그라쿠스 형제가 이기적인 귀족들에 의해 반역자로 몰려 처단당한 것이 일례다.

　이 민감한 문제를 카이사르는 단번에 해결했다. 말로 설득한 것은 아니었다. 부자들의 이기심은 대화로 해결할 수 있는 성질의 문제가 아니다. 그는 그라쿠스 형제를 죽인 로마 원로원의 무력보다 훨씬 더 강한 무력을 동원했다.

　민중은 농지 개혁을 성사시킨 카이사르를 열광적으로 지지했다. 카이사르는 높은 지지율을 바탕으로 폼페이우스와 맞먹을 만큼 성장한 끝에 마침내 절대 권력을 손아귀에 쥐게 된다.

로마의 집정관이 된 바람둥이

카이사르는 기원전 100년 로마의 수부라(서민층이 모여 살던 거리)에서 태어났다. 그의 가문은 비록 오래전에 몰락하긴 했지만, 로마의 유서 깊은 명문이었다. 외할아버지 아우렐리우스 코타Lucius Aurelius Cotta는 집정관까지 지낸 고위 관료였으며, 어머니 아우렐리아는 현명하고 교양 있는 여성으로 유명했다. 덕분에 카이사르는 어릴 때부터 우수한 교육을 받을 수 있었다. 성년이 된 후에는 다른 명문 귀족들이 그러하듯 그도 정치가로서의 삶을 노렸다.

　그가 정계 진출을 꾀할 당시 로마의 정계는 크게 원로원파와 민중파로 나뉘어져 있었다. 카이사르는 민중파를 창시한 마리우스의 처조카이자 역시 민중파의 거두인 킨나Lucius Cornelius Cinna의 사위였다. 즉, 그는 민중파의 영수 자리에 가장 가까운 인물이었다. 얼핏 거대한 정치적 자산을 물려받은 듯하지만, 사실 그의 진로는 별로 순탄치 못했다. 카이사르의 성장기에 원로원파와 민중파 사이에 내전이 거듭됐으며, 최종적으로 승리한 원로원파의 술라가 대숙청을 실시한 때문이었다.

원로원파는 처음부터 마리우스의 거대한 민중파에 대항하기 위해 귀족 등 상류층이 똘똘 뭉쳐 만든 파벌이었다. 따라서 그들은 마리우스 및 민중파를 혐오했다. 그 혐오와 증오를 한 몸에 모은 듯한 인물이 술라였다. 그는 살생부를 작성해 민중파를 뿌리째 뽑아 버리는 작업에 착수했다. 민중파의 주요 인사는 물론 민중파에 정치 자금을 댄 부유층까지 모조리 학살당했다. 간신히 목숨을 건진 자들도 재산을 몰수당해야 했다. 이 숙청의 회오리 속에서 아무 죄가 없음에도 '코르넬리Cornelly(코르넬리우스 일당이란 뜻. 술라의 해방 노예 출신 친위대)' 혹은 술라의 측근들에게 살해당하거나 재산을 뺏긴 자들도 수두룩했다.

훗날 카이사르가 원로원 회의장에서 "탐욕에 눈이 먼 인간들이 단지 재산을 뺏고 싶은 욕심에 죄 없는 자들을 밀고했다. 이런 현상은 술라의 측근들이 모두 부자가 되고 나서야 겨우 진정됐다"고 비판했을 때, 원로원파가 대부분인 원로원 의원들조차 아무도 반박하지 못했을 정도였다.

누가 봐도 민중파의 중요 인사 가운데 한 명인 카이사르가 이 미친 광기의 소용돌이에서 죽음을 면한 것은 순전히 그가 로마의 명문 중의 명문 출신인 덕분이었다. 율리우스 일족은 알바롱가 시에서 로마 시로 옮긴 후부터 600년 가까이 이어져 내려온 명문 귀족이었다. 이토록 오랜 기간 유지된 명문은 극히 드물었다. 그런데 카이사르를 죽이면 이 전통 있는 귀족 가문의 혈통이 끊어지게 된다. 그 점을 안타까워한 수많은 로마 귀족들이 술라를 찾아가 탄원했다. 결국 술라도 거듭된 탄원에 못 이겨 살생부에서 카이사르의 이름을 지웠다. 덕분에 카이사르는 목숨을

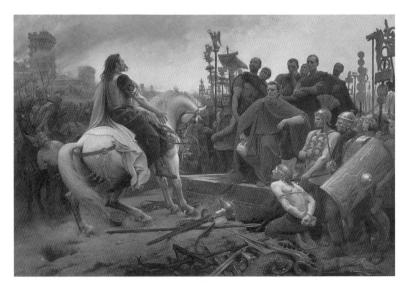

카이사르
라이오넬 로이어 그림, 1899년 작, 「율리우스 카이사르에게 항복하는 베르킨게토릭스」
훗날 갈리아를 정복하고 이어 로마 최고의 자리에 오르는 카이사르는 처음 정계에 입문했을 당시
민중파에 속해 많은 불이익을 당했다. 하지만 농지 개혁을 성사시키면서 민중의 열광적인 지지를 얻게
된다.

건졌다. 다만 술라에 의해 민중파가 거의 멸절된 탓에 카이사르는 한동
안 세력 부족으로 몹시 고생해야 했다.

카이사르는 술라가 살아 있는 동안 이리저리 도망쳐 다니다가 그의 사
후에야 로마로 돌아와 정계 진출을 타진했으나, 출세는 매우 더디게 진
행됐다. 27세가 되어서야 겨우 대대장이 되었고, 31세에 회계감사관이,
35세에 안찰관이 됐다. 모두 로마 공화정 관직에서 가장 중요하게 생각
하는 군단 지휘권이 전혀 주어지지 않는, 중하위권 직책일 뿐이었다.

23세에 이미 3개 군단을 지휘하고, 24세에 개선식을 치렀으며, 36세
에 공화국 최고의 관직인 집정관에 선출된 폼페이우스에 비하면, 거북
이처럼 느린 속도였다. 그나마도 민중파의 힘이 아니라 카이사르가 명

문 귀족 출신이라 간신히 얻은 관직일 뿐이었다. 술라의 사후에도 세상은 폼페이우스, 크라수스Marcus Licinius Crassus, 루쿨루스Lucius Licinius Lucullus 등 원로원파의 천하였다. 민중파는 지리멸렬해서 힘을 쓰지 못했다.

이 시기 카이사르는 위협적인 민중파 정치가가 아니라 바람둥이로 유명했다. 그는 폼페이우스의 아내 무키아, 크라수스의 아내 테우토리아, 가비니우스의 아내 로리아 등 여러 여성들과 스캔들을 일으켰다. 속설에 따르면, 원로원 의원의 3분의 1이 카이사르에게 아내를 도둑맞았다고 한다. 심지어 카틸리나Lucius Sergius Catilina의 역모 사건으로 로마 전체가 떠들썩할 때도 카이사르는 태연하게 원로원 회의장에서 애인과 연애편지를 주고받았다. 그 모습을 본 그의 정적 카토가 "카이사르가 반역자들과 내통하는 증거"라고 외치자 카이사르는 직접 읽어 보라는 듯 그에게 편지를 건넸다.

편지를 읽어 본 카토는 당장 얼굴이 새빨개져서는 "이런 바람둥이 같으니!"라고 외치면서 편지를 바닥에 던졌다. 카이사르에게 뜨거운 사랑을 담은 연애편지를 보낸 여성은 그의 누이동생 세르빌리아였다.

이처럼 젊은 시절부터 멋 부리기와 여자를 유혹하기에만 열중하면서 막대한 빚을 진 카이사르를 원로원파는 경멸했다. 누구도 그를 위험하게 여기지 않았다. 그러나 카이사르의 가슴속에는 아무도 모르는 뜨거운 야망이 불타고 있었다. 그는 원로원파의 내재적인 문제점과 정책의 미비함을 냉정하게 주시하면서 기회를 기다렸다. 그리고 마침내 원로원파의 내분을 역이용해 공화국 최고의 관직, 집정관에 취임한다.

새로운 먹거리로 귀족을 잠재우다

권력은 나눌 수 없다고 했던가? 민중파가 지리멸렬하고 원로원파가 모든 권력을 장악하자 이번에는 자기들끼리 내분을 일으켰다. 특히 '폼페이우스 파'와 '반폼페이우스파'의 대결이 격렬했다.

그나이우스 폼페이우스는 술라 사망 이후 최고 유력자로 떠오른 인물이었다. 그는 세르토리우스Quintus Sertorius의 반란을 토벌하고, 지중해에서 해적들을 일소한 데다 동방 원정까지 성공하는 등 화려한 전공을 앞세워 사실상 '일인자'로 불렸다. 그의 공적과 위세가 어찌나 대단했던지 '위대한 폼페이우스(폼페이우스 마그누스Pompeius Magnus)'라는 별칭까지 붙을 정도였다. 폼페이우스는 스스로 공식 문서에 '위대한 폼페이우스'라고 서명하면서 강력한 권위를 만끽했다. 그러나 너무 잘 나가면 견제하는 세력이 생기기 마련이다. 다수의 원로원 의원이 똘똘 뭉쳐 폼페이우스를 견제했다. 그들은 폼페이우스의 개선식 개최와 집정관 출마를 방해하고, 그의 정책을 좌절시켰다.

카이사르는 이처럼 곤란한 지경에 처한 폼페이우스에게 접근했다. 그는 집정관이 되고 싶었지만, 세력이 부족해서 고생하는 중이었다. 그런 면에서 두 사람은 이해관계가 맞아떨어졌다. 자신을 차기 집정관으로 밀어 주면, 그의 정책을 실현시켜 주겠다는 카이사르의 제안에 폼페이우스는 넘어갔다. 여기에 로마 제일의 부자인 크라수스까지 참여해 1차 삼두 정치가 성립됐다.

당시 로마에서 가장 거대한 세력을 지니고 있던 폼페이우스와 막강한 자금력을 소유한 크라수스를 등에 업은 카이사르는 기원전 59년의 집정관으로 선출됐다. 원로원 의원들이 '바람둥이'라고 비웃던 남자가

로마 권력 구도의 전면에 등장하는 순간이
었다.

카이사르는 집정관의 권력을 활용해 그가
구상해 온 여러 정책을 시행했다. '악타 디우
르나Acta Diurna'로 원로원 회의의 의사록을 대
중에게 공개하고, 모든 속주의 납세자 명단
을 공표하도록 했다. 또 '율리우스 공직자 윤
리법'을 제정해 로마의 공직자, 특히 원로원
의원들의 뇌물 수취와 비윤리적인 행동을
규제했다.

물론 그를 집정관으로 만들어 준 폼페이
우스에게 은혜를 갚는 것도 잊지 않았다. 다

악타 디우르나
로마의 콜로세움에 있는 5세기의
악타 디우르나. 카이사르는 일종의
관보인 악타 디우르나를 통해
원로원 회의와 의사록을 대중에게
공개했다.

만 카이사르는 단지 폼페이우스의 정책을 실현시키는 것만이 아니라
자신의 웅대한 개혁 프로그램 안에 그의 바람도 포함시키는 안을 구상
했다.

폼페이우스의 정책 중 제일 중요한 것은 그의 병사들에게 '새로운 먹
거리'를 마련해 주는 것이었다. 마리우스의 군제 개혁 이후 프롤레타리
아들이 대거 군대로 몰려왔다. 문제는 전쟁이 계속되는 동안은 그들에
게 일자리가 제공됐으나, 전쟁이 끝나고 군대가 해산하면 일자리도 사
라진다는 점이었다.

모병제하에서 군단은 사령관의 사병이 되기 쉽다. 사병화된 병사들
은 사령관에게 충성하는데, 대신 사령관도 이들을 챙겨 줘야 하는 의무
를 진다. 폼페이우스는 자신의 부하들에게 먹고살 거리를 만들어 줘야
한다는 책임감을 강하게 느끼고 있었다. 카이사르는 이 문제를 농지 개

혁으로 해결할 생각이었다. 농지 개혁과 국유지 편법 임차는 거의 1세기 동안 논란이 그치지 않은 사안이었다.

농지 개혁을 실시해 귀족과 부유층이 차명으로 임차한 국유지를 몰수해서 서민들에게 나눠 준다. 이때 폼페이우스를 따라 5년 이상 종군한 자에게 우선권을 준다. 이것이 카이사르가 구상한 정책의 골자였다. 이를 통해 카이사르의 숙원인 농지 개혁을 이루면서 폼페이우스의 부하들에게 새로운 먹거리를 주는 것도 동시에 달성할 수 있었다. 뿐만 아니라 카이사르는 이를 통해 폼페이우스의 편을 들어주는 척하면서 그를 자신의 개혁을 보호하기 위한 방패로 활용하려는 정략을 꾸몄다.

장군으로서는 최고지만, 정치적인 감각이 다소 부족한 폼페이우스는 이 정책이 가진 엄청난 의미를 이해하지 못했으며 카이사르의 정략도 깨닫지 못했다. 그는 단지 자신의 부하들에게 먹고살 길을 열어 줄 수 있다는 부분이 좋아 찬성했다.

당연히 재산 감소가 싫은 로마 귀족들은 결사적으로 반대했다. 카토는 하루 종일 연설을 계속해서 농지법에 대한 논의 자체를 막으려 했다. 그러나 카이사르는 그라쿠스 형제보다 훨씬 교활했다. 그는 상대가 어떤 방해 수단을 쓰더라도, 설령 무력을 동원하더라도 그에 맞설 충분한 대응책을 구상해 둔 상태였다.

집정관에게는 원로원 회의뿐 아니라 민회를 소집할 권한도 있었다. 카이사르는 원로원 회의장이 고성으로 얼룩져 제대로 된 논의가 힘들어지자 시민들에게 직접 정책의 가부를 묻겠다며 민회를 소집했다.

기원전 59년 3월 운명의 날, 민회가 열리는 포룸 로마눔Forum Romanum 광장에는 꼭두새벽부터 폼페이우스의 부하 병사 수만 명이 몰려들었다. 농지 개혁만 성공하면, 그들이 평생 먹고살 터전이 되는 농지가 마련된다. 이 때문에 카이사르가 힘들여 설득할 필요도 없이 그들은 이미 사생결단의 기분이었다. 그 결과 민회의 분위기는 대단히 흉흉했다. 단상에 올라선 원로원 의원이 농지 개혁에 반대하는 뉘앙스만 풍겨도 욕설과 삿대질이 퍼부어졌다. 가장 강경한 반대자인 카토는 하마터면 폼페이우스의 부하들에게 맞아 죽을 뻔했다. 카이사르의 동료 집정관이었던 비불루스Marcus Calpurnius Bibulus는 거부권을 발동하려 했으나, 이를 눈치챈 폼페이우스의 부하들이 연단으로 몰려오자 겁을 먹고 달아났다.

비불루스만이 아니었다. 당대 최고의 장군인 폼페이우스의 부하 병사들은 비단 수만 많은 게 아니라 오랫동안 전투 경험을 쌓은 최정예 병력이었다. 당시 로마에 이들보다 더 강력한 무력은 존재하지 않았다. 도저히 감당할 수 없는 무력에 부딪힌 로마 귀족들은 체면도 잊고 도망쳤다.

농지법은 압도적인 다수로 가결됐다. 피로 얼룩진 이 정책은 결국 더 강대한 무력이 동원되고서야 비로소 빛을 보게 된 것이다. 시오노 나나미의 『로마인 이야기』에 따르면, 고대의 한 역사가는 이를 일컬어 "시합은 상대편 선수 전원의 퇴장으로 끝났다"고 야유했다고 한다.

농지 개혁을 성공시킨 카이사르는 순식간에 영웅이 됐다. 사실상 사라졌던 민중파가 부활했으며, 카이사르를 중심으로 뭉쳐서 크고 강고한 정치 세력을 형성했다. 높아진 인기와 거대한 세력을 바탕으로 카이사르는 남은 집정관 임기 동안 하고 싶은 일을 다 했다. 특히 집정관을 마친 뒤 총독으로 부임할 임지로 갈리아 치살피나, 일리리아, 프로빙키아 등 세 곳을 고르고, 임기는 무려 5년으로 정했다. 또한 휘하 병력으로 4개 군단을 지정했다.

지금까지 그 어떤 집정관도 누려 보지 못한 파격적인 조치였다. 그러나 하늘을 찌를 듯한 인기는 그걸 가능하게 했다. 이후 카이사르는 8년에 걸친 갈리아 원정을 성공적으로 수행해 지지율을 더 높였으며, 자신에게 충성하는, 사병화된 군단까지 손에 넣었다. 카이사르의 친위대로 유명한 게르만 기병대도 이 시기에 합류했다.

그제야 카이사르가 너무 막강해진 것을 깨달은 원로원파는 하나로 뭉쳤지만, 이미 너무 늦은 뒤였다. 원로원파에서 제일 뛰어난 장군은 폼페이우스였으나, 당시 그는 군문을 떠난 지 너무 오랜 시일이 지난 터라 전성기 때 실력을 되찾지 못했다. 파르살루스 전투에서 카이사르가 대승을 거두면서 내전의 승패는 갈렸다. 절대적인 권력자가 된 카이사르는 로마의 정치 체제를 제정으로 변혁했다. 이처럼 그가 로마 제국의 초대 황제가 될 수 있었던 밑거름은 민중에게 경제적인 사안이 얼마나 중요한지 꿰뚫어 본 혜안이었다.

7장

로마 제국을 멸망의 위기로 몰아넣은 하이퍼인플레이션

로마는 본래 은본위제 국가였다. 로마의 화폐는 아우레우스^{Aureus} 금화, 데나리우스^{Denarius} 은화, 세스테르티우스^{Sestertius} 동화 등 세 가지였지만, 데나리우스 은화가 주요 화폐로 쓰였다. 세스테르티우스 동화는 요새의 동전처럼 주로 잔돈 계산용이었다. 아우레우스 금화는 화폐라기보다 현대의 예금통장이나 국채처럼 재산 보존용의 성격이 더 강했다. 부동산 매매, 급료 지불, 세금 납부 등에 쓰이는 주요 통화는 데나리우스 은화였다. 그런데 로마 정부가 재정난을 견디다 못해 은화를 평가절하하면서 은본위제가 흔들리기 시작했다. 은화의 은 함유율이 떨어지자 자연히 돈의 가치도 하락하면서 인플레이션이 발생했다.

나중에는 은화의 은 함유율이 5%까지 감소해 사실상 동화와 차이가 없는 수준으로

데나리우스 은화
트라야누스 황제가 서기 107년에 발행한 데나리우스 은화. 데나리우스 은화는 로마 제국의 주요 화폐였다.

전락했다. 하이퍼인플레이션이 로마를 휩쓸고, 국가 경제가 처참하게 망가져 로마는 멸망 직전까지 몰렸다. 이 문제는 후일 콘스탄티누스 대제Constantinus I가 은본위제를 금본위제로 변경하면서 간신히 해결된다.

끝없는 야만족의 침입

흔히 로마 제국은 북방 야만족의 침입 때문에 멸망한 것으로 알려져 있다. 실제로 '3세기의 위기'로 불리는 서기 3세기부터는 거의 매년 야만족 수십만 명이 습격해 왔다. 서기 476년에 서로마 제국을 멸망시킨 주인공도 게르만족 출신의 용병 대장인 오도아케르Odoacer였다. 하지만 야만족의 침입은 사실 로마가 멸망해 가는 과정의 일부에 불과했을 뿐이다. 서로마 제국이 멸망하기 직전인 5세기까지도 로마의 군사력은 우수했으며, 침입해 온 야만족을 거듭해서 무찔렀다. 그 유명한 훈족의 아틸라Attila 왕도 로마의 장군 플라비우스 아에티우스Flalvius Aëtius에게 크게 패했다. 전투 후 아틸라가 장작불을 피워 놓고 자살을 고려할 정도의 참패였다.

　서로마 제국을 멸망시킨 오도아케르가 외부에서 침입해 온 적이 아니라 로마군에 복무하던 용병 대장이란 사실만 봐도 이는 명백하다. 사건은 국가 간의 전쟁도, 야만족 침공도 아닌, 그저 서로마 제국 내부의 권력 다툼일 뿐이었다. 동로마 제국이 서로마 제국의 황제로 파견한 네포스Julius Nepos에게 서로마 내부에서 오레스테스가 반기를 들었다. 오레스테스는 마지막 황제 로물루스 아우구스툴루스Romulus Augustulus를 제위에 앉혔는데, 곧 오도아케르와의 항쟁에서 패해 쫓겨났다. 오도아케르는 네포스를 의식해 스스로 황제를 칭하는 건 포기했다. 대신 동로마 제국 황제 제노Zeno에게 자신을 이탈리아 반도의 지배자로 공인해 달라고 요청했다. 서로마 제국은 이렇게 소리 소문 없이 사라졌다. 학살도, 파괴도, 화염도 없는 허무한 결말이었다.

로마 제국이 멸망의 위기에까지 처하게 된 진짜 원인은 쉴 새 없는 전쟁이 초래한 극도의 재정난 및 은화의 평가절하로 인해 발생한 하이퍼인플레이션이었다. 오현제의 마지막 황제인 마르쿠스 아우렐리우스 Marcus Aurelius Antoninus 황제 시절부터 흔들리기 시작한 '팍스 로마나(로마에 의한 평화)'는 3세기에 접어들자 본격적으로 붕괴되기 시작했다. 북방 야만족들은 라인강 혹은 도나우강을 건너 거의 매년 로마로 쳐들어왔다. 고트족, 반달족, 알라마니족, 프랑크족, 색슨족, 사르마티아족 등 수많은 야만족들이 로마의 국경을 위협했다.

처음에는 로마군이 그들을 쉽게 이겼다. 카라칼라Caracalla 황제와 막시미누스 트락스Maximiuns Thrax 황제는 야만족을 크게 무찔렀다. 막시미누스 트락스는 야만족 영토까지 쳐들어가 궤멸적인 타격을 주기도 했다. 그러나 야만족들은 척박한 게르마니아 영토에서 먹고살기 힘들어 로마를 약탈하러 오는 것이었다. 굶어 죽든 싸우다 죽든 마찬가지니 아무리 패해도 끝없이 몰려왔다. 그러다가 필리푸스 아라브스Philippus Arabs나 트레보니아누스 갈루스Trebonianus Gallus처럼 군사적으로 무능한 황제를 만나면 그 날개를 활짝 폈다.

트레보니아누스 황제 재위 시절, 물밀듯이 쏟아져 들어온 야만족에 의해 니코메디아, 니카이아, 아테네, 비티니아 등 제국 동방의 그리스와 소아시아에서 특히 풍요롭기로 유명한 도시들이 철저하게 약탈당했다. 데키우스Decius 황제는 트라키아 속주에서 야만족과 싸우다가 함

정에 걸려 전사하기도 했다. 그의 사후에 일어난 혼란을 수습하는 데
에만 여러 해가 소요됐다. 그래도 로마군은 강했다. 특히 발레리아누
스Publius Licinius Valerianus 황제가 만든, 철저한 실력 위주 인재 양성 시스템
에 의해 길러진 군인 황제들은 눈부신 활약을 했다. 클라우디우스 고티
쿠스Claudius Gothicus, 아우렐리아누스Lucius Domitius Aurelianus, 프로부스Marcus
Aurelius Probus, 카루스Marcus Aurelius Carus 등 군인 황제들은 드넓은 제국 곳곳
을 뛰어다니면서 용감히 싸웠다. 뛰어난 능력을 발휘한 그들은 거의 대
부분의 전투를 이겼다.

　오랜만에 반격으로 돌아선 로마군에 의해 제국 영토 내 야만족이 일
소된 것은 물론 라인강과 도나우강 건너편, 게르마니아에 있는 야만족
들의 본거지도 불과 피로 뒤덮였다. 하지만 그렇게 이겨도 로마는 위기
에서 벗어나지 못하고, 오히려 점점 더 상황이 심각해지기만 했다는 게
문제였다. 이미 로마 제국은 전투의 승리만으로는 해결할 수 없는, 구
조적인 결함 속에 빠져 있었다.

'주적' 사산조 페르시아와 재정난

아마 로마 제국이 총력을 다해 북방 야만족과 싸울 수 있었다면, 문제를
쉽게 해결했을 것이다. 하지만 그럴 수 없었다. 로마의 주적은 야만족
이 아니라 동방의 대제국 사산조 페르시아인 탓이었다.

　사산조 페르시아는 국가 체계도 갖추지 못한 야만족 따위와는 비교
도 안 될 만큼, 훨씬 크고 부유한 국가였다. 당연히 군사력도 비교하기
힘들 만큼 강력했다. 야만족을 휩쓸다시피 한 카라칼라 황제도 사산조

페르시아와의 전쟁에서는 무척 고전했다. 그들의 중기병과 궁기병을 조합한 전술은 로마군도 상대하기 까다로웠다. 보병 중심으로는 도저히 맞서기가 버거워서 동방의 로마군은 사산조 페르시아군과 마찬가지로 중기병과 궁기병 조합을 군의 주력으로 키울 정도였다.

무엇보다 식량과 재물 등을 약탈한 뒤 자기 땅으로 돌아가는 것이 목적인 야만족들과 달리 사산조 페르시아는 로마의 동방 영토를 호시탐탐 노렸다. 양국은 시리아와 북부 메소포타미아 등을 놓고 수백 년간 싸웠다. 이로 인해 로마는 야만족 침입이 아무리 극심하더라도 여기에 전력을 쏟을 수가 없었다. 야만족 토벌을 위해 동방의 전력을 차출하는 순간, 사산조 페르시아가 즉시 동방 국경을 위협했다.

특히 발레리아누스 황제가 사산조 페르시아의 왕 샤푸르Shāpūr I의 함정에 빠져서 포로가 된 사건은 로마 제국 전체를 충격에 빠뜨렸다. 이 사건의 영향으로 한때 제국이 로마 제국, 갈리아 제국, 팔미라 왕국 등세 나라로 분열되기도 했다. 아우렐리아누스 황제의 분전으로 다시금 하나의 나라로 통일되긴 했으나, 10여 년의 시간이 소요되는 등 이 사건은 로마에 큰 후유증을 남겼다.

거듭 말하지만, 로마의 군사력은 매우 우수했다. 진지하게 총력을 기울인 전투에서는 사산조 페르시아군마저 압도적으로 격파하곤 했다. 세베루스 알렉산데르Severus Alexander 황제는 수십만 사산조 페르시아군을 패주시켰다. 고르디아누스 3세Marcus Antonius Gordianus III 황제도 북부 메소포타미아에서 연전연승을 거뒀다. 카루스 황제는 아예 사산조 페르시아의 수도 크테시폰까지 점령했다.

다만 사산조 페르시아와 맞서 싸우기 위해 북방의 군대를 동원할 경우 이번에는 야만족이 그 틈을 노려 남하했다. 이런 구도 탓에 로마는 아무리 이겨도 사태를 근본적으로 해결할 수 없었다. 로마 제국의 황제가 북방 야만족을 거의 멸절 수준까지 몰아붙이다가도 급하게 군대를 빼서 동쪽으로 달려가야 하는 일이 종종 벌어졌다. 반대로 사산조 페르시아의 수도 크테시폰을 점령하고도 도망친 왕에 대한 추격을 포기한 채 도나우 강변으로 회군하기도 했다.

그러기를 100년 넘게 계속하는 사이 로마의 재정과 경제력은 점차 기울어 가기 시작했다. 군대는 곧 '돈 먹는 하마'다. 군대를 이동시키고 전투를 시킬수록 소요 비용이 기하급수적으로 늘어난다. 게다가 싸우다 죽은 병사를 메우기 위해 새로운 병사를 징집하면, 그만큼 경제 활동 인구가 감소해 세수도 줄어들게 된다.

특히 야만족은 약탈이 목적이었기에 로마 정규군과의 싸움을 최대한 피하고, 방어력이 약한 곳만 집중적으로 공략했다. 그런 다음 재물과 식량을 약탈하고, 사람을 납치해서 게르마니아로 끌고 갔다. 도시와 마을은 불타 사라졌다. 그 결과 로마의 북방은 갈수록 황폐해졌으며, 사람이 떠나 버려진 농지와 마을이 늘어났다. 이로 인해 로마의 경제력은 크게 약해졌다. 그만큼 세수는 더 감소했다. 들어오는 세금은 줄어드는데, 나가는 돈은 늘어나니 로마 정부의 재정난은 갈수록 심각해졌다. 처음에는 국채 발행으로 문제를 해결하려 했으나, 곧 한계에 부딪혔다. 정부가 빚을 떼먹는 일이 종종 발생하면서 귀족들과 부자들은 국채 매입을 거부했다.

증세는 반란의 위험이 커서 선택할 수 있는 사안이 아니었다. 먼 훗날 유럽 각국의 정부는 지폐를 발행해서 재정 문제에 대응했지만, 이 시대에는 아직 지폐의 개념이 없었다. 결국 로마 정부는 해서는 안 될 '악마의 수단'에 손대고 만다. 은화의 평가절하였다.

내리지 말아야 할 것을 내린 결과

지폐와 달리 금화와 은화는 내재적인 가치를 지니고 있다. 그 가치는 화폐에 새겨진 액면가가 아니라 함유된 금과 은의 양으로 결정된다. 즉, 은화의 은 함유량이 감소하면, 은화의 가치도 떨어지게 된다.

본래 로마의 데나리우스 은화는 3.8~3.9그램의 무게에 순은으로 만들어졌다. 100% 순은이야말로 데나리우스 은화의 가치를 증명하고, 로마 시민들의 은화에 대한 신뢰를 형성하는 기초였다. 그런데 은화의 은 함유량을 줄이면 같은 양의 은으로도 더 많은 통화를 발행할 수 있다는 사실이 로마의 위정자들을 유혹하면서 이 신뢰가 흔들리기 시작한다.

맨 처음 은화를 평가절하한 황제는 네로 황제였다. 네로는 '도무스 아우레아Domus Aurea'를 구상하는 등 건축에 너무 많은 돈을 써서 재정이 부족해지자 은화의 은 함유를 100%에서 92%로 떨어뜨리고, 무게도 3.2~3.8그램으로 줄였다.

은화의 가치를 재는 척도인 은 함유량이 감소하자 당장 돈의 가치가 하락하고, 인플레이션이 일어났다. 네로는 '미치광이 황제'로 불리며 로마 시민과 집권층으로부터 탄핵당했다. 결국 궁지에 몰린 네로는 자살했다. 네로를 죽음으로 밀어 넣은 진짜 이유는 크리스트교도 탄압이 아니라 인플레이션이었다.

그래도 92% 정도로는 큰 문제가 발생하지 않았으나, 이후 전쟁 비용 마련을 위해 은화의 평가절하가 거듭해서 일어났다. 코모두스Aurelius Commodus 황제는 70%로, 카라칼라 황제는 50%로 줄였다.

'3세기의 위기'가 절정에 달했던 발레리아누스 황제 시기 마침내 은화의 은 함유량은 5%까지 급락했다. 병사의 급료, 무기 구입비, 식량 구

세스테르티우스 동화
네로 황제가 서기 65년에
발행한 세스테르티우스 동화.
세스테르티우스 동화는 주로
잔돈 계산 정도로밖에 쓰이질
않았다. 하지만 데나리우스 은화의
은 함유량이 5%까지 떨어져
동화와 별 차이가 없어지자 결국
동화의 발행이 중단되기에 이른다.

입비, 성채 수리비 등 돈이 나갈 곳은 산더미 같은데, 극심한 재정난으로 은이 부족하다 보니 터무니없이 낮은 품질의 은화가 등장한 것이었다. 이쯤 되면 더 이상 은화라고 부를 수도 없었다. 은이 도금된 동화라고 해야 옳았다. 실제로 아우렐리아누스 황제는 은 함유량이 5%인 은화가 이미 널리 유통돼 되돌릴 방도가 없음을 깨닫자 아예 세스테르티우스 동화의 발행을 중단해 버렸다.

질 낮은 은화를 발행하면, 당장은 은화의 발행 규모가 늘어나 재정 문제가 해결된 것처럼 보인다. 하지만 다음해부터는 그 질 낮은 은화로 세금을 받아야 한다. 그 결과 재정에 더 악영향을 끼치게 된다. 게다가 은화의 가치 하락은 곧 인플레이션으로 연결된다. 은 함유량이 5%까지 급락해 신뢰가 무너지자 물가가 천정부지로 치솟았다. 하이퍼인플레이션의 파도가 로마를 덮쳐 산업은 쇠퇴하고, 경제 활동은 마비됐다.

불안감을 느낀 사람들은 옛날에 발행된 100% 순은의 데나리우스 은화를 집 안에 숨겨 둔 채 쓰지 않기 시작했다. 은화의 가치가 너무 낮으니 순은의 은화를 사용하는 것은 어차피 손해이기도 했다. 이 같은 '장롱 예금'이 늘어나면서 돈이 돌지 않게 되자 국가 경제는 더 심하게 망가졌다. 당연한 결과로 재정은 점점 더 나빠졌다. 예전에는 수십만 대군을 어렵지 않게 동원하던 로마가 4세기에 접어들면서부터는 수만 명의 군대를 편성하는데도 허덕댈 정도였다.

워낙 로마의 군사력이 막강하다 보니 그 와중에도 야만족이나 사산조 페르시아와의 싸움은 계속해서 승리했으나, 희망적인 결과로는 이어지지는 않았다. 로마는 헤어 나올 수 없는 하이퍼인플레이션의 수렁 속으로 점점 빠져들었다. 카루스 황제가 사산조 페르시아의 수도 크테시폰을 점령하고 금은보화를 약탈해 겨우 숨을 돌렸지만, 이 역시 미봉책에 불과했다.

인플레이션 문제를 해결하려면, 은화의 신뢰도를 되찾아 은본위제의 기능을 회복하는 수밖에 없었다. 문제는 이미 은 함유량이 5%밖에 안 되는 데나리우스 은화와 안토니누스Antoninus 은화가 대거 풀린 상태라 은화의 가치를 더 이상 믿을 수 없다는 점이었다.

디오클레티아누스Diocletianus 황제는 100% 순은의 아르겐테우스Argenteus 은화를 새롭게 발행해 이 문제를 해결해 보려 했다. 데나리우스 은화와 안토니누스 은화는 믿을 수 없지만, 아르겐테우스 은화는 오직 순은의 은화뿐이니 사람들이 신뢰할 것이라고 디오클레티아누스는 생각했다. 그러나 그의 기대는 엇나갔다. 아르겐테우스 은화는 발행 즉시 시장에서 사라져 장롱 예금으로 변질됐다. 시장에는 나쁜 품질의 은화만 계속 돌아다녔다. 디오클레티아누스는 사람들의 탐욕을 비난했지만, 사실 그보다 신뢰의 문제가 더 컸다. 정부가 아무리 아르겐테우스 은화는 100% 순은이라고 외쳐도 시민들이 이를 믿지 못했던 것이다.

로마를 끔찍한 난국에서 구한 것은 콘스탄티누스 황제였다. 수십 년간의 내전에서 승리해 로마 제국 황제가 된 콘스탄티누스가 내놓은 해결책은 발상의 전환이었다. 그는 은화의 신뢰도를 올리려는 작업을 포기하고, 아예 은본위제를 금본위제로 바꿔 버렸다. 이후 콘스탄티누스가 발행한 솔리두스Solidus 금화가 로마의 주요 통화로 활용된다. 병사와 관료의 급료 지급, 세금 징수 등이 모두 금화로 시행됐다.

금본위제가 확립되자 비로소 낭떠러지까지 몰렸던 로마 경제에 숨통이 트였다. 어쨌거나 지금까지 금화는 평가절하된 적이 없었으니 아무리 의심 많은 사람일지라도 금화는 믿었다. 인플레이션이 잦아들고, 산업 생산과 경제 활동이 비로소 안정을 찾기 시작했다.

콘스탄티누스는 훗날 대제로 불린다. 최초로 크리스트교를 공인한 황제라 중세 유럽을 지배했던 크리스트교로부터 대제라는 호칭을 얻은 것이다. 그러나 종교적인 업적을 차치하고, 금본위제를 수립해 경제적인 혼란을 해결한 것만으로도 콘스탄티누스는 충분히 대제로 불릴 만하다.

서로마 제국은 무능한 황제와 황족의 권력 다툼 때문에 정치가 엉망이 되면서 결국 476년에 멸망했다. 그러나 새로운 수도 콘스탄티노플을 건설하는 등 콘스탄티누스 황제가 직접 설계한 동로마 제국은 그의 사후에도 1천 년이 넘는 장구한 세월을 버텨 냈다. 콘스탄티누스가 제국에 새로운 숨결을 불어넣은 것이다.

2부
제국을 일으키거나 쓰러트린
돈에 얽힌 사연

1장

국채를 마구 남발한 하늘이 보낸 역병,
유스티니아누스 대제

동로마 제국은 수도 콘스탄티노플의 옛 이름인 비잔티움을 따 흔히 비잔틴 제국이라고도 불린다. 비잔틴 제국에서 제일 유명하면서 동시에 가장 뛰어난 업적을 쌓았다고 찬양받는 황제는 유스티니아누스 대제 Justinianus I다. 그는 서로마 제국 멸망 후 잃어 버렸던 북아프리카와 이탈리아 반도를 재정복해 제국의 판도를 최대치로 넓혔다. 또한 로마 공화정 시절부터 이어져 내려온 모든 법을 집대성해 '유스티니아누스 법전'을 편찬했다. 유스티니아누스 법전은 비잔틴 제국이 사라질 때까지 제국 사법 체계와 재판의 가늠자 역할을 했다. 그러나 겉으로 드러난 영광 외에 유스티니아누스의 어두운 면은 잘 알려져 있지 않다.

유스티니아누스는 전쟁에 필요한 예산을 마련하기 위해 각종 증세책을 시행했다. 시민들이 반발하자 반대파를 마구잡이로 학살하는 냉혹한 조치도 서슴지 않았다. 그러고도 돈이 부족해 비잔틴 제국의 재정은 크게 망가졌다. 그의 사후, 제국은 심각한 침체기로 빠져든다.

줄어든 '빵과 서커스'가 부른 피로 얼룩진 니카 반란

유스티니아누스는 단지 유스티니아누스 법전 편찬, 하기아 소피아 대성당 건립 등 내정에서 치적을 쌓아 '대제'란 호칭을 얻은 것이 아니다. 역사적으로 내정에서 우수한 실적을 올렸다는 이유로 '대제'라는 명예로운 호칭을 얻은 지도자는 없다.

그가 대제가 된 것은 오직 정복 사업을 통해서였다. 특히 북아프리카와 이탈리아 반도를 되찾아 비잔틴 제국의 영토를 최대로 늘린 업적이 후세의 역사가들로부터 상찬을 받았다. 하지만 세상에 무엇이든 '공짜'로 얻어지는 법은 없다. 전쟁에는 큰돈이 든다. 비잔틴 제국의 수도 콘스탄티노플에서 이역만리 떨어진 북아프리카와 이탈리아까지 원정하는 대사업은 더더욱 많은 돈이 든다. 이 때문에 유스티니아누스는 삼촌 유스티누스 1세Justin I의 뒤를 이어 집권한 직후부터 전쟁 자금 마련에 열을 올렸다.

이상주의자인 그는 서로마 제국이 건재하던 당시 제국의 곡창 지대 역할을 했던 북아프리카와 제국의 고도 로마가 있는 이탈리아 반도를 정복하고 싶어 했다. 당시 북아프리카는 반달족, 이탈리아 반도는 고트족의 지배하에 있었다. 그러나 그런 바람은 유스티니아누스의 이상일 뿐, 비잔틴 제국의 시민들이 거기에 동조할 까닭은 없었다.

유스티니아누스가 원정 자금을 마련한다는 이유로 세금을 늘리자 당장 시민들의 반발이 시작됐다. 그가 '빵과 서커스'에 대한 정부의 지원까지 줄이면서 시민들의 반발은 최고조에 이르렀다. '빵과 서커스'는 로마 공화국 시절부터 이어진 오래된 복지 정책이었다. '빵'은 가난한 시민들에게 밀을 무상으로 나눠 주는 것을, '서커스'는 검투사 대회나

벨리사리우스
라벤나의 산비탈레 성당에 있는 모자이크로
벨리사리우스로 여기진다. 벨리사리우스는
유스티니아누스 대제 때 명장으로 북아프리카와
이탈리아를 다시 수복했다. 하지만
이 과정에서 유스티니아누스의 지원 부족으로
많은 고생을 해야 했다.

전차 경주를 개최해 시민들이 즐길 수 있는 오락거리를 제공하는 것을 뜻한다. 현대로 치면 국가가 최저생계비를 보장하고, 나아가 여러 스포츠 산업을 후원하는 것에 해당한다. 그런데 세금은 증가하고, 복지는 감소하니 당연히 이중으로 손해를 보게 된 시민들의 분노는 하늘을 찌를 듯했다.

서기 532년 1월, 콘스탄티노플의 시민들은 전차 경기장에 모여 봉기했다. 그들은 그간 유스티니아누스의 지시에 충실히 따라 세금 징수에 골몰한 재무장관 요하네스Johannes와 사법장관 트리보니아누스Tribonianus의 파면을 요구했다.

궁지에 몰린 유스티니아누스가 그들을 해임했으나, 시민들의 분노는 가라앉지 않았다. 시민들은 내친김에 유스티니아누스를 탄핵하고, 히파티우스Hypatius를 새로운 황제로 선출했다. 이것이 '니카 반란'이다. 일이 여기까지 진행되자 유스티니아누스는 평화적인 해결책을 포기했다. 그가 선택한 것은 무자비한 진압이었다.

유스티니아누스의 심복 벨리사리우스Belisarius 장군이 이끄는 군대는 전차 경기장을 급습해 마주치는 시민들을 닥치는 대로 학살했다. 수천 명의 피가 경기장을 적셨다. '니카 반란'은 이렇게 종식됐다. 이후 '빵과 서커스'는 사실상 자취를 감추게 된다. 이처럼 유스티니아누스의 위대한 정복 사업의 이면에는 반대파란 이유만으로 평범한 시민들까지 마구 학살하는, 피도 눈물도 없는 냉혹함이 자리하고 있었다.

벨리사리우스의 분전과 로마의 몰락

반대파의 씨를 말린 뒤 유스티니아누스는 예정대로 원정에 나섰다. 충실하고 유능한 벨리사리우스 장군은 533년 병사 수만 명을 이끌고 북아프리카를 공략했다. 벨리사리우스의 능력이 빼어난 이상으로 적이 사분오열된 상태라 원정은 순조롭게 진행됐다. 벨리사리우스는 반달족과의 전투에서 모두 대승을 거두고, 9월 15일 북아프리카에서 가장 큰 도시인 카르타고를 점령했다. 그가 북아프리카에 상륙한 뒤 불과 보름 만에 거둔 위업이었다.

어렵지 않게 북아프리카를 정복한 벨리사리우스는 535년 다시 이탈리아로 쳐들어갔다. 로마의 탈환도 간단하게 이뤄졌다. 벨리사리우스는 고트족이 방심한 틈을 노려 536년 12월, 이탈리아로 진격한 지 불과 1년여 만에 로마를 점령했다. 하지만 이걸로 전쟁이 끝난 것은 아니었다. 로마를 포기하지 않은 고트족은 계속해서 로마를 공격했다. 로마를 비롯해 이탈리아 반도 각지에서 비잔틴 제국과 고트족의 전투가 불을 뿜었다.

전쟁이 길어지면서 민중의 삶은 도탄에 빠졌다. 우선 곳곳에서 전투

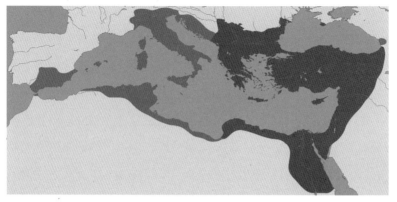

정복 영토
지도상에서 짙은 회색은 유스티니아누스 대제 즉위 당시의 영토이고 회색은 유스티니아누스가
새로 수복한 영토이다. 대제국을 건설한 덕분에 유스티니아누스는 대제로 평가받지만 이후 비잔틴
제국에 막대한 후유증을 남기게 된다.

가 벌어지는 탓에 농사를 제대로 짓지 못해 수확물의 양이 크게 줄었다.
그 얼마 안 되는 식량조차 고트족과 비잔틴 군대가 경쟁하듯 뺏어 갔다.
그 결과 수십만 명의 사람이 굶어 죽었다. 게다가 영양 상태가 나빠지니
면역력도 떨어졌다. 전염병까지 돌자 더 많은 사람들이 죽었다. 역사가
프로코피우스Procopius는 당시의 참상을 다음과 같이 묘사했다.

막대한 규모의 농지가 버려져 황폐화됐다. 이탈리아 반도 어디를
가든 굶어서 비쩍 마르고, 얼굴이 누렇게 뜬 사람들로 가득하다. 어
떤 사람은 풀뿌리조차 캘 여력이 없어서 풀을 잡은 채 죽었다. 땅바
닥에는 수많은 시체들이 방치돼 있다. 무덤을 파서 시체를 묻을 만
한 체력이 남은 사람이 없기 때문이다.

그뿐이 아니었다. 전쟁이 길어지면, 문화를 사랑하는 마음도 자연히

고갈된다. 로마 시를 지키던 비잔틴 군대는 화살이 부족해지자 하드리아누스Pablius Aelius Hadrianus 황제묘에 세워진 조각상들을 파괴했다. 아름답고 예술적인 신상과 기마상이 마구잡이로 쓰러져 박살나자 그 돌조각들을 고트족 병사들에게 던졌다. 그 밖에도 수많은 예술품이 불타거나 파괴됐다. 벨리사리우스는 적이 쳐들어올 위험이 있다는 이유를 내세워 로마로 들어오는 상수도를 파괴하고, 돌과 회반죽으로 틀어막았다. 850년 동안 유지된 로마의 상수도가 그 기능을 잃어버리는 순간이었다. 눈앞의 싸움에서 이겨야 하는 벨리사리우스에게 로마 시민들이 물 부족 때문에 겪어야 하는 고통은 알 바 아니었다.

특히 비잔틴군에게 한 번 넘어갔다가 고트족이 재정복한 도시는 지독한 보복을 당했다. 일례로 밀라노는 도시 자체가 지상에서 지워졌다. 모든 건물이 불에 타 쓰러지고, 10여만 명의 시민은 단 한 명도 남김없이, 어린아이까지 학살당했다.

전쟁이 질질 늘어진 원인에는 유스티니아누스의 지원 부족도 컸다. 이 시기에도 여전히 비잔틴 제국의 주적은 사산조 페르시아였다. 북방의 슬라브족 역시 종종 발칸 반도를 위협하곤 했다. 꼭 필요하지도 않은 땅인 이탈리아 반도에서의 전쟁에 많은 돈을 쏟아붓기는 힘들었다.

벨리사리우스가 여러 차례 불만을 토로하자 기분이 상한 유스티니아누스는 그의 권한을 제한하거나 아예 본국으로 소환해 버리기도 했다. 명장 벨리사리우스가 자리를 비운 사이 고트족이 재기하면서 전황은 더 악화되기만 했다. 유스티니아누스는 부랴부랴 벨리사리우스를 이탈리아 반도로 다시 파견했으나, 그사이 낭비된 시간과 비용은 매우 컸다. 벨리사리우스가 지휘하는 비잔틴군이 고트족의 기세를 꺾고, 잃어버린 땅을 수복하는 데만 다시 여러 해가 소요됐다.

전쟁은 물경 20년을 끌었다. 마침내 554년 벨리사리우스의 후임인 나르세스Narses가 고트족을 완전히 토벌하면서 전쟁이 끝났다.

전쟁으로 얻은 쓸모없는 땅과 텅 빈 국고

간신히 전쟁은 끝났지만, 그 후유증은 어마어마했다. 너무 오랫동안 전쟁이 계속된 탓에 이를 떠받치느라 비잔틴 제국의 재정은 완전히 고갈됐다. 국고는 텅텅 비었으며, 국채를 남발한 탓에 제국 정부는 빚더미에 올랐다.

유스티니아누스 사후 황제에 오른 유스티누스 2세Justin II는 정부 재산을 보관하는 창고에 갔다가 절망감을 느꼈다. 그곳에는 금은보화 대신 국채 증서만 산더미처럼 쌓여 있었다. 게다가 이토록 고생해서 얻은 땅은 별로 쓸모가 있지도 않았다. 북아프리카가 로마 제국의 곡창 노릇을 하던 시기는 이미 오래전에 지나가 버린 뒤였다. 유스티니아누스가 정복했을 당시 북아프리카는 매우 척박하고 가난한 땅이었다.

이탈리아도 오랜 전쟁으로 인해 완전히 폐허가 되었다. 유스티니아누스는 전쟁으로 소모된 재정을 복구하기 위해 이탈리아에 무거운 세금을 물렸지만, 현실적으로 이탈리아에는 그만한 돈이 없었다. 오히려 증세에 대한 반발로 반란만 유발시켰을 뿐이었다.

유스티니아누스는 제국에 위협을 가하지 않는 세력을 명분 없이 정벌하고, 나아가 경제적으로 쓸모없는 땅을 정복하는, 불필요하고 불합리한 전쟁을 일으켰던 것이다. 이로 인해 그 자신은 불멸의 명성을 얻었지만, 이탈리아 반도와 비잔틴 제국의 시민들은 끔찍한 고통을 겪어야 했다.

유스티니아누스
유스티니아누스는 활발한 정복 전쟁을 통해 대제의 칭호를 얻었다. 다만 그 과정에서 국고에 막대한 금은보화 대신 국채 증서를 잔뜩 남겨 놓아 후임 황제들을 절망하게 만들었다.

재정이 바닥난 비잔틴 제국은 심각한 침체기로 접어들었다. 제국이 더 이상 대군을 유지하기 힘들어지자 그때를 노려 사방에서 외적이 침입했다. 제국의 서쪽에서는 랑고바르드족이 쳐들어왔다. 비잔틴 제국은 그토록 힘들게 얻은 이탈리아 반도를 얼마 유지하지도 못한 채 거의 대부분 빼앗겼다. 제국에 남은 것은 남쪽 지방 일부와 시칠리아 섬뿐이었다.

동쪽에서는 사산조 페르시아가 침공해 왔다. 기회를 만난 대국 사산조 페르시아는 빠르게 비잔틴 제국의 영토를 잠식했다. 사산조 페르시아군은 시리아, 팔레스타인, 이집트 등을 점령한 데 이어 소아시아 깊숙이까지 진격했다. 결국 비잔틴 제국은 동방 영토 대부분을 상실했다. 엎친 데 덮친 격으로 북쪽에서는 아바르족이 강습했다. 그들은 발칸 반도를 마음대로 휘젓고 약탈했다. 주력 부대는 콘스탄티노플까지 쳐들어오기도 했다. 그나마 다행인 것은 당시 황제인 헤라클리우스Heraclius가 불굴의 용사란 점이었다. 그는 포기하지 않고, 끝까지 맞서 싸웠다. 먼저 아바르족을 물리친 뒤 군대를 이끌고 아시아로 원정했다. 헤라클리우스는 소아시아와 메소포타미아에서 벌어진 전투에서 대승을 거둬 사산조 페르시아에게 빼앗긴 동방 영토를 모두 되찾았다. 하지만 승리의 영광은 오래가지 않았다. 헤라클리우스가 겨우 사산조 페르시아를 물리친 직후 "이번에는 내 차례"라는 듯 아라비아 반도에서 '한 손에는 칼, 한 손에는 코란'을 쥔 이슬람 군대가 깃발을 들었다. 무엇보다 그 시기 이슬람군에는 역사적인 명장 할리드 이븐 왈 알리드Khālid ibn al-Walid가 있었다.

야르무크 전투에서 비잔틴군은 결정적인 참패를 당했다. 이집트, 시리아, 팔레스타인, 아나톨리아 등 비잔틴 제국의 동방 영토가 이번에는 이슬람 제국에 넘어갔다. 8세기에는 이슬람 군대가 비잔틴 제국의 수도 콘스탄티노플까지 포위했다.

무모한 원정이 불러온 재정 고갈 때문에 비잔틴 제국은 멸망의 위기로 몰렸다. 당시 황제인 레오 3세Leo III의 투철한 의지와 신무기인 '그리스의 불' 덕분에 간신히 이슬람 군대를 물리쳤지만, 이후 제국이 재건되기까지는 수백 년의 세월을 필요로 했다.

역사가 프로코피우스가 자신의 저서인 『비잔틴 제국 비사』에서 유스티니아누스 대제를 '하늘이 보낸 역병'이라고 묘사한 것도 바로 이 때문이다.

2장

8세기 최첨단 산업이었던 해적업과
이탈리아의 해상 상인들

"자본에는 국경이 없고, 자본가들에게는 애국심도, 고결함도 없다. 그들이 원하는 것은 오직 이익뿐이다."

프랑스의 황제 나폴레옹 보나파르트Napoleon Bonaparte가 남긴 유명한 말이다. 세계가 더 가까워지고, 수많은 글로벌 기업이 존재하는 오늘날에는 이 말이 더 가슴에 와 닿는다. 글로벌 기업들은 오로지 이익만을 좇을 뿐 사회적인 책무에는 관심이 없다. 거꾸로 자국 정부에 정당하게 내야 하는 세금마저 어떻게든 피하려고 애쓴다. 우리나라의 재벌들은 애교로 보일 만큼 미국, 일본, 영국, 프랑스 등 각 선진국의 기업들은 전문적으로 역외 탈세를 저지르고 있다. 케이맨 제도나 벨기에 등이 조세 피난처로 주로 활용된다. 아이폰을 만든 애플은 아예 "미국인은 너무 인건비가 높고, 부려 먹기도 힘들다"며 자국민 고용을 극도로 꺼리기도 한다.

재미있는 사실은 이처럼 이익에만 열광하고, 사회적이고 도덕적인 책무는 외면하는 자본가들의 속성은 인류가 탄생하면서부터 한결같았다는 점이다. 현대뿐 아니라 프랑스 대혁명 시대에도, 그리고 그보다 더 오랜 옛날에도 마찬가지였다. 중세 유럽에서는 자국의 동포들을 노략질하는 해적들에게 배와 무기를 만드는 원재료 및 인력을 열심히 제공했던 이탈리아 해상 상인들이 대표적인 예라고 할 수 있다.

한 손에는 칼, 한 손에는 코란

이슬람교는 특히 그 세력을 확대하는 방식에서 타 종교와 궤를 달리한다. 그들은 시작부터 '한 손에는 칼, 한 손에는 코란'을 외치면서 포교보다 군사력을 앞세워 세력 범위를 넓혀 갔다.

이슬람 군대는 '지하드(성전)'를 내세워 신의 이름으로 타국을 무자비하게 침략했다. 때마침 아라비아 반도 주위의 두 거대 제국, 사산조 페르시아와 비잔틴 제국이 서로 싸우느라 지칠 대로 지친 시기와 맞물리면서 지하드는 대성공을 거두었다. 물론 할리드 이븐 알 왈리드 등 역사적인 명장들의 활약도 대단했다.

이미 예언자 무함마드Muhammad의 생전에 아라비아 반도의 절반 이상을 통일한 이슬람 세력은 정통 칼리프 시대 때부터 무서운 속도로 영토를 확장해 나갔다. 서기 633년, 할리드 이븐 알 왈리드가 지휘하는 이슬람 군은 사산조 페르시아를 침공해 왈라자 전투 등 여러 전투에서 승리를 거뒀다. 634년에는 비잔틴 제국까지 동시에 습격하는 무모한 짓을 저질렀음에도 연전연승의 기세는 멈출 줄을 몰랐다. 이슬람군은 635년에 시리아의 주요 도시인 다마스쿠스를 함락시켰으며, 636년 야르무크 전투에서 비잔틴 군대를 결정적으로 궤멸시켰다. 637년에 드디어 사산

투르-푸아티에 전투
샤를 드 스토이벤, 「732년
10월 푸아티에 전투」
1837년 작.
투르-푸아티에 전투에
참여한 카를 마르텔의
활약을 그린 그림이다.
카를 마르텔이 거칠 것이
없었던 이슬람군의 진격을
막지 않았다면 오늘날의
서유럽은 지금과는 다른
모습이었을 것이다.

조 페르시아의 수도 크테시폰을 점령하고, 638년에는 메소포타미아 지
방을 완전히 정복했다. 642년에는 이집트를 정복하면서 북아프리카에
발을 디뎠다. 북아프리카를 모두 휩쓴 그들은 710년 이베리아 반도로
쳐들어갔다.

이슬람 세력은 현대의 스페인과 포르투갈 영역을 거의 다 점령한 뒤
피레네 산맥까지 넘었다. 끝을 모르는 이슬람의 파도에서 유럽을 지
켜 낸 이는 프랑크 왕국의 카를 마르텔Charles Martel이었다. 그가 732년 투
르-푸아티에 전투에서 승리하면서 간신히 이슬람군의 진격이 멈췄다.

무함마드가 사망한 지 불과 100년 만에 아시아, 아프리카, 유럽 등 세
대륙을 아우르는 대제국이 건설된 것이었다. 이슬람교가 세계 3대 종
교로 올라서게 된 원동력은 '신의 가르침'의 훌륭함이나 포교 노력이
아니라 '신을 믿지 않는 자'들을 무찌른 칼의 힘이었다.

이탈리아 해안가 곳곳에 세워진 사라센의 탑

다만 영토 확장이 너무 빠르게 진행되다 보니 부작용도 여럿 발생했다. 이집트를 제외한 북아프리카 지방에 대규모로 생겨난 해적이 대표적인 사례였다. 사실 북아프리카는 로마 제국 시절 이집트와 함께 2대 곡창으로 불릴 만큼 비옥한 지방이었다. 비록 서로마 제국 멸망 후 오랜 기간 방치되긴 했지만, 다시 재건할 만한 잠재력은 충분했다. 그러나 알제리, 튀니지, 리비아 등 북아프리카의 이슬람교도들은 꾸준히 노력해야 성과를 얻을 수 있는 농업에는 관심을 두지 않았다. 대신 그들은 바다로 나아가 유럽의 크리스트교도들을 습격하고 약탈하는 해적질을 직업으로 택했다. 그것은 "'불신자'의 피를 흘리게 하라"는 코란의 교리와 재물을 탐하는 사욕을 동시에 만족시켜 주었기에 유행처럼 번져 나갔다.

알제, 튀니스, 비제르타, 트리폴리 등 북아프리카의 항구 곳곳에서 해적선이 출발했다. 그들은 시칠리아 섬, 이탈리아 반도, 프랑스 등 서유럽을 메뚜기 떼처럼 덮쳐 어마어마한 피해를 안겼다. 당시 유럽인들은 이들을 '사라센 해적'이라고 부르면서 몹시 두려워했다.

해적질의 대상은 바다 위의 배뿐만이 아니었다. 왜구가 그렇듯 사라센 해적들도 육지로 상륙해 항구 도시나 해안가 마을을 약탈하는 것을 즐겼다. 그들은 재물을 빼앗고, 집에 불을 지르고, 사람들을 납치했다. 납치한 자는 쇠사슬로 묶어 해적선의 노잡이로 쓰거나 노예로 팔아넘겼다. 노예로 팔린 사람들은 대개 죽을 때까지 중노동에 시달렸다. 일부 남성이 이슬람교로 개종한 뒤 군인이 되거나 일부 여성이 역시 개종한 후에 첩이 되는 경우는 있었으나, 그런 경우는 극소수에 불과했다.

왜구에 시달린 고려나 조선의 예에서 알 수 있듯이 해적이 마구 날뛰면 그 피해가 무척 크다. 특히 중세 유럽은 서로마 제국 멸망 후 아직 국가적인 시스템이 갖춰져 있지 않은 시기였다. 왕은 있었지만, 그 권력은 매우 약했다. 자치권을 지닌 지방 영주들이 난립한 상태에서 손바닥만 한 영지를 두고 자기들끼리 싸움을 반복했다. 따라서 사라센 해적에 맞서 거국적인 방어 체제를 구축하는 것은 아예 꿈도 꿀 수 없는 일이었다. 이처럼 별다른 위협이 없다 보니 해적질은 더 성업했으며, 해적들은 막대한 이익을 거뒀다. 돈이 되는 곳에 투자와 인력이 쏠리는 것은 동서고금이 다르지 않다. 해적업의 수익률이 우수하다는 소문이 퍼지자 투자자와 해적을 꿈꾸는 사람들이 크게 늘어났다.

무엇보다 해적업은 단지 물건과 사람을 약탈해 오는 것 말고도 의외로 파생 효과가 컸다. 바다로 나가려면 배가 필수적이다. 배는 조선소에서 만드는데, 조선업은 워낙 인력이 많이 필요한 산업이라 일자리 창출에 제격이었다. 또 전투에 쓸 무기와 방어구도 생산해야 한다. 해적들이 배에 가득 싣고 돌아온 약탈품이나 사람들을 전문적으로 거래하는 상인들도 생겨났다. 그 결과 북아프리카의 항구 도시 곳곳에서 해적업이 하나의 산업으로 자리 잡았다. 해적들로 인해 커다란 항구 도시의 경제가 원활히 돌아갔으며, 그 파급 효과는 주변 마을로도 퍼져 나갔다.

해적업에 의존하는 기형적인 경제 구조는 궁극적으로는 북아프리카 지방의 발전을 크게 저해시켰다. 하지만 최소한 이 시기에는 해적업이 농업, 어업 등을 훨씬 뛰어넘는 생산성을 자랑했다. 또 해적질로 얻은 재물의 20%를 고아원, 양로원 등에 기부하는 관행도 가난한 이슬람교도들에게는 꽤나 큰 도움이 됐다. 무함마드의 가르침에 따라 이슬람교도들은 매년 자신의 수입 일부를 가난한 사람들을 돕기 위해 기부했는

사라센의 탑
이탈리아의 도시 팔미에
있는 사라센의 탑. 사라센의
탑은 기세등등했던 사라센
해적을 상징하는 유적 가운데
하나이다. 오늘날 이탈리아에서
흔히 보이는 깊은 산골짜기의
마을도 사라센 해적을 피해
모여든 사람들이 만들었다.

데, 특히 벌이가 쏠쏠한 해적들의 손이 컸다.

죄 없는 사람들을 습격해 약탈과 학살을 일삼는 해적들이 가난한 자를 돕기 위해 기부한다는 발상은 얼핏 황당해 보이지만 그들은 진지했다. 사라센 해적이 노리는 대상은 어디까지나 이교도이고, 그들의 행위는 단순한 해적질이 아니라 '성전'이었기 때문이다. 실제로 같은 이슬람교도들을 터는 해적은 그들 사이에서도 단순 범죄자로 취급돼 즉시 토벌당했다. 이처럼 해적업의 수익성이 높은 데다 북아프리카의 주요 산업으로 자리 잡다 보니 자연히 해적질의 빈도도 급증했다.

서기 7세기부터 시작된 사라센 해적의 습격은 8세기에 접어들면서 아예 연례행사로 변했다. 이슬람 연대기에 나오는 사라센 해적의 습격 기록이 너무나 많아 세기가 힘들 정도다. 해안가뿐 아니라 내륙 지방도 해적의 칼날을 피하진 못했다.

840년대에는 로마의 주요 외항인 치비타베키아 항구를 점령하고, 로마 교외의 성 베드로 대성당까지 약탈해 교황의 간담을 서늘하게 만들었다. 그 외에도 로마, 제노바, 나폴리 등 여러 대도시들이 해적으로부터 위협을 받았다. 성당과 수도원은 재물이 많다는 이유만으로 해적들의 표적이 됐다. 이로 인해 수많은 성당 및 수도원이 철저하게 약탈당했다.

지금도 이탈리아의 해안가 곳곳에는 '사라센의 탑'이라 불리는 망루가 여럿 솟아 있다. 사라센의 탑은 바다 위에 해적선이 나타나는지 감시하다가 주민들에게 대피하라고 알리기 위해 만든 망루였다. 또 도저히 사람이 살기 힘들어 보이는, 매우 깊은 산골짜기에 만들어진 마을들이 꽤 많은데, 대부분 해적을 피해 달아난 사람들이 살던 곳이다. 이 시기 이탈리아 반도의 해안가에는 지금처럼 그림 같은 집과 항구가 존재하기는커녕 사람의 흔적 자체를 찾기 힘들 정도였다.

전 유럽이 사라센 해적에 대한 공포로 몸을 떨었다. 당시 유럽은 그리스-로마 문명의 상실이 아닌, 수백 년간 지속된 사라센 해적의 약탈과 학살, 방화만으로도 '암흑 시대'라 칭할 만했다.

사라센 해적과 교역한 이탈리아 해상 상인들

해적들은 재물을 얻을 수 있는 곳이라면 어디든 가리지 않았지만, 아무래도 지리적으로 가까운 시칠리아 섬과 이탈리아 반도가 주된 노략질 대상이 됐다. 878년에는 반세기가 넘는 전쟁 끝에 사라센 해적이 아예 시칠리아 섬 전체를 점령해 버렸다. 지중해 한복판에 시칠리아라는 중계 기지를 지니게 된 해적의 습격은 더욱 거세졌다. 9세기 후반, 이탈리아 반도 남부까지 그들에게 점거당해 이탈리아 반도의 운명은 풍전등화가 됐다. 그런데 아이러니컬한 부분은 이렇게 몰릴 때까지, 아니 이런 위기에 처한 후에도 멈추지 않고 사라센 해적의 팽창을 뒤에서 떠받

이탈리아 해군기
오른쪽 위부터 시계 방향으로 베네치아,
제노바, 피사, 아말피를 상징하는
문양들이다.

친 집단이 바로 이탈리아의 해상 상인들이란 점이다. 나폴리, 아말피,
가에타, 피사, 제노바, 베네치아 등 여러 해양 도시의 상인들은 8세기부
터 북아프리카를 들락날락하면서 사라센 해적들과 교역했다.

특히 아말피, 피사, 제노바, 베네치아 같은 이탈리아의 4대 해양 도시
소속 상인들이 적극적이었다. 이들은 중세부터 르네상스 시대까지 지
중해를 누비면서 수많은 족적을 남겼으며, 본국보다 훨씬 넓은 해외 식
민지를 개척하는 등 강성한 세력을 자랑했다. 현대 이탈리아의 해군기
는 이들 4대 해양 도시를 상징하는 문양을 조합해 만들어졌다.

4대 해양 도시는 십자군 시대에 그 부와 세력을 크게 확대했는데, 그전
에 그들이 돈을 가장 많이 번 분야가 사라센 해적과의 무역이었다. 이탈
리아 해상 상인들이 해적에게 판매한 상품은 다양했다. 식량과 의류부
터 배를 만드는 목재, 돛의 원재료인 범포, 무기나 방어구 등을 제조하기
위한 철도 팔았다. 기술이 부족해 해적들이 만들지 못한 갑옷 등은 아예
완제품을 판매하기도 했다. 심지어 노예까지 거래했다. 같은 크리스트
교도는 아니었으나, 슬라브족 등을 잡아다가 노예로 팔아넘겼다. 해적
집단에 넘어간 노예들은 주로 해적선의 노잡이로 쓰였다. 일부 건강하
고 튼튼한 노예는 이슬람교로 개종을 권한 뒤 전사로 활용하기도 했다.

이슬람 사회는 꽤 열린사회라 종교에 따른 차별은 확실했지만, 같은 이슬람교도일 경우 민족이나 태어난 지역 등은 별로 따지지 않았다. 노예 출신 해적선장도 그리 드물지 않았다. 나중에는 울루지 알리Uluj Ali처럼 이탈리아계 노예 출신이면서 100척이 넘는 대규모 해적선단의 수장 노릇을 하는 경우도 생겨났다. 뛰어난 지략으로 유명한 울루지 알리는 평상시에는 해적업에 몰두하다가 전시에는 오스만 제국의 해군으로 복무했다. 레판토 해전 후 술탄 셀림 2세Selim II는 울루지 알리를 오스만 제국의 해군 총사령관으로 임명했다.

이처럼 이탈리아 해상 상인들은 사실상 해적 집단의 유지에 필요한 거의 모든 물품과 인력을 제공했다. 수백 년간 해적들이 횡행할 수 있었던 데에는 이탈리아 해상 상인들의 떠받침이 결정적이었다고 해도 과언이 아닐 정도였다. 이러한 판매 물품의 대가는 사하라 사막 건너편에서 낙타 등에 실려 온 황금이었다. 당시 유럽에는 금이 귀했기에 금이 쏟아져 들어온 이탈리아 해양 도시들은 순식간에 부유해졌다. 이때 적립된 부는 훗날 르네상스 시대를 열어젖히는 기반이 된다.

이탈리아 해상 상인들은 교역을 통해 쌓이는 부에만 열광했을 뿐, 같은 이탈리아의 동포들이 겪는 수난에는 눈을 감았다. 그들이 판매한 상품을 이용해 사라센 해적들이 같은 이탈리아인들을 습격해 죽이고 약탈하고 불태우고 납치하는데도 해상 상인들은 무관심한 태도를 견지했다. 그저 자신들만 안전하게 돈을 벌 수 있다면, 아무래도 상관없다는 식이었다. 물론 해적들도 좋은 교역 상대이자 만만치 않은 해상 전력을 갖춘 이탈리아 해양 도시들은 별로 노리지 않았다.

과거에는 상선과 군선의 차이가 별로 크지 않았다. 상선에 무기를 배치하고, 선원들이 무장하면 즉시 군선으로 변하곤 했다. 특히 이탈리아 해상 상인들도 바보는 아니어서 교역 상대란 이유로 사라센 해적들을 무작정 믿지는 않았다. 그들은 교역하러 갈 때도 늘 무기와 방어구를 충분히 챙겼으며, 전문 전투 병력까지 준비하기도 했다. 즉, 이탈리아 해양 도시들은 동시대 유럽에서 가장 우수한 해군 전력을 지닌 국가였다. 따라서 해적 입장에서도 방비가 약한 마을과 도시를 공략하는 게 낫지, 굳이 이들과 부딪히는 위험을 무릅쓸 까닭이 없었다.

해적은 약탈로 돈을 버는 게 목적이지, 전투 그 자체는 목적이 아니다. '지하드'야 그냥 겉에 두른 포장일 뿐, 진짜 목적은 어디까지나 약탈과 납치였다. 이런 면에서도 사라센 해적과 이탈리아 해상 상인들은 이해가 잘 맞았다.

이 같은 이탈리아 해상 상인들의 거듭된 이적 행위를 참다못한 로마 교황이 나서서 여러 번 해적과의 교역을 만류해 봤지만, 별무소용이었다. 파문하겠다는 협박도, 심지어 진짜로 파문해도 통하지 않았다. 이탈리아 해상 상인들은 동포의 고통에 눈을 감았듯 신앙의 차이에도 흥미를 보이지 않았다. 또한 종교적인 신념이나 파문의 위협보다 눈앞의 돈벌이에 훨씬 더 큰 가치를 뒀다.

중세 유럽에서 교황의 파문이 위력적이었던 것은 왕, 황제, 대영주 등의 부하들에게 반란의 빌미를 제공했기 때문이다. 그레고리우스 7세 Gregorius VII 시절에는 파문당한 신성 로마 제국 황제 하인리히 4세 Heinrich IV 가 반란의 위협에 시달린 나머지 누더기만 걸친 채로 눈보라 속에서 교황에게 용서를 빌기도 했다. 그때 독일 땅에서는 이번 기회에 황제 자리를 차지하려는 여러 대영주들이 준동하는 바람에 하인리히 4세는 대위기를 맞았다. 그러나 이탈리아 해상 상인들은 왕이 아니므로 반란을 일으킬 부하 자체가 없었다. 상선의 노잡이, 호위병 등은 다 고용인들이

두카트 금화
1400년경 베네치아 공화국의
두카트 금화

라 그들에게 돈을 지불하는 한 충성심은 흔들리지 않았다. 즉, 파문의 효과가 지극히 미약했다. 따라서 거리낄 것이 없는 상인들은 금을 손에 넣기 위해 기꺼이 이교도와 교역하고, 같은 크리스트교도들, 같은 이탈리아인들의 참상과 비명에는 귀를 막았다. 돈 앞에서는 동포도, 종교도 없다는 좋은 예가 아닐 수 없다.

더 흥미로우면서도 절망적인 사실은 이처럼 지독한 도덕적 해이에도 불구하고 돈을 많이 벌수록 이탈리아 해양 도시들의 사회적인 지위도 따라서 상승했다는 점이다. 이탈리아 해양 도시들은 단지 무역으로만 돈을 번 것이 아니었다. 상품의 대가를 금으로 받았다는 것 자체가 그들의 부를 크게 향상시켰다.

넘쳐흐르는 금을 활용해 이탈리아의 여러 도시들은 각각 고유의 금화를 찍어 냈다. 제노바는 제노비노Genovino 금화를, 베네치아는 두카트Ducat 금화를, 피렌체는 피오리노Fiorino 금화를 각각 발행했다. 제노바와 베네치아는 이탈리아 해양 도시 중에서도 1, 2위를 다투는 강국이었다. 피렌체는 비록 항구 도시는 아니었지만, 상공업과 금융업이 발달해 몹시 부유했다. 4대 해양 도시도 피렌체의 상인이나 은행과 거래하는 경우가 잦았다. 덕분에 이들이 발행한 금화는 그 신뢰도가 매우 높았다.

여기서 주의해야 할 부분은 로마 제국의 콘스탄티누스 대제가 금본위제를 확립한 이래 유럽의 기축통화는 금화였다는 점이다. 금본위제는 훗날 지폐가 발행되기까지, 아니 지폐 발행 후에도 한동안 수명을 유

베네치아 풍경
캐스퍼 반 비텔의 그림, 「산 조르지오 섬에서 본 베네치아 풍경」 1697년 작.
인구 10만의 베네치아는 한때 1,600만 인구를 자랑하는 프랑스와 국부가 비슷할 정도로
부유한 도시였다.

지했다. 금본위제의 유구한 역사에 비하면, 현대의 신용통화 시스템이
훨씬 역사가 짧고 빈약하다.

금본위제하에서 이탈리아 도시들의 금화가 높은 신뢰를 얻으며 유통
된다는 것은, 곧 현대의 기축통화국인 미국과 같은 위치를 누렸다는 뜻
이 된다. 자연스럽게 그들은 같은 물건이더라도 더 싼 가격에 살 수 있
었다. 특히 이탈리아의 도시와 상인들은 유럽 곳곳의 부동산을 염가로
사들여 점점 더 부자가 되어 갔다.

당시 베네치아, 제노바, 피렌체 등의 국내총생산GDP이 자신들보다 수
십 배 크고, 사람 수도 수십 배에 달하는 대국과 견줄 만한 수준이었다니
그들의 부유함이 어느 정도였는지 능히 짐작이 간다. 특히 제4차 십자
군 원정에서 어마어마한 이득을 본 베네치아는 인구 10만의 작은 도시
국가가 인구 1,600만의 대국 프랑스와 국부가 엇비슷할 만큼 성장한다.

그리고 애플과 삼성전자가 도덕성이 우수해 대접받는 게 아니듯 그들 역시 형편없는 도덕성에도 불구하고 부유함만으로 경의를 받았다.

그 당시 유럽에서 이탈리아 도시들의 위세는 실로 대단했다. 여러 나라의 왕이 이탈리아의 도시에서 전쟁 자금을 빌려 갔으며, 어디를 가든 존귀한 대접을 받았다. 막대한 국부를 바탕으로 해군력 등 군사력이 점점 강해지자 그만큼 권위와 영향력도 더 높아졌다. 어느새 교황조차 이탈리아 해상 상인들의 이적 행위를 포기하게 됐다. 단지 사라센 해적이 너무 강성해질 때만 해적 세력에 공동 대응하자고 애원할 뿐이었다. 해적이 이탈리아를 다 점령해도 곤란하기에 이익을 최우선시하는 이탈리아 해양 도시들도 때때로 교황의 호소에 응하기도 했다.

다만 그들이 싸움에 나서는 것은 어디까지나 자신의 이해관계에 맞을 때뿐이었다. 사라센 해적과 싸우는 것보다 교역이 더 낫다고 판단될 때는 냉정하게 고개를 돌려 버리곤 했다. 예를 들면, 교황이 호소해 꾸려진 군대에 제노바는 참전하고 베네치아는 불참한다거나 그 반대의 상황이 벌어지는 경우도 흔했다.

이탈리아 도시들이 동포의 피를 발판삼아 눈부신 발전을 이루면서 중세가 끝나고, 르네상스 시대가 도래했다. 국제 사회에서 여러 나라의 지위를 결정하고, 급기야 시대의 양상까지 바꿔 버리는 힘, 이것이 바로 '돈의 힘'이다.

3장

일종의 창고업이었던
최초의 은행

은행을 향해 '사기꾼'이니 '도둑놈'이니 하는 비판이 종종 가해지곤 한다. 이는 단지 편하게 앉아서 찾아오는 소비자에게 대출을 해 주고 이자를 받아먹는 듯한 겉모습에 대한 비판만은 아니다. 실제로 은행의 예대마진 시스템은 사실상 사기에 가깝다. "우리 서로 필요할 때 돈을 빌려주자. 단, 네가 부담해야 하는 금리는 나보다 조금 높게 하자"라고 말하는 사람이 있다면 어떻게 느껴질까? 아마 당장 "사기꾼"이라는 욕이 튀어나올 것이다. 그런데 은행은 이 방식이 사업의 근간이다. 은행의 주력 사업은 예금을 받아 그 돈으로 대출을 해 주는 것이다. 이때 예금 금리보다 대출 금리가 높게 책정되는데, 그 금리 차를 예대마진이라고 한다. 이 예대마진이 은행의 핵심 수익원이다.

여기서 교활한 부분은 실제로는 은행이 돈을 빌리는 것이면서 '예금'이라는 가면을 씌워 놓은 점이다. 예금은 일정 기간이 지난 후 이자를 붙여 돌려주기에 빚과 성질이 똑같다. 이런 점 때문에 회계장부에서는 은행이 수집한 예금을 '예수부채預受負債'라고 표현한다. 은행도 일반 기업처럼 경영이 악화될 경우 채무 초과 상태에 이를 수 있다. 이때 '채무'의 개념에 은행채뿐 아니라 예금도 포함된다. 은행이 보유한 자산으로 예금의 원리금을 상환할 수 없다면, 채무 초과로 분류된다. 아이러니컬한 점은 이렇게 사기나 다름없는 은행 시스템이 그래도 과거에 비하면 크게 진일보하고, 소비자들에게 유리하게 변화된 제도라는 점이다.

르네상스 시대의 은행가가 현대의 은행을 본다면 "돈을 맡아 보관해 주는 은행이 보관료를 받아야지, 거꾸로 예금자에게 이자를 지불한다는 게 말이 되느냐"고 격분할 것이다. 근대의 은행가는 "이렇게 규제가 심해서는 도저히 은행을 경영할 수 없다. 은행도 먹고살아야 하는 것 아니냐"고 비판할 것이다.

그렇다면 지금부터 은행의 탄생과 발전사에 대해 알아보자.

보관료로 수입을 올리던 은행이 대출에 눈 뜨다

최초의 은행은 르네상스 문명이 막 태동하던 13세기 즈음 생겨났다. 처음에 은행의 주된 역할은 상인들의 돈, 즉 금화를 맡아 보관해 주는 금 보관소이자 여러 나라의 화폐를 서로 바꿔 주는 환전상이었다. 은행을 뜻하는 영어 'bank'의 어원은 이탈리아어 'banco'인데 탁자를 뜻한다. 이는 당시 은행가들이 주로 길가에 탁자를 놓고 일하던 광경에서 비롯됐다. 은행은 금화를 보관한 뒤 요즘의 통장에 해당하는 증명서를 발급해 줬다. 그리고 금화를 맡아 잘 보관해 주는 대가로 보관료를 받았다. 당시 은행가들은 "금화는 도둑과 강도가 노리기 제일 쉬운 목표이니 엄중하게 경비해서 지켜야 한다"며 "그 비용을 수수하는 것은 당연하다"

고 여겼다. 이처럼 최초의 은행에서 주 수입원은 예금에 대한 보관료이
지, 예대마진이 아니었다. 현대적인 개념의 은행과는 거리가 먼, 사실
상 창고업자인 셈이다. 참고로 스위스의 여러 은행은 지금도 보관료를
받고 있다.

근대식 은행의 기초를 닦은 것은 피렌체의 메디치가였다. 메디치가
는 피렌체뿐 아니라 유럽 곳곳에 은행 지점을 세워 고객들과 거래했으
며, 금융업으로 막대한 부를 쌓았다. 이들의 주 수입원 역시 금화 보관
료와 환전 수수료였다. 물론 이 시대에도 대출을 해 주는 은행이 있기는
했다. 다만 지금처럼 고객의 예금으로 빌려 주는 게 아니라 자기 자본으
로 대출을 실행했다. 고리대금업자보다는 다소 양심적인 수준의 금리
를 받는, 일종의 대부업자 역할을 한 것이다.

그런데 르네상스 시대에서 근대로 넘어가면서 은행가들은 한 가지
사실을 깨닫는다. 돈을 맡긴 고객들이 잘 찾아가지 않는다는 점이었다.
여기서 몇몇 은행가들이 '내 돈'뿐 아니라 '고객 돈'까지 대출을 해 주
면, 더 많은 수익을 올릴 수 있다는 아이디어를 떠올렸다. 이 아이디어
에 부분 지급 준비금 제도가 접목되면서 은행의 업태 자체가 뒤바뀌는,
혁명적인 변화가 일어나기 시작했다.

부분 지급 준비금 제도란 은행이 고객의 예금 중 일부만 금고에 넣어
둔 채 나머지는 대출이나 투자 등으로 돌리는 것을 허용하는 시스템이
다. 예를 들어, 지급 준비율을 5%로 설정할 경우 1억 원의 예금을 수취
해도 5백만 원만 금고에 넣어 두거나 중앙은행에 보관하면 된다. 나머
지 9,500만 원은 전부 대출해 줄 수 있는 것이다. 현재 우리나라의 지급
준비율은 수시 입출식 예금이 7%, 정기 예금이 2%다. 수시 입출식 예금
은 고객이 언제든 인출할 수 있는 상품인데도 지급 준비율이 겨우 7%

**베노초 고촐리의 그림,
「동방 박사들의 여행」(위)**
동방 박사들의 행렬에 메디치 가문
주요 인물을 곳곳에 그려 놓은 작품이다.
메디치 가문은 근대식 은행의 기초를 닦은
것으로 유명하다.

**1589년의 메디치 가문의
결혼 테피스트리(왼쪽)**
페르디난도 1세 데 메디치와 로렌의
크리스티나의 결혼을 기념하여 만들어졌다.
그림 한가운데에 메디치 가문의 문장이 보인다.

인 것이다.

우리나라만 은행에 특별히 유리한 것이 아니라 전 세계가 비슷하다. 따라서 소비자들이 한꺼번에 은행으로 몰려가 예금을 인출하려 하면, 은행은 순식간에 파산 위기로 몰린다. 이를 '뱅크런Bank Run'이라고 한다. 다만 평상시에는 7%라는 너무나 낮아 보이는 지급 준비율로도 은행 업무가 순탄하게 돌아간다. 이는 그만큼 고객들이 한 번 맡긴 돈을 잘 찾아가지 않기 때문이다.

르네상스 시대 및 근대에 은행의 주요 고객은 상인들이었는데, 이들 역시 보관 중인 금화를 그리 자주 인출하지는 않았다. 특히 당시는 연 10~20% 정도는 양심적인 대부업자라고 불릴 만큼 고금리 사회였다. 즉, 대부업의 수익률이 매우 높았다.

누군가가 고객의 예금으로 대출을 실행하기 시작하자 금세 똑같은 수법이 유행처럼 번져 나갔다. 나아가 예금을 끌어들이기 위한 경쟁에도 불이 붙었다. 예금을 더 많이 끌어들일수록 더 많이 대출해 줄 수 있다. 대출 이자가 보관료보다 훨씬 더 쏠쏠했다.

이 부분에 착안한 은행가들은 경쟁적으로 예금을 수취하기 시작했다. 보관료가 점점 내려가더니 제로로 변했다. 급기야 예금에 보관료를 받는 게 아니라 거꾸로 이자를 지불하겠다는 은행까지 등장했다. 그 결과 은행의 주 수입원이 보관료에서 예대마진으로 이동하게 되었다. 그런데 여기서 한 가지 의문이 발생한다. 앞에서 서술했듯이 당시 은행업의 본질은 금화를 맡아 보관해 주는 창고업이었다. 창고업자가 고객이 맡긴 돈을 함부로 다른 이에게 빌려줘도 되는 걸까?

은행의 제일 업적, 장롱 예금을 끌어내다

여기에 대한 대답은 당연히 '아니요'다. 그런데 정부가 이를 허용해 줬다. 단지 허용해 준 정도가 아니라 부분 지급 준비금 제도를 도입해 은행가들의 예대마진 수취를 법적으로 아무 문제없도록 뒷받침해 줬다. 참고로 세계 최초로 부분 지급 준비금 제도를 도입한 곳은 스웨덴의 중앙은행인 리크스방크다.

어째서 정부가 은행에게 이런 특혜를 베푼 걸까? 은행이 특혜를 누릴 수 있게 된 배경은 우선 그 정도로 은행의 역할이 중대해서다. 경제를 기계에 비유하면, 금융은 기계가 잘 돌아갈 수 있도록 도와주는 윤활유에 해당한다. 그 금융의 시초이자 중심이 은행이다. 오죽하면 '1금융'이라 칭하겠는가. 그만큼 은행은 중요한 기관이다.

세계 경제의 역사는 은행의 탄생 전과 후로 갈린다고 해도 과언이 아닐 만큼 은행은 경제 발전에 어마어마한 공헌을 했다. 예를 들어 피렌체의 은행에 금화를 맡기면 유럽 곳곳의 지점에서 언제든 돈을 찾아 쓸 수 있다. 베네치아의 은행에 예금하면 당시 베네치아가 진출한 이집트의 알렉산드리아나 비잔틴 제국의 콘스탄티노플에 있는 지점에서 금화를 인출하는 것도 가능했다. 이는 실로 획기적인 발전이었다. 더 이상 상인들은 수북한 금화를 끌어안은 채 강도나 해적을 두려워하면서 여행할 필요가 없어졌다. 은행이 발급해 준 증명서 한 장만 달랑 들고 가면 끝이었다. 덕분에 은행이 탄생한 뒤 상업이 눈부시게 발전했다.

은행의 주 수입원이 보관료에서 예대마진으로 이동하자 한 가지 더 긍정적인 역할이 생겨났다. '장롱 예금'을 현실 경제 시장으로 끌어낸 것이다. 오늘날 대기업들이 수백 조 원의 사내 유보금을 쌓아 둔 채 투자하지 않는 것에 대한 비판이 거세다. 돈은 대출, 투자, 소비 등으로 끊임없이 순환해야지, 한곳에 고이면 국가 경제에 악영향을 미치기 때문이다. 사내 유보금도 그럴진대 아예 은행이 아닌 집 안에 보관하는 장롱예금은 질이 더 나쁘다. 로마 제국 후기의 경제 악화에는 장롱 예금도 단단히 한몫했다.

그런데 은행이 장롱 예금을 경제 활동의 사이클 안으로 끌어들였다. 부자들은 늘 돈이 남는데, 이 돈을 집 안 금고에 넣어 두는 것보다 은행에 예금하고 이자를 받는 것이 더 이득이다. 따라서 이자 지급 후 은행예금이 급증하기 시작했으며, 그만큼 대출도 늘어났다. 돈이 돌면서 상업이 더 활성화되고, 국가 경제가 발전했다. 상황이 이렇다 보니 정부가 자연히 은행 편을 들게 되었다. 또 당시 자본가는 곧 은행가를 뜻할만큼 은행가가 대자본가란 이유도 있었다. 돈이 많을수록 정치 후원을 통해 정치가와 가까워지기 마련이다.

나폴레옹의 간절한 외침, "돈을 보내라."

은행이 정직하게 사업을 했다면 좋았으련만, 은행가의 탐욕은 그 정도에 그치지 않았다. 정치권력의 비호를 등에 업게 되자 은행은 온갖 사기 행위를 저질렀다. 예대마진을 지나치게 높게 책정하거나 친인척 등 특수 관계인에게 저금리로 대출해 주는 정도는 흔한 일이었다. 특히 악질적인 대형 비리는 이익에만 몰두해 자신의 능력을 초과하는 대출을 실행하거나 고객의 예금을 엉뚱한 곳에 투자해서 날리는 행위였다.

요한 팔름스트루흐Johan Palmstruch가 설립한 스톡홀름스 방코는 수취한 예금 이상으로 대출을 실행하면서 예금자가 인출을 요구하면, 금화 대신 약속 어음을 발행해 줬다. 어느 날 어음 액면가만큼의 금화가 은행에 없다는 사실이 밝혀지자 스톡홀름스 방코는 파산하고, 팔름스트루흐는 구속됐다.

프랑스의 대형 은행인 레카미에 은행은 나폴레옹 전쟁 당시 고이율에만 정신이 팔려서 위험하기 짝이 없는 스페인 채권에 고객의 예금을 대규모로 투자했다. 스페인 채권의 담보는 멕시코에서 스페인으로 실어 올 예정인 금괴와 은괴였는데, 무사히 도착했으면 큰 이익을 남겼을 것이다. 문제는 당시가 전쟁 중이었다는 점이다. 배에 실려 오던 금괴와 은괴는 전부 프랑스 및 스페인과 전쟁 중이던 영국 해군에게 걸려 몰수당했다. 결국 스페인 채권은 모조리 부도가 났다. 물론 이 일로 레카미에 은행은 파산했다.

여담이지만, 이 스페인 채권에는 프랑스 정부도 8,700만 프랑을 투자했다. 당시 제3차 대 프랑스 동맹 전쟁이 진행 중이었는데, 전비가 너무 많이 소요돼서 감당하기 힘들었던 점이 무모한 투자를 부추겼다. 전장에 나선 나폴레옹이 거듭해서 "돈을 보내라"고 독촉하자 견디다 못한 프랑스 재무장관 바베-마르부아Barbé-Marbois는 큰 이익을 남길 수 있다는 꼬드김에 넘어가 스페인 채권에 투자했다. 결국 스페인 채권이 부도나면서 프랑스는 하마터면 심각한 금융 공황에 시달릴 뻔했다. 다행히 나폴레옹이 아우스터리츠 전투에서 오스트리아-러시아 연합군을 상대로 눈부신 승리를 거두면서 이 문제는 해결된다. 제3차 대 프랑스 동맹 전쟁을 완승으로 끝낸 나폴레옹은 스페인 채권을 발행한 우브라르Ouvrard 등 몇몇 대상인들에게 "프랑스 정부에서 가져간 돈을 모두 돌려놓으라"고 명령했다. 오늘날의 자본주의 시스템에서는 있을 수 없는

레카미에 부인 초상
자크 루이 다비드의 그림, 「레카미에 부인의 초상」 1800년 작.
등받이 없이 옆으로 길게 뻗은 이른바 '레카미에 소파'가 보인다.

억지였다. 투자에서 발생하는 손익에 대한 책임은 투자자 본인이 지는 것이 원칙이기 때문이다. 하지만 상대는 바야흐로 '아우스터리츠의 영광'을 거머쥐고 유럽 최고의 실력자로 떠오른 나폴레옹 황제였다. 게다가 그는 필요할 때만 법을 지키면 된다고 생각하는 독재자이기도 했다. "불응 시 재판 없이 총살에 처하겠다"는 나폴레옹의 협박에 우브라르 등은 굴복했다. 그들이 즉시 돈을 토해 내면서 프랑스 정부는 파산 위기를 면했다. 그때 누군가가 레카미에 은행도 살려 달라고 호소하자 나폴레옹은 차갑게 대꾸했다.

"저택 유지비로만 1년에 60만 프랑씩 쓰는 사람들을 내가 왜 도와줘야 하는가?"

참고로 이 시기 프랑스군 하급 병사들의 연봉이 약 240프랑이었다.

나폴레옹에게 외면받은 레카미에 은행은 결국 파산했으며, 은행장 자크 레카미에Jacques Récamier에는 아내와 이혼해 가정까지 무너졌다.

여담이지만 레카미에 은행장 자크 레카미에의 아내인 줄리에트 레카미에Juliette Récamier 부인은 당대 파리에서 최고의 미녀로 유명했다. 그녀는 등받이 없이 옆으로 길쭉하게 뻗은, 독특한 모양새의 소파를 유난히 좋아했는데, 사람들은 이 소파를 '레카미에 소파'라고 불렀다. 자크 루이 다비드Jacques-Louis David 등 여러 화가들이 줄리에트 레카미에의 초상화를 남기기도 했다.

은행가의 탐욕은 지폐 발행과 관련해서도 종종 발생했다. 신용통화 시스템이 정립되기 전의 지폐는 기초 자산만큼, 즉 소유한 금화만큼만 발행하는 것이 원칙이었다. 하지만 여러 은행가들이 금화 보유량 이상의 지폐를 발행해 사회와 경제를 혼란에 빠뜨리곤 했다. 특히 정부의 지폐 발행을 도급 맡은 은행들은 종종 관료와 협잡해 기초 자산을 능가하는 수량의 지폐를 찍어 냈다. 그럴 때마다 수많은 사람들이 재산을 잃고, 국가 경제 전체가 삐거덕거렸다.

지난 2008년에 발생한 글로벌 금융 위기 역시 결국 은행가의 지나친 탐욕이 문제였다. 이미 2006년부터 부동산 시장에서 위험 신호가 계속 울렸음에도 은행가들은 더 많은 인센티브를 받기 위해 무모한 부동산 및 파생상품 투자를 거듭했다. 결국 부동산 가격이 폭락하면서 월가의 4위 투자은행인 리먼 브라더스가 파산했다. 3위 메릴린치와 5위 베어스턴스도 폭증하는 부실 채권을 견디다 못해 매각당하는 처지가 됐다. 이들이 만든 부실을 메꾸기 위해 미국 정부는 어마어마한 액수의 공적자금을 퍼부어야 했다.

이처럼 은행은 자신의 탐욕으로 일을 그르치고도 파산 위기에 몰리면, 뻔뻔하게 공적자금을 요구하곤 한다. 그래도 은행의 역할이 워낙 중대하기에 정부는 계속해서 은행을 살려 주었다. 때로는 도저히 감당이 안 돼서 파산시키더라도 곧 다른 은행을 만들었다. 대신 은행 인허가 제도 확립, 금융 감독 강화, 은행 지배 구조 개선, 최고경영자의 권한 축소, 대주주의 특수 관계인에 대한 대출 금지, 리스크 관리 강화 요구 등 수많은 규제를 만들었다. 이를 통해 은행가의 탐욕이 정부의 견제를 받으면서 현대적인 은행 시스템이 정립된다. 여전히 문제점이 많지만, 과거보다는 크게 진일보한 시스템이다.

다소 삐뚤어진 시선으로 보자면, 현대의 은행 시스템은 "예대마진 등 사기에 가까운 방식으로 이익을 올리는 건 봐주겠다. 다만 적당히 하라"며 정부가 눈감아 주는 제도라고 할 수 있다.

4장

제후들은 어째서 '유대인 보호권'을 탐냈을까?

신성 로마 제국의 황제 카를 4세Karl IV는 서기 1356년 하나의 문서에 황금 인장을 찍었다. 흔히 '금인칙서Goldene Bulle'로 알려진 이 문서는 황제 선출권을 지닌 일곱 선제후 및 선제후 특권, 선거 제도 등을 규정해 향후 제국 운영의 중요한 방향타 역할을 했다. 금인칙서는 오늘날의 독일, 오스트리아, 폴란드, 스위스 등에 해당하는 중부 유럽에 큰 영향을

카를 4세의 금인칙서
유대인 보호권을 설정한
카를 4세의 금인칙서.
쉬투트가르트 국립기록관 소장

끼친, 역사적으로 중요한 문서라 유네스코의 세계문화유산으로 등록 되기도 했다. 그런데 금인칙서의 핵심적인 내용은 아니지만, 재미있는 부분이 하나 있다. 선제후의 특권 중 하나로 '유대인 보호권'을 설정한 것이다. 마인츠, 트리어, 쾰른, 라인, 작센, 브란덴부르크, 보헤미아의 일곱 선제후는 차기 황제 선출권을 지닌, 신성 로마 제국에서 가장 유력 한 제후들이었다. 유대인 보호권은 그런 그들의 특권이었다. 왜 그랬을 까? 이는 중세 유럽의 모든 제후들이 유대인 보호권을 원했기 때문이 다. 그 이유는 당시 금융업자의 대부분이 유대인이었기에 그들을 영지 내에 두면 경제 활성화를 기대할 수 있어서였다.

교황의 이자 금지가 촉발시킨 유대인 금융업자의 성행

돈을 빌려주고 이자를 받는 대부업이 쏠쏠하다는 것은 동서고금을 막 론하고 만고불변의 진리다. 이 때문에 대부업은 고대부터 유행했다. 특 히 고대에서 중세에 이르는 시기는 고금리 사회라 연 10~20% 수준은 매우 양심적인 대부업자였으며, 연 40~50%도 흔했다. 이런 고리대금 업자들 때문에 고통받는 서민들 역시 수두룩했다. 중세로 접어들면서 로마 교황은 서민들의 고통을 경감시키기 위해 크리스트교도들 사이 에서 돈을 빌려주고 이자를 수취하는 걸 금지했다. 당시 교회는 이자를 '악마의 수단'이라고 부르며 금기시했다. 이슬람교는 현대에도 '라바 (이자)'를 죄악시해 절대 금지하고 있다. 이슬람 금융은 이자가 아닌 손 익 공유의 개념으로 이뤄진다. 그런데 이 금지령이 생각지도 못한 결과 를 불러일으켰다. 유대인 금융업자가 대성행하기 시작한 것이다. 유대인은 교황의 명령에 따를 의무가 없었으므로 여전히 이자를 받고 대출을 실행했다. 여기서 아이러니컬한 부분은 유대인 대부업자에게 자본을 제공한 투자자 대부분이 크리스트교도들이란 점이었다.

크리스트교도끼리 이자를 받는 것은 금지돼 있었지만 크리스트교도가 유대인에게 돈을 빌려준 뒤 이자를 수취하는 경우는 괜찮았다. 나아가 유대인이 크리스트교도에게 이자를 받으며 대출해 주는 것도 상관없었다. 이런 빈틈을 유대인들이 치고 들어간 것이다. 그들은 사실상 크리스트교도들 사이의 자금 중개 역할을 하면서 쏠쏠한 금리 차익을 거뒀다. 오늘날의 은행과 비슷한 역할을 한 셈이다.

힘들게 노동해서 돈을 버는 입장에서는 남에게 돈을 빌려준 뒤 쉽게 이자 소득을 올리는 사람들이 꽤나 얄미워 보인다. 괜히 은행이 도둑놈이니 사기꾼이니 하는 비판을 듣는 게 아니다. 그러나 이자 없이는 돈을 빌려주기 싫은 게 또한 사람의 당연한 심리다. 빚을 떼일 위험을 감수하면서 이자도 없이 대출을 해 주느니 차라리 집 안 깊숙한 곳에 돈을 숨겨 두는 게 낫기 때문이다. 동시에 돈이 남아서 이자 수익을 노리는 사람과 당장 급전이 필요해 이자를 감수하고서라도 빚을 지려는 사람은 언제나 존재한다. 이를 억지로 틀어막는 것은 결국 장롱 예금만 증가시키는, 경제적으로 백해무익한 행위다. 은행가들의 탐욕에 치를 떨면서도 근대와 현대의 각국 정부들이 계속해서 은행을 지원하고, 여러모로 특혜를 제공하는 것도 이 때문이다. 돈이 남는 사람과 돈이 부족한 사람 사이에 자금을 중개해 주는 은행은 장롱 예금을 감소시키는 것만으로도 국가 경제에 큰 도움이 된다. 금융은 곧 경제의 혈맥이다. 금융업이 발전해 돈이 왕성하게 돌아다닐수록 경제도 활성화되기 마련이다.

왕의 목을 벤 크롬웰이 유대인을 보호한 이유

중세 유럽에서는 장롱 예금을 현실로 끌어내는 역할을 유대인이 했으므로 자연히 유대인들이 여럿 정착한 영지일수록 경제가 발전했고, 세수 또한 증가했다. 제후들은 거기에 눈독을 들였다. 유대인 보호권을 손에 넣은 제후는 영지 내에 유대인 거주 지역인 게토를 만들어 그들을 수용했다. 다만 훗날의 나치처럼 단지 유대인을 핍박하기 위한 거주 지역 구분은 아니었다. 도리어 크리스트교도들에게 지나친 박해를 받지 않도록 그들을 보호하는 데 신경 썼다. 동시에 제후들은 발전하는 경제와 늘어나는 세수를 만끽했다.

르네상스 시대가 개막하면서 피렌체 등에서 크리스트교도 금융업자들도 여럿 등장했지만, 전술했듯이 그들의 본업은 현대적인 은행이라기보다는 창고업자였다. 대출은 실행했으나, 주력은 아니었다. 그들은 교황의 서슬과 사회의 비난이 두려워 대출을 해도 이자를 직접적으로 받기보다 편법적인 수취를 택하곤 했다. 이 때문에 이후에도 금융업의 주력은 유대인이었다. 아울러 유대인 금융업자가 다수 정착한 나라일수록 더 번성하는 경향 역시 지속됐다. 대항해 시대 이후 스페인의 유대인들은 스페인이 유럽 최강국으로 발돋움하는 데 크게 기여했다.

영국 왕 찰스 1세Charles I의 목을 베고, 왕정을 폐지한 올리버 크롬웰Oliver Cromwell은 호국경의 지위에 올라 독재 권력을 구축하자 즉시 영국 안으로 유대인들을 불러들였다. 그는 독실한 크리스트교 신자였으나, 앞장서서 유대인에 대한 차별 조치를 없앴으며, 몇 가지 사안에서는 거꾸로 우대하기도 했다. 이런 조치는 크롬웰이 인도주의자여서 행한 것은 아니었다. 사실 공포 정치를 편 그는 인도주의자와는 거리가 멀었

크롬웰

로버트 워커, 「올리버 크롬웰 초상화」
1649년 작. 독실한 크리스트교 신자였던
크롬웰마저도 영국의 경제 성장을 위해
부유한 유대인을 끌어안는 일을
서슴지 않았다.

다. 오히려 종교적인 차이만으로 수많은 영국인들을 처형하고, 더 많은
수를 숨도 못 쉬게 압박했다. 크롬웰의 과도한 철권 정치는 영국인들로
하여금 왕정을 그리워하게 만들었다. 결국 그의 사후 영국인들은 프랑
스로 망명한 찰스 2세Charles II를 불러들여 왕정을 복고시킨다.

이처럼 냉혹한 크롬웰이 유대인을 보호한 것은 단지 유대인의 부를,
그리고 그들이 영국 내에서 금융업을 영위함에 따라 일어나는 경제 성
장 효과를 노린 것이었다. 실제로 영국의 유대인들은 대영제국의 성립
에 큰 보탬이 됐다. 마치 유대인들이 영국으로, 훗날 다시 미국으로 대
거 옮김에 따라 세계의 패권까지 같이 이동하는 것처럼 보일 정도였다.
물론 이와 관련해서는 "유대인들은 돈놀이를 하기 쉬운, 부유한 나라만
골라 정착한다"는 비판적인 시선도 존재한다.

오늘날에도 월가Wall Street를, 나아가 세계의 금융을 지배하는 자들은
대부분 유대인이다. JP모건 은행, 골드만삭스 등 미국 대형 금융사의

90%는 유대인이 설립했다. 유대인의 영향력은 단지 민간 부문에만 그치지 않는다. 재닛 옐런Janet Yellen 전 미국 연방준비제도 의장을 비롯해 폴 볼커Paul Volcker, 앨런 그린스펀Alan Greenspan, 벤 버냉키Ben Bernanke 등 40년간 연방준비제도 의장직을 유대인이 독점했다. 제롬 파월Jerome Powell 현 연방준비제도 의장은 매우 오랜만에 등장한 비非유대인 의장으로 주목을 받았다.

유대인 금융가 중에서도 특히 유명한 로스차일드가의 마이어 암셀 로스차일드Mayer Amschel Rothschild는 일찍이 "내가 국가의 화폐 발행을 관장할 수 있다면, 다른 법은 누가 정하든 상관없다"며 금융 권력의 막강함을 과시했다.

세계 최강대국이자 기축통화국인 미국의 중앙은행, 연방준비제도의 의장직을 유대인들이 독점해 왔으니 로스차일드의 꿈을 후손들이 이뤄 준 셈이다. 그것도 한 국가가 아니라 아예 전 세계에 달하는 규모로 이루어 주었다. 다만 유대인들은 금융업으로 부자가 됨과 동시에 '앉아서 쉽게 돈을 버는 듯한' 금융업자를 대하는 사람들의 경멸과 혐오도 함께 얻었다. 게다가 종교까지 다르니 혐오감은 더 짙어졌다.

셰익스피어의 희곡 「베니스의 상인」에 유대인 고리대금업자 샤일록이 나온다. 그는 단순히 이익을 추구하는 것이 아니라 빚을 갚지 못한 채무자의 목숨까지 해치려는 악질로 묘사된다. 그 샤일록의 모습은 당시 유럽에서 유대인을 바라보는 시선 그 자체였다.

아돌프 히틀러Adolf Hitler와 나치의 유대인 탄압은 결코 아무에게나 화살을 쏴댄 것이 아니었다. 당시 유럽인들의 유대인에 대한 혐오감을 교묘하게 이용해 정권 안정화 수단으로 활용한 것이다. 유럽인들은 "유대인은 돈 냄새가 나지 않는 곳에는 가지 않는다"고 경멸했는데, 이는 오늘날까지 그대로 이어지고 있다. 이 때문에 안토니우 구테흐스^{António} Guterres 국제연합 사무총장이 "유럽, 미국 등지에 반유대주의가 만연해 있다"고 지적하기도 했다.

5장

향신료 무역이 탄생시킨
최초의 보험

전술했듯이 은행의 탄생은 상업과 경제의 발전에 큰 도움이 됐다. 은행 못지않게 경제 발전에 일익을 담당한 것이 '보험'이다. 기업을 경영하다 보면, 다양한 위험에 노출되기 마련이다. 지진, 화재, 태풍 등 천재지변이 일어나 소유한 건물이 유실되거나 배가 침몰할 수도 있다. 과거에는 도적을 만나 전 재산을 털리기도 했다. 거래 상대방이 돈을 떼먹는 일 역시 종종 발생한다.

　이런 위험이 닥칠 때마다 기업이 파산하면 기업가 개인은 물론 사회 전체적으로도 손실이 매우 크다. 한진해운의 사례가 보여 주듯 사라진 기업의 빈자리를 메꾸는 일은 쉽지 않다. 보험은 그런 리스크를 획기적으로 해결해 줬다. 평소에 약간의 보험료를 내는 대신 예기치 않게 막대한 손해를 입었을 때는 보험사로부터 보험금을 받아 위기를 넘길 수 있게 해 준 것이다. 이는 기업가들이 안심하고 경영에 집중할 수 있게 해 주는 것은 물론 국가 경제에도 막대한 이익으로 돌아왔다. 보험의 탄생은 경제를 한 단계 더 발전시켰다고 해도 과언이 아니다.

현재 우리나라에서는 생명보험 시장 규모가 손해보험보다 2배 이상 크다. 하지만 본래 보험은 기업의 위험을 줄이기 위한 손해보험으로 출발했다. 특히 근대적인 의미에서 최초의 보험은 해상보험이었다.

동서 교역의 시발점, 십자군 원정

십자군 원정은 크리스트교도들이 그들의 성지 예루살렘을 정복하기 위해 일으킨 광신적인 전쟁으로 유명하다. 실제로 서유럽에서 중근동까지, 이역만리 먼 곳으로 수만 명의 군대가 원정을 가는 것은 어지간히 뜨거운 신앙심이 없고서는 불가능하다. 하지만 십자군 원정이 단지 수백 년에 걸친 크리스트교도와 이슬람교도 간의 전쟁, 그리고 서양 세력이 200여 년간 중근동을 지배한 역사만 남긴 것은 아니었다. 십자군 원정에 의해 정치적으로는 로마 교회의 권위가 추락해 르네상스 시대로 가는 길을 열었다. 또 경제적으로는 신앙심보다 이익을 중요시하는 상인들에게 새로운 시장 개척의 기회가 됐다.

제노바, 피사, 베네치아 등 이탈리아 해상 상인들은 1차 십자군 원정부터 십자군과 계약을 맺었다. 상인들은 십자군에게 식량, 무기 등을 보급해 주는 것은 물론 해상 지원까지 도맡았다. 당시 이탈리아 해양 도시의 해군력은 매우 우수했다. 그들은 제해권을 장악해 십자군의 중근동 공략에 큰 도움을 주었다. 대신 이탈리아 해상 상인들은 십자군이 정복한 도시에서 자유로운 상행위를 보장받았다. 원활한 상행위를 위해 치외 법권이 적용되는 특별 구역도 얻어 냈다.

상인은 언제나 새로운 시장 개척에 민감한 법이다. 십자군 원정은 이탈리아 해상 상인들에게 동방이라는 새로운 시장을 열어 줬다. 그들은 이 탐스러운 먹이에 앞다투어 뛰어들었다. 물론 이슬람 상인들도 이들과 별반 다르지 않았기에 서방의 상인들과 기꺼이 거래했다. 종교의 차이 따위는 돈 앞에서 의미를 잃기 마련이다. 이처럼 십자군 원정은 동서 교역이 크게 활성화되는 시발점이 됐다.

이때 동방에서 서방으로 수입된 물품 중 최고의 인기를 끈 품목은 향신료였다. 후추, 계피, 생강 등의 향신료를 고기 요리에 첨가하면 맛이 월등히 좋아진다. 고기가 주식인 서양인들은 향신료에 열광했으며, 불티나게 팔려 나갔다. 그 밖에 모슬린 천으로 만든 고급 의류, 페르시아 융단, 공예품 등 주로 사치품들이 동방에서 서방으로 흘러갔다. 반면 서방이 수출한 상품은 식량, 모피, 목재, 철 등 주로 생필품들이었다. 월등한 서양 기술로 제작한 갑옷 등은 아예 완제품을 판매하기도 했다.

이탈리아 해상 상인들은 심지어 인신매매까지 했다. 크리스트교는 같은 크리스트교도를 노예로 삼는 것을 금지했지만, 이교도에 대해서는 규제가 없었다. 이탈리아 해상 상인들은 유럽에서 아직 크리스트교를 믿지 않는 지방의 노예들을 사서 이슬람교도에게 팔았다. 이렇게 팔

향신료
동방에서 서방으로 수입되는 물품 가운데 단연 으뜸은 향신료였다. 향신료 무역은 막대한 이익을 얻을 수 있는 대신에 항상 여러 가지 위험이 뒤따랐다. 이러한 위험으로부터 보호받기 위해 상인들은 해상보험을 발전시켜 나갔다.

려간 노예 중 여자 노예는 하녀가 되거나 하렘으로 들어갔으며, 남자 노예는 대부분 군대에 편입됐다. 중동 지역은 어마어마한 땅 넓이에 비해 전통적으로 인구가 적은 편이었다. 외국에서 젊은 남자를 사 와 이슬람교로 개종시킨 뒤 군인으로 써 먹는 것은 옴미아드 왕조 시절부터 흔한 일이었다.

이는 명백한 이적 행위였다. 그러나 이탈리아 해상 상인들은 눈 하나 꿈쩍하지 않았다. 그것이 돈의 위력이다. 이러한 점에 있어서는 동서양이 다르지 않았다. 중동의 상인들도 자기 땅을 침략한 이교도와 거래하는데 거리낌이 없었다. 오직 거기서 얻어지는 쏠쏠한 수익에만 집중했다. 이리하여 한쪽에서는 피를 흘리는 전투가 벌어지는 가운데 다른 쪽에서는 상인들이 다양한 물품을 거래하는, 다소 기이한 관계가 수백 년간 지속된다.

해상보험의 탄생

십자군 전쟁 시절의 동서 무역은 서로에게 막대한 이익을 안겼다. 얼마나 수익률이 좋았는지 서기 1291년 중근동의 십자군 최후 거점인 아크레가 맘루크 왕조의 이집트군에게 함락되면서 십자군 시대가 끝을 맺은 뒤에도 동서 교역은 멈추지 않았다.

아크레 함락에 화가 난 로마 교황이 이슬람교도와의 교역을 금지한 탓에 일시적으로 위기를 맞았지만, 곧 그마저도 교활한 편법으로 극복했다. 이탈리아 해상 상인들과 이슬람 상인들이 묵시적인 합의하에 소아르메니아를 이용하기로 한 것이다. 중근동에 위치한 소아르메니아

는 사실상 그 지역을 지배하는 이집트의 속국이나 다름없었으나, 겉으로는 엄연히 크리스트교 국가였다. 덕분에 이탈리아 해상 상인들은 크리스트교도끼리의 무역이라고 주장하면서 중근동을 방문할 수 있었다. 그런 다음 소아르메니아 내에서 이슬람교도들과 신나게 장사를 했다. 이집트는 언제든 이 소국을 점령할 수 있는데도 그냥 내버려 뒀다. 이는 그만큼 서방과의 교역에서 떨어지는 수익이 쏠쏠해서였다. 그 증거로 로마 교황의 분노가 풀려서 이교도와의 교역을 묵인하자 이집트는 더 이상 필요가 없어진 소아르메니아를 즉시 멸망시켰다. 역시 돈에 대한 탐욕은 신앙심보다 강했다.

그러나 모든 기업 경영이 그렇듯 꼭 좋은 일만 있었던 것은 아니다. 특히 해상 교역은 몹시 위험했다. 당시 나무로 만든 갤리선이나 범선은 오늘날의 배보다 훨씬 풍랑에 약했다. 일기예보도 없던 시절이다. 폭풍우를 만나 배가 침몰하거나 크게 파손되면서 상품을 전부 잃어버리는 사고가 종종 일어났다.

사업상의 리스크는 해난 사고만이 아니었다. 근대 전 시기의 지중해는 해적 소굴이었다. 튀니스, 알제, 트리폴리 등 북아프리카의 여러 항구들은 사실상 이슬람 해적들의 본거지 역할을 했다. 이들은 빈틈이 보이는 순간, 무역선을 급습했다. 이탈리아 해양 도시들의 배는 값비싼 상품을 잔뜩 싣고 있기에 해적들의 좋은 목표가 됐다. 여기서 놀라운 일은 이 시기 이탈리아 해상 상인들의 배를 노리는 해적이 이슬람교도뿐은 아니었다는 점이다.

이탈리아 해양 도시 중에서도 특히 막강한 세력을 자랑하던 베네치아와 제노바는 상선단만이 아니라 전업 해적선단까지 운용했다. 자국 배만 제외하고 타 유럽 국가의 배들은 언제든 습격해 노략질하는 것이 이들의 임무였다. 자국 정부에 약간의 세금을 내는 것만으로 이런 범죄 행위가 용인됐다.

유난히 재수 없는 상인은 중근동의 전쟁에 휘말려 전 재산을 빼앗기기도 했다. 자연히 늘 이런저런 위협에 시달리는 상인들은 대책을 원했다. 여기서 등장한 것이 해상보험이다. 당시 최고의 자본가는 곧 해상 상인이었기에 보험료를 낼 능력은 충분했다. 해상보험은 순식간에 대성행했다. 큰 항구마다 상인들끼리의 모임에서 보험을 취급했다. 주로 은행가, 대상인 등 대자본가 여럿이 모여 해상보험 풀을 형성한 뒤 공증인의 공증을 거쳐 보험 계약자와 계약하는 식으로 진행됐다.

이탈리아 해양 도시들 중에서도 보험이 가장 발달한 도시는 제노바였다. 이탈리아 4대 해양 도시 중 아말피는 1073년 노르만 군대에 본국을 점령당하는 바람에 일찌감치 경쟁에서 탈락했다. 피사는 바다에서는 제노바와, 육지에서는 피렌체와 계속된 전쟁을 겪느라 점점 피폐해져 갔다. 결국 1248년 멜로리아 해전에서 제노바에게 참패하면서 몰락했다.

15세기까지 계속해서 지중해 상권을 두고 대결한 국가는 제노바와 베네치아였다. 그런데 국가가 직접 정기 항로를 운영한 베네치아와 달리 제노바는 오직 상인들이 자유롭게 교역을 할 뿐, 국가의 지원은 거의 없었다. 자연히 리스크가 더 높았기에 보험 수요도 많았다.

세익스피어의 희곡 「베니스의 상인」에서 주인공 안토니오는 친구 바사니오를 위해 유대인 고리대금업자 샤일록으로부터 큰돈을 빌린다. 안토니오는 빚을 갚지 못할 경우 자신의 심장에서 가장 가까운 살 1파운드를 주기로 약속한다. 안토니오는 동방으로 보낸 무역선이 무사히 돌아오면 어렵지 않게 빚을 갚을 것으로 예상했다. 하지만 무역선이 침몰하면서 안토니오는 파산하고 만다. 그 뒤 바사니오의 아내가 재판관으로 변장해 "살만 떼어 가되 피는 흘리게 하지 마라"는 판결을 내린 것은 희곡 특유의 통쾌한 이야기라 할 수 있다. 그러나 당대의 베네치아인들은 주변에 안토니오 같은 사람이 있을 경우 "어처구니없을 만큼 무모

샤일록
마우리시 고틀리브,
「샤일록과 제시카」 1876년 작.
셰익스피어의 희곡 「베니스의 상인」에
등장하는 샤일록은 고리대금업자였던
유대인을 향한 경멸적 시선이 고스란히
반영된 인물이다. 하지만 동방 무역을
떠나면서 해상보험조차 들지 않은
안토니오의 처신 역시 당시 베네치아인
입장에선 어이없는 행위였다.

한 인간"이라며 거래를 꺼려했을 것이다. 자신의 살 1파운드를 담보로 내미는 것도 섬뜩하지만, 그보다 동방으로 무역선을 보내면서 해상보험조차 가입하지 않은 것은 무모함이 지나치다는 것이 당대 상식이었다. 실제로 베네치아, 제노바, 피사 등 대부분의 이탈리아 해상 상인들은 해상보험을 통해 이런 위험을 피하곤 했다. 해상보험은 상업과 무역의 발전에 지대한 공헌을 했다.

보험업이 발달하면서 단지 기업의 리스크에 대비하는 것뿐만 아니라 보험사도 이익을 낼 수 있는 시스템이 생겨났다. 과거의 사고 발생 확률을 면밀히 검토해 미래의 위험률을 예측함으로써 적절한 보험료를 책정하는 체계가 만들어진 것이다. 이리하여 전업 보험사가 탄생했다. 보험업이 돈이 된다는 소문이 퍼지면서 더 많은 보험사가 설립되기 시작했다. 보험사 경영자들은 더 많은 이익을 좇아 해상보험 외에도 화재보험, 지진보험, 생명보험 등 새로운 상품들을 거듭 출시했다.

경제가 발전하고 사회가 복잡해짐에 따라 보험에 대한 수요는 계속 늘어나 수없이 많은 종류의 보험 상품이 존재하는 오늘날에 이르고 있다.

6장

'돈 문제'가 부른 4차 십자군의 비극과
비잔틴 제국의 몰락

"신이 그것을 원하신다!"

로마 교황 우르바누스 2세Urbanus II의 이 한마디에 병사 수만 명이 서유럽을 떠나 멀고 먼 중근동으로 향했다. 서기 1096년부터 시작된 십자군 원정은 이후 수백 년간 유럽과 중동의 역사에 거대한 영향을 끼친다. 1291년 아크레가 함락되면서 십자군 역사가 막을 내리기까지 서유럽에서 출발한 십자군은 총 일곱 차례였다. 이 중 가장 심한 악평을 듣는 십자군이 제4차 십자군이다.

십자군은 이교도에게 빼앗긴 성지 예루살렘을 탈환한다는 '성스러운 의무'를 내밀었으나, 그 본질이 침략군임에는 틀림없다. 그들은 머나먼 타국, 아무런 교류도 원한도 없던 중근동의 이슬람교도들을 습격해 닥치는 대로 죽이고 약탈하고 땅을 빼앗았다. 이유는 단지 그들이 이교도란 것, 그리고 그들의 먼 조상이 비잔틴 제국과의 전쟁에서 이겨 성지 예루살렘 등 팔레스타인을 정복했다는 것뿐이었다.

어쨌거나 "신이 그것을 원하신다!"는 한마디는 유럽인들의 죄책감을 회석시켜 주고, 자신이 정의임을 주장하게 해 줬다. 하지만 4차 십자군은 자신들의 침략 전쟁을 '성전'으로 포장시켜 주는 이 명분마저 흙발로 짓밟았다. 그들은 예루살렘 근처에도 가지 않았으며, 이슬람교도와도 싸우지 않았다. 당초 목표를 맘루크 왕조의 이집트로 정했으나, 그쪽으로 뱃머리를 향한 적조차 없었다. 대신 같은 크리스트교도의 나라인 비잔틴 제국의 수도 콘스탄티노플을 습격해 점령했다. 같은 신을 모시는 자들을 죽이고 약탈한 것은 물론이다. 그러니 유럽인이나 독실한 신도들조차 이들을 옹호하지 못하고 거세게 비난했다.

4차 십자군은 왜 팔레스타인이나 이집트가 아니라 비잔틴 제국을 침공한 걸까? 사실 처음부터 콘스탄티노플을 공략하기로 마음먹은 것은 아니었다. 그렇게까지 된 과정은 꽤나 길고 복잡했으며, 여러 가지 불행과 우연이 겹치기도 했다. 다만 그 모든 과정을 관통하는, 제일 중요한 원인은 '돈'이었다.

파산 위기에 몰린 4차 십자군

4차 십자군은 프랑스 귀족과 이탈리아 해양 도시 베네치아의 합작으로 구성됐다. 타국의 귀족도 일부 참여하긴 했으나, 소수일 뿐 대부분이 프랑스 귀족이었다. 서기 1198년 샹파뉴 백작 티보, 플랑드르 백작 보두앵, 블루아 백작 루이 등 프랑스의 젊고 유력한 귀족 70여 명이 십자군 원정을 선서했다. 이들은 기병 4,500명 등 총 3만 5천 명의 병력을 동원하기로 했다.

프랑스 귀족들은 빌라르두앵 등 6명의 사절을 베네치아로 보내 성지

엔리코 단돌로
십자군을 설득하는 엔리코
단돌로. 구스타브 도레의 그림

까지의 수송 역할을 부탁했다. 베네치아는 의뢰를 흔쾌히 수락했다. 기사, 병사, 말 등을 실어 나르는 수송선을 비롯해 항해 중 필요한 식량과 물품 등을 제공하는 대가로 총 8만 5천 마르크가 책정됐다. 그런데 여기서 베네치아의 통령 엔리코 단돌로Enrico Dandolo는 프랑스 귀족들이 생각지도 못한 제안을 내놓았다. 통령이 직접 갤리선 50척과 승무원 및 전투원 6천 명을 이끌고 참전할 테니 십자군이 정복한 땅의 절반을 달라는 제안이었다.

프랑스 귀족들은 기꺼이 받아들였다. 중근동의 싸움에서 제해권이 매우 중요하다는 것은 그간의 전쟁으로 잘 알려져 있었다. 기대도 안 했던 강력한 해군의 동참은 그들에게 매우 반가운 일이었다. 이렇게 해서 프랑스 귀족과 베네치아의 합작이 이뤄졌다.

출발 날짜는 1202년 6월 24일로, 목표는 이집트의 수도 카이로로 정해졌다. 예루살렘이 아닌 카이로를 목표로 삼은 것은 당시 예루살렘 등 팔레스타인을 지배하는 나라가 이집트였기 때문이다. 적의 심장부를 쳐 예루살렘을 토해 내도록 하자는 전략이었다. 그런데 하필 전군의 총사령관을 맡기로 한 상파뉴 백작이 젊은 나이에 요절하면서 4차 십자군은 시작도 하기 전에 좌초 위기에 몰리고 만다. 다급하게 몽페라 후작 보니파시오를 새로운 총사령관으로 추대했으나, 그는 리더십과 십자군에 대한 열의 모두에서 상파뉴 백작에게 크게 미치지 못했다. 리더십이 무너지자 우선 병력 동원에서부터 문제가 생겼다. 약속한 날짜까지 베네치아에 도착한 병력은 당초 예정된 숫자의 3분의 1 수준인 1만여 명에 불과했다.

상파뉴 백작은 휘하 기사들에게 유산을 나눠 주면서 십자군에 반드시 참가하겠다는 약속을 받아냈다. 하지만 그 약속을 지킨 사람보다 지키지 않은 사람이 훨씬 더 많았다. 모시던 주군이 사망하자 기사들은 돈만 챙기고는 십자군을 외면했다. 더 큰 문제는 원정 자금이었다. 몽페라 후작은 상파뉴 백작만 한 거부가 아닐뿐더러 그처럼 전 재산을 쾌척하지도 않았다. 다른 귀족들 역시 머뭇거리긴 마찬가지였다. 출발하기도 전에 원정 자금의 부족 문제가 불거졌다. 무엇보다 당장 베네치아에 지불할 수송 대금조차 모자랐다.

프랑스 귀족들이 대금 지급을 차일피일 미루자 베네치아 역시 비상이 걸렸다. 베네치아는 4차 십자군에 그야말로 거국적으로 참여했다. 상업 국가인 베네치아가 정부의 명으로 1년간 모든 해외 교역을 금지하고, 상선을 전부 본국으로 모았다. 뿐만 아니라 범선, 갤리선, 평저선 등 새로운 배까지 잔뜩 건조했다. 또 노잡이를 보충하기 위해 이스트라, 달마티아 등에서 수천 명의 사람을 고용하기까지 했다. 만약 프랑스 귀족들로부터 대금을 받지 못하면, 베네치아의 재정은 치명적인 타격을 입을 수밖에 없었다. 베네치아 정부는 프랑스 귀족들에게 "이대로는 출진할 수 없다"며 대금 지급을 재촉했다. 반면 프랑스 귀족들은 베네치아가 돈을 받는 걸 미뤄 주기를 원했다.

양자 간에 합의가 이뤄지지 않은 채 시간만 흘렀다. 애초에 출발 날짜로 잡은 6월 24일은 물론 여름이 다 지나고, 가을이 깊도록 결론이 나지 않았다. 결국 자금 부족 때문에 4차 십자군은 그해 동쪽으로 출진하는데 실패했다. 함대는 자라에 머무른 채 1202년 겨울을 나게 된다. 4차 십자군은 출범도 못해 본 채 파산 위기에 몰리게 되었다. 이대로 십자군이 중간에 주저앉으면, 그들의 체면이 다치는 것은 물론 경제적으로도 막대한 손실이 불가피해질 수밖에 없는 상황이었다. 십자군 수뇌부들의 가슴속은 차가운 겨울 날씨만큼이나 꽁꽁 얼어붙었다.

알렉시우스 황자의 위험한 의뢰

이때 고민에 싸인 프랑스 귀족과 단돌로 통령 등 십자군 수뇌부들에게 비잔틴 제국의 황자 알렉시우스가 접근했다. 대부분의 전제군주국이 그러하듯 비잔틴 제국도 궁정 내의 권력 다툼이 매우 심했다. 특히 앙겔루스 왕조의 알렉시우스 3세Alexius III는 권력에 눈이 멀어 친형인 이사키우스 2세Isaac II의 제위를 강탈했다. 뿐만 아니라 형의 두 눈을 도려내고 감옥에 가뒀다. 그 과정에서 실수로 형의 아들, 자신과 이름이 같은 조카가 수도를 빠져나와 도망치는 것을 허용했다. 그 알렉시우스 황자가 자라에 있는 십자군을 찾아와 콘스탄티노플을 공략해 무도한 삼촌을 몰아내 달라고 부탁한 것이다. 말도 안 되는 부탁이라며 거절하려던 십자군 수뇌부는 알렉시우스가 내건 조건에 마음이 흔들리기 시작했다.

알렉시우스는 자기가 비잔틴 제국 황위에 오르도록 도와줄 경우 20만 마르크의 사례금을 지급하고, 이집트 공략을 위해 1만 명의 병력을 제공하겠다고 약속했다. 나아가 성지 경호를 위해 매년 5백 명의 기사를 파견하고, 동방의 그리스 정교회를 서방의 가톨릭교회 아래에 두는 형태로 동서 교회를 통합시키겠다는 조건도 내밀었다.

십자군 수뇌부의 마음이 흔들릴 만큼 달콤한 약속이었다. 대부분 고민에 빠졌으나, 개중에 몇몇은 빠르게 찬성 의사를 밝히기도 했다. 단돌로도 찬성했다. 상업 국가인 베네치아는 기사도를 숭상하는 프랑스 기사들보다 잇속 계산이 훨씬 더 빨랐다. 특히 총사령관을 맡고 있는 몽페라 후작이 적극 찬성에 나섰으며, 고민하는 다른 귀족들까지 열성적으로 설득했다.

20만 마르크의 사례금을 얻으면, 현재 심각한 곤궁에 빠져 있는 십자군의 재정 문제가 단숨에 해결된다. 그러면 원정도 순조롭게 진행될 것이다. 또한 비잔틴 제국에서 1만의 병력이 가세하면, 이집트에 타격을 가하고, 성지 예루살렘을 탈환하는 데 큰 도움이 될 것이라는 게 몽페라 후작의 논리였다. 그가 워낙 적극적이었기에 다른 귀족들도 하나둘 찬성 쪽으로 돌아섰다. 이 때문에 후일 몽페라 후작과 알렉시우스 황자가 처음부터 짜고 친 연극이라는 의혹이 제기되기도 한다. 결국 20만 마르크의 돈과 병력 제공이라는 미끼에 넘어간 십자군은 다음 해 카이로가 아닌 콘스탄티노플로 향했다.

당시 로마 교황이었던 인노켄티우스 3세^{Innocentius III}는 노발대발했다.

인노켄티우스 3세
4차 십자군의 어이없는 결정을 들은
인노켄티우스 3세는 크게 분노했지만
이후 동서 교회 통합이라는 목표를
듣고서는 입장을 바꾸어
별 다른 조치를 취하지 않게 된다.

십자군은 어디까지나 이교도와 싸워 성지를 회복하는 것을 목적으로
내세운 군대였다. 그런데 같은 크리스트교도의 나라를 침공하는 말도
안 되는 일이 벌어진 것이다. 인노켄티우스 3세는 십자군 전원을 파문
에 처하겠다는 통보까지 해 왔다. 그러나 해명하러 달려온 십자군의 사
자로부터 '동서 교회 통합'이란 말을 듣자 교황은 갑자기 입을 다물었
다. 동방의 그리스 정교회를 서방의 가톨릭교회 아래 무릎 꿇리고, 두
교회를 가톨릭으로 통합한다. 이것이 성공하면 인노켄티우스 3세의 명
성은 불멸의 수준이 될 게 분명했다. 교황은 그 달콤한 미끼를 뱉어 내
지 못했다.

1203년 6월 십자군은 콘스탄티노플 앞에 도착했다. 당시 콘스탄티노
플은 3중 성벽으로 방비돼 난공불락으로 유명했다. 8세기에 습격한 아
랍 군대도 이 도시를 점령하는 데는 실패했다. 그러나 바다 쪽, 특히 금
각만에 위치한 성벽은 낮고 허술했다. 배 위에서 성벽을 공격하리라고

는 생각하지 않았기 때문이다. 베네치아의 제안에 따라 십자군은 이 부분을 노리기로 했다.

비잔틴 해군보다 월등히 강한 베네치아 해군은 간단하게 금각만의 제해권을 장악했다. 이어 배의 돛대에 움직이는 다리를 달아 성벽 공략에 나섰다. 콘스탄티노플에서 금각만 쪽의 성벽은 낮은 편이었기에 베네치아 함선에 솟은 돛대와 높이가 거의 비슷했다. 따라서 이 돛대 끝에 움직이는 다리를 매달아 성벽에 걸치면, 즉시 성벽 위로 뛰어 들어갈 수 있는 길이 열렸다.

이 전략은 멋지게 들어맞았다. 당시 비잔틴 제국은 국방을 주로 용병에 의존했는데, 그들은 충성심이 약했다. 프랑스 장병과 베네치아 해병들이 용감하게 돌격하자 수적으로 훨씬 유리함에도 밀리기 시작했다. 결국 치열한 전투 끝에 금각만 쪽 성벽의 탑 25개가 십자군에게 넘어갔다. 열린 성문으로 십자군 병사들이 공격해 오자 알렉시우스 3세는 공포에 휩싸였다. 그는 도시에 불을 질러 적의 습격을 방해한 뒤 그사이에 재물만 챙겨서 트라키아로 달아나 버렸다.

더 이상 싸울 이유가 없어진 십자군과 비잔틴 궁정은 금방 화해했다. 양측의 합의하에 황자 알렉시우스가 새로운 황제 알렉시우스 4세Alexius IV로 등극했다. 알렉시우스 4세는 아버지 이사키우스 2세와 공동 황제가 됐는데, 그의 아버지는 이미 장님이 된 상태라 실질적인 권력은 알렉시우스 4세에게 집중됐다.

여기까지만 해도 충분히 십자군의 이름을 더럽히는 행위였다. 그래도 이쯤에서 크리스트교도끼리의 싸움을 멈추고 카이로로 출발했으면, 4차 십자군이 지금처럼 악평을 듣지는 않았을 것이다. 하지만 여전히 십자군은 이슬람교도와 싸우려 하지 않았다. 그들의 창칼은 다시 한 번 콘스탄티노플을 겨누게 된다.

돈을 받아내기 위해 제국을 멸망시키다

발단은 알렉시우스 4세의 부실한 약속 이행이었다. 그는 이런저런 핑계를 대면서 십자군에 대한 사례금 지급을 차일피일 미루기만 했다. 이집트 원정에 보태기로 한 배와 병력의 제공에도 인색했다. 이는 단지 알렉시우스 4세가 '화장실 들어갈 때 다르고, 나올 때 다른 인간'이어서만은 아니었다. 현실적인 사정이 그의 발목을 잡았다.

우선 20만 마르크라는 거액은 아무리 대제국 비잔틴의 황제라 해도 쉽게 마련할 수 있는 돈이 아니었다. 당시는 프랑스 왕의 1년 세수가 4만 마르크 수준에 불과하던 시대였다. 게다가 가뜩이나 갓 제위에 올라 정치적인 기반이 허약한 알렉시우스 4세에게는 돈을 마련할 방도가 별로 없었다. 황궁의 창고는 이미 알렉시우스 3세가 털어 간 뒤였다. 특별세라도 징수했다간 반란만 유발시킬 게 뻔했다. 즉위 초에 고액의 국채를 발행하는 것도 위험 부담이 너무 컸다.

병력 제공도 마찬가지였다. 이제 막 황제가 된 알렉시우스 4세에게는 자신을 위해 싸울 병사 한 명이 아쉬운 상황이었다. 되도록 십자군 병사들도 1년 정도 더 곁에 남아 줬으면 하는 상황에서 이집트로 1만이나 되는 대군을 파견할 여유가 있을 리 없었다. 하지만 십자군은 알렉시우스 4세의 사정을 이해하기보다는 벌컥 화부터 냈다. 같은 크리스트교도를 치는 행위를 감수한 그들은 이미 십자군이 아니라 일종의 용병으로 변질된 상태였다. 그들에게 "지금은 사정이 어려우니 나중에 돈을

4차 십자군

콘스탄티노플을 공격하는 4차 십자군을 묘사한 세밀화. 파산 직전까지 몰렸던 4차 십자군은
결국 같은 크리스트교도인 비잔틴 제국을 공격하기에 이른다. 이로 인해 여러 차례 이뤄진
십자군 원정 중에서 가장 악평을 듣게 된다.

주겠다"는 알렉시우스 4세의 말은 변명으로밖에 들리지 않았다.

사례금 지급이 미뤄지니 돈이 없는 십자군은 이집트로 출항할 수 없
었다. 1203년에서 1204년으로 이어지는 겨울을 콘스탄티노플의 건너
편 갈라타에서 나게 된 십자군의 불쾌지수는 한도 끝도 없이 치솟았다.
어서 카이로를 공략해 비잔틴 제국을 침공한 불명예를 씻어 내야 하는
상황에서 그러질 못하고 있었던 것이다. 그들에게는 이 모든 원인이 알
렉시우스 4세가 손바닥을 뒤집듯이 말을 바꿨기 때문으로 느껴졌다.
겨울 동안 십자군 수뇌부는 어서 사례금과 병력을 내놓으라고 알렉시
우스 4세를 들들 볶았다.

사람은 원래 자기 입장에서 생각하기 마련이라고 했던가. 알렉시
우스 4세도 자신의 어려움을 이해해 주지 못하는 십자군이 원망스러

웠다. 그들의 사이는 점점 벌어졌다. 이처럼 깨져 가던 양측의 신뢰는 1204년 1월 불타오르는 배 몇 척이 베네치아 함대 쪽으로 흘러 들어온 사건이 결정타가 되어 완전히 무너졌다. 재빨리 갈고리가 달린 막대로 불타는 배를 항구 밖으로 밀어낸 베네치아 해군의 기민한 대처로 피해는 3척에 그쳤지만, 십자군은 격분했다. 하마터면 그들의 함대가 모조리 불타 갈라타에 갇힐 뻔했던 것이다. 알렉시우스 4세의 행위라고 확신한 십자군은 전쟁을 결심했다.

무엇이든 처음이 어렵지, 그다음은 쉬운 법이다. 그들은 십자군의 이름을 내걸고도 같은 크리스트교도와 싸우고 죽였다. 게다가 비잔틴 제국의 수도 콘스탄티노플까지 공략했다. 이미 악덕을 행했는데, 두 번 못할 것도 없었다. 그래도 차마 의뢰인의 뒤통수를 치는 건 양심에 찔려서 망설이던 참에 비잔틴 궁정에서 그들에게 딱 알맞은 명분을 제공하는 사건이 연이어 터졌다.

알렉시우스 4세가 십자군에게 동서 교회 통합을 약속했다는 사실이 새어 나가자 콘스탄티노플의 귀족과 시민들은 경악했다. 서로마 제국이 멸망한 뒤에도 비잔틴 제국은 1천 년에 가까운 세월을 더 살아남아 번영을 구가했다. 비잔틴 제국이 유럽 최강의 국가로 군림하고, 콘스탄티노플이 유럽 최고의 대도시로 빛나던 시절, 로마 교황 따위는 시골 촌구석의 주교에 불과했다. 그런데 화려한 역사와 전통을 자랑하는 그리스 정교회가 가톨릭교회에 머리를 숙여야 한다는 말에 누구도 납득하지 못했다.

결국 비잔틴 궁정과 시내에서 알렉시우스 4세에 대한 반감이 들끓었다. 이는 곧 반대파에게 좋은 구실이 됐다. 선제 알렉시우스 3세의 사위인 무르추플루스Mourtzouphlus는 동조자를 모아 쿠데타를 일으켰다. 알렉시우스 4세와 그의 아버지 이사키우스 2세는 모두 지하 감옥에 갇혔다가 곧 살해됐다.

비어 있는 제위에 오른 무르추플루스는 환호했다. 그러나 그는 금각만 너머 갈라타의 십자군 진영에서도 기쁨의 탄성이 일었다는 것은 모르고 있었다. 십자군은 드디어 완벽한 명분을 손에 넣은 것이다. 살인은 예수 그리스도가 십계명에서 엄금한 범죄 행위다. 살인을 저지른 자는 설령 같은 크리스트교도라 해도 용서할 수 없다. 성직자들까지 나서서 무르추플루스를 신의 이름으로 징벌해야 한다고 설교하자 십자군 장병들은 용기를 얻었다.

물론 그사이에 비잔틴 제국 측도 놀기만 한 것은 아니었다. 그들은 금각만의 성벽을 보다 높이는 한편 방비를 충분히 했다. 갑자기 높아진 성벽 때문에 더 이상 베네치아 함선의 돛대 높이가 성벽과 비슷하지 않았다. 움직이는 다리를 수평으로 놓지 못하고, 위로 향해 비스듬하게 걸쳐야 한다는 점은 공격군에게 몹시 불리하게 작용했다.

그러나 이미 비잔틴 제국에 대한 증오와 재물에 대한 탐욕이 화학 반응을 일으킨 십자군은 포기하지 않았다. 그들은 성벽의 탑 하나에 걸치는 움직이는 다리를 2개로 늘리는 등 다양한 전술을 구사해 공격을 거듭했다. 게다가 전투가 치열해질수록 국방을 용병에 의존하는 비잔틴 제국의 단점이 두드러졌다. 결국 탑 하나가 십자군에게 점거되자 겁이 난 용병들이 도망치면서 방어선이 허물어지기 시작했다. 순식간에 탑 네 곳이 점령되고, 성문까지 열렸다. 열린 성문으로 프랑스 기사들이 물밀듯이 쏟아져 들어왔다.

무르추플루스는 더 이상 싸울 용기를 잃었다. 그는 황후와 함께 장인이 있는 트라키아로 도망쳤다. 다음 날 십자군은 아무 저항도 받지 않고, 콘스탄티노플에 입성했다. 콘스탄티누스 대제가 세운, 역사적인 대도시가 십자군에 의해 점령당하고 비잔틴 제국은 멸망했다. 수많은 이민족의 습격, 사산조 페르시아와의 전쟁, 이슬람교도의 공격 등을 버텨낸 제국이 같은 크리스트교도, 그것도 '성전'을 내세운 십자군에 의해 쓰러진 것이다.

라틴 제국의 건국과 4차 십자군의 후유증

십자군의 총사령관이었던 몽페라 후작은 장병들에게 사흘간의 약탈을 허락했다. 학살과 약탈의 광풍이 도시를 뒤덮었다. 나흘째 되는 날 약탈품을 모아 보니 교회 세 곳에 가득 찰 정도였다고 한다. 특히 콘스탄티노플은 오랫동안 비잔틴 제국의 수도이자 유럽 최고의 대도시였다. 이 광풍 속에서 무수한 문화재와 유물이 파괴됐다.

　십자군 수뇌부들은 비잔틴 제국의 멸망과 라틴 제국의 건국을 선포했다. 몽페라 후작은 내심 라틴 제국의 황제 자리를 노렸으나, 하필 그가 베네치아의 라이벌인 제노바와 친하다는 점 때문에 브레이크가 걸렸다.

　금각만을 통한 콘스탄티노플 공략에 크게 공헌한 베네치아는 이미 무시할 수 없는 발언권을 지니고 있었다. 결국 물밑 협상 끝에 가장 무난한 인격을 지닌 플랑드르 백작이 라틴 제국의 초대 황제로 추대됐다. 이어 십자군 수뇌부들은 제국의 영토를 자기들 마음대로 나눠 가졌다.

　베네치아는 해양 도시이기에 대륙의 영토가 아니라 주로 섬과 항구로 자신들의 몫을 챙겼다. 크레타, 네그로폰테, 밀로스, 낙소스, 파로스,

미코노스 등 수많은 섬들이 베네치아에게 넘어갔다.

제국의 거대한 부와 영토를 나눠 가지게 된 십자군 수뇌부들은 행복에 겨워했다. 다만 그걸로 끝이었다. 그들은 새롭게 얻은 부와 영토를 만끽했을 뿐, 예루살렘이나 이집트로는 단 한 명도 향하지 않았다. 이제 더 이상 이집트로 원정 갈 자금이 부족하지 않음에도 그랬다. 이것이 십자군을 '성전'이라며 찬양하던 크리스트교 역사가들마저 4차 십자군은 혹독하게 비난할 수밖에 없는 이유다.

인류의 역사에서 돈에 대한 탐욕은 신앙심이나 동포애를 월등히 뛰어넘는 경우가 허다하다. 4차 십자군의 콘스탄티노플 침략은 그중에서도 대표적인 사례라 할 수 있다. 게다가 4차 십자군은 이후에도 깊은 후유증을 안겼다. 우선 유럽 전체에서 불타오르던 십자군 원정의 열기에 찬물을 끼얹었다. 4차 십자군의 추태를 보고 난 사람들은 이후 십자군을 주창하는 사람이 나올 때마다 "영지 획득을 노리는 게 아니냐"는 의심을 품게 됐다.

그 후에도 3번의 십자군 원정이 더 시도됐지만, 모두 신성 로마 제국 황제 또는 프랑스 왕이 개인적으로 모은 군대였다. 전 유럽이 성전을 위해 거국적으로 일어나는 광경은 더 이상 볼 수 없게 됐다. 십자군의 열의가 약해졌다는 것은 곧 중근동의 십자군 세력 약화로 이어졌다. 이집트에 밀려 점점 쪼그라들던 십자군 세력은 결국 1291년 마지막 거점인 아크레가 함락되면서 완전히 소멸되었다. 더 큰 문제는 비잔틴 제국이 멸망하면서 사산조 페르시아, 이슬람 제국 등 동방의 위협으로부터 서유럽을 지켜 주던 방파제가 사라졌다는 점이다.

명분 없이 세워진 라틴 제국은 그 기반이 매우 약해서 오래 버티지 못했다. 약 50년 후인 1261년 비잔틴 제국의 잔존 황족 가운데 한 명인 팔

라이올로구스Palaeologus가 베네치아의 라이벌 제노바와 손잡고 콘스탄티노플을 탈환했다. 덕분에 비잔틴 제국은 재건됐지만, 더 이상 과거의 성세를 되찾지는 못했다. 비잔틴 제국이 약체화된 틈을 타 동방에서 오스만 제국이 고개를 들었다. 그들은 순식간에 소아시아를 휩쓸고, 발칸 반도로 건너왔다.

점점 약소국으로 쪼그라들던 비잔틴 제국은 결국 1453년 오스만 제국에 의해 완전히 멸망당했다. 이후 서유럽은 융성하는 오스만 제국의 세력을 직접 상대해야 했다. 이로 인한 인명 및 경제적 손실은 어마어마했다. 육지에서는 발칸 반도 대부분이 오스만 제국의 손에 넘어갔으며, 헝가리도 멸망당했다. 심지어 대국 오스트리아의 수도 빈까지 두 번이나 포위당했다. 때마침 쏟아진 장맛비만 아니었으면, 오스트리아 역시 지도에서 지워질 뻔했다.

바다에서는 4차 십자군 이후 '동지중해의 여왕'을 자처하며 강대한 세력을 자랑하던 베네치아가 오스만 제국에게 쭉쭉 밀려났다. 한때 유럽 최강의 해군을 자랑하던 베네치아였으나, 물량 앞에서는 장사가 없었다. 네그로폰테, 키프로스, 크레타 등 주요 해외 식민지를 잇달아 빼앗긴 베네치아는 점차 쇠퇴의 길을 걷게 된다.

7장

명분과 실리를 동시에 챙긴
메흐메트 2세의 콘스탄티노플 공략

"저 도시를 내게 주시오."

오스만 제국의 술탄 메흐메트 2세Mehmet II가 재상 할릴 파샤Halil Pasha에게 이렇게 말한 순간 콘스탄티노플의 운명은 결정됐다. 서기 1453년 오스만 제국에 의해 콘스탄티노플이 점령당하면서 비잔틴 제국은 역사 속으로 사라졌다. 한데 메흐메트 2세가 굳이 콘스탄티노플을 공략한 이유에 대해서는 해석이 분분했다. 15세기에 들어서면 비잔틴 제국은 사실상 껍데기만 남아서 굳이 멸망시킬 가치도 없었기 때문이다. 실제로 터키의 재상 할릴 파샤는 비잔틴 제국과의 공존공영을 주장했다.

콘스탄티노플을 점령한 후 메흐메트 2세는 '로마 제국의 후계자'를 자처했기에 한동안은 그 명분을 얻기 위함이란 해석이 유력했다. 그러나 시일이 흐르면서 숨겨진 이유가 드러난다. 메흐메트 2세는 명분만 중요시한 것이 아니라 그 너머의 실리까지 내다보고 있었다. 즉, 콘스탄티노플을 손에 넣음으로써 얻게 되는 막대한 경제적 이익을 그전부터 계산에 넣고 있었다. 실제로 오스만 제국은 여기서 얻은 경제력을 바탕으로 아시아, 유럽, 아프리카 등 3개 대륙에 걸친 대제국을 수백 년간 유지하게 된다.

오스만 제국의 약진

오스만 제국은 믿기 힘들 만큼 빠른 성장 가도를 달린 나라로 유명하다. 14세기 아나톨리아를 거점으로 등장한 오스만 제국은 4차 십자군 원정 이후 비잔틴 제국이 약체화된 틈을 타 빠르게 세력을 확장했다. 서기 1326년 부르사를 점령한 오스만 제국은 이곳을 본격적인 수도로 삼고, 나라의 체계를 갖춰 가기 시작했다. 이 무렵의 소아시아는 사실상 오스만 제국의 세력권 내에 놓여 있었다. 과거의 영광이 무색할 만큼 허약해진 비잔틴 제국은 오스만 제국을 전혀 견제하지 못한 채 뒤로, 또 뒤로 계속 밀려나기만 했다. 1354년에 벌써 겔리볼루 반도를 점령해 유럽에 발을 뻗은 터키는 1362년 아드리아노플을 함락, 이곳을 수도로 삼았다. 수도를 아시아에서 유럽으로 옮겼다는 것은 앞으로도 서쪽으로 영토를 확장해 나가겠다는 의지의 표현이었다.

　신흥 오스만 제국의 군사력은 막강했다. 1385년에는 불가리아가, 1387년에는 마케도니아가 오스만 제국에 의해 멸망당했다. 14세기 후반부터 이미 발칸 반도와 소아시아의 대부분이 오스만 제국의 지배하에 놓이게 됐다. 비잔틴 제국을 비롯해 세르비아, 보스니아, 알바니아 등 나머지 지역도 사실상 오스만 제국의 속국으로 전락했다. 이들은 오스만 제국에 매년 연공금을 바치고, 전쟁을 벌일 때마다 병력을 제공해야 했다.

메흐메트 2세
젠틸레 벨리니 그림,
「술탄 메흐메트 2세」 1480년 작.
메흐메트 2세는 오스만 제국을 반석 위에
올려놓은 훌륭한 술탄이었다.

15세기 초 비잔틴 제국의 영토는 수도 콘스탄티노플과 그 주변 지역만 약간 남아 있었다. 오스만 제국이 그들 땅의 농민들을 약탈하고 자기 멋대로 요새를 세워도 저항 한 번 못할 만큼 허약했다. 거꾸로 오스만 제국이 전쟁을 벌일 때마다 황제 또는 황족이 군대를 이끌고 종군하는 형편이었다.

당시 비잔틴 제국의 황제 마누엘 2세Manuel II는 오스만 제국의 위협을 견디다 못해 직접 서유럽으로 건너가 지원을 호소했다. 하지만 당장 눈앞의 이익 외에는 관심이 없던 서유럽 제후들에게 차가운 거절을 당한 뒤 실의에 차 고국으로 향하던 마누엘 2세는 갑자기 오스만 제국의 위협이 씻은 듯이 사라졌다는 소식을 들었다.

1402년 술탄 바예지트 1세Bayezit I가 이끄는 오스만군이 소아시아에서 티무르 군에게 참패한 것이다. 군대의 대부분이 몰살당하고, 술탄과 왕비까지 포로로 잡힐 정도의 대패였다. 느닷없이 리더십이 실종된 오스만 제국은 물경 20년간 정신을 차리지 못하고 헤맸다.

비잔틴 제국에게는 절호의 기회였다. 그러나 이미 전성기의 활력을 잃은 비잔틴 제국은 이 기회를 제대로 활용하지 못했다. 연공금과 병력 제공을 끊은 것이 유일한 저항이었다. 심지어 그것조차 오래가지 못했다. 새로운 술탄 무라트 2세Murat II의 지휘 하에 오스만 제국이 재건되자 곧 비잔틴 제국을 비롯한 발칸 반도의 여러 나라들은 오스만 제국에 조공을 바치고, 병력을 제공하는 처지로 돌아갔다.

그럼에도 콘스탄티노플을 둘러싼 3중 성벽은 매우 높고 단단해 쉽게 공략되지 않았다. 무라트 2세도 콘스탄티노플을 3개월간 포위했으나, 점령에는 실패할 정도였다. 따라서 오스만 제국 상층부는 콘스탄티노플을 무리해서 정복할 만한 가치가 없는 곳으로 평가하고 공존을 추구하는 게 낫다는 기류가 강하게 형성됐다. 하지만 무라드의 아들 메흐메트 2세는 달랐다. 메흐메트 2세는 집권 초기부터 화평파의 거두인 재상 할릴 파샤에게 "저 도시를 달라"고 말해 자신의 의지를 천명했다.

시대의 변화를 알리는 '신호탄', 콘스탄티노플 함락

메흐메트 2세는 '잔인한 천재형 군주'로 역사서에 기록돼 있다. 실로 그는 사람 목숨을 파리 목숨처럼 여길 만큼 잔인한 인간이었지만, 동시에 매우 명석한 두뇌의 소유자였다. 그렇기에 메흐메트 2세는 과거의 이슬람 제국도, 그의 아버지도 실패한, 저 거대한 콘스탄티노플의 3중 성벽을 공략하러 나서면서 힘에만 기대는 우매한 수단은 쓰지 않았다. 그는 먼저 헝가리 왕국과 평화 조약을 체결해 서쪽의 위협을 막았다. 또한 갈라타의 제노바 거류구에는 중립을 보장해 그들의 참전을 저지했다. 후일 증명된 사실이지만, 헝가리와 제노바가 가만히 있었던 것은 콘스탄티노플 공략에 커다란 도움이 됐다. 이어 오스만 제국 최초로 본격적인 함대를 창설하고, 헝가리 출신의 우르반Urban을 고용해 초대형 대포를 제작했다. 보통의 대포보다 몇 배나 큰 이 거포는 콘스탄티노플의 성벽을 부수는 데 결정적인 역할을 했다.

충분한 준비를 갖춘 메흐메트 2세는 16만 대군을 모아 1453년 4월 콘스탄티노플 공략에 나섰다. 새로운 대포를 포함, 철저한 사전 준비 덕에 공방전은 깜짝 놀랄 만큼 빨리 끝났다. 5월 29일 술탄의 친위대 예니체리 군단이 메소티키온 성벽을 돌파하면서 도시의 운명은 결정됐다. 불과 50여 일 만에 난공불락의 요새로 널리 알려진 콘스탄티노플의 3중 성벽이 무너졌다는 소식에 유럽인들은 엄청난 충격을 받았다. 비잔틴 제국을 지원하러 가던 35척의 베네치아 함대는 망연자실한 채 본국으로 회항해야 했다.

콘스탄티노플 함락은 곧 시대의 변화를 알리는 신호탄이었다. 공방전이 끝난 뒤 메흐메트 2세는 오스만 제국이 로마 제국의 후계자임을 만천하에 선포했다. 또 콘스탄티노플의 이름을 터키식인 이스탄불로 개명하고, 제국의 수도로 삼았다.

콘스탄티노플은 콘스탄티누스 대제가 건설한 뜻깊은 도시였다. 서로마 제국이 멸망한 뒤 콘스탄티노플은 수백 년간 유럽에서 제일 아름답고 부유한 도시였다. 무엇보다 서유럽인들이 비잔틴 제국이나 그리스 제국이라 칭한 것과 달리 동유럽인들은 끝까지 로마 제국이란 국호를 썼다. 콘스탄티노플은 '로마'를 상징하는 도시였다. 따라서 메흐메트 2세의 주장은 그 근거가 타당했다. 그는 이를 기반으로 옛 로마 제국의 영토는 모두 오스만 제국의 소유라고 외치면서 대규모 정복 사업을 벌였다. 세르비아, 보스니아, 펠로폰네소스 반도, 카파, 트레비존드 등이 차례차례 오스만군의 말발굽에 짓밟혔다.

오스만 제국은 바다로도 대함대를 내보내 레스보스 섬과 네그로폰테 섬을 점령했다. 두 섬은 제노바와 베네치아의 동지중해 경영에서 핵심

메흐메트 2세의 입성
장 조제프 벤자민 콩스탕 그림,
「콘스탄티노플로 입성하는
메흐메트 2세」 1876년 작.
메흐메트 2세의 콘스탄티노플
점령은 철저히 경제적 관점에서
계산된 결과였다.

지역이었다. 한때 지중해를 앞마당처럼 누비던 이탈리아 해양 도시들
은 오스만 제국의 진격 앞에 심대한 타격을 입었다. 다만 이런 정복 사
업을 위한 명분 하나 때문에 메흐메트 2세가 16만 대군을 동원한 것은
아니었다. 그가 노린 것은 정복 사업의 명분과 더불어 거대한 경제적 이
익이었다.

흑해 무역을 차지한 오스만 제국의 성장

콘스탄티노플을 확보하면 우선 흑해 무역을 장악할 수 있었다. 당시 유

럽에서 흑해 무역은 향신료 교역과 맞먹을 만큼 거대한 시장이었다. 흑해를 거쳐 크림 반도에 닿으면 우크라이나에 넘쳐흐르는 밀과 북방의 목재, 모피 등을 수입할 수 있었다. 반대로 서유럽에서는 철, 갑옷, 견직물, 의류 등을 팔았다. 베네치아와 함께 유럽 최대의 해양 도시로 유명한 제노바가 흑해 무역에 모든 것을 쏟아부을 만큼, 그리고 거기서 충분한 이익을 누릴 정도로 흑해 무역은 '알짜'였다. 콘스탄티노플은 흑해 무역의 중계 기지로 번성하고 있었다. 유럽과 아시아가 거의 맞닿은 보스포루스 해협에 위치하고 있는 콘스탄티노플은 중계 기지로 최적합의 요지였다. 이곳을 터키가 점령하고 수도로 삼으니 자연히 흑해 무역에서 떨어지는 막대한 수익을 거두게 됐다.

메흐메트 2세가 흑해 무역에 관심이 컸다는 것은 그의 정복 경로만 보아도 명백하다. 그가 바다로 내보낸 오스만 제국 함대는 언제나 흑해 무역의 주요 길목을 공략하는 데 힘을 쏟았다. 크림 반도의 카파, 에게해의 레스보스 섬, 그리스의 네그로폰테 섬 등 흑해 무역의 주요 통로가 차례차례 오스만 제국의 손에 넘어갔다.

그 결과, 동지중해를 주름잡던 베네치아와 제노바의 국력은 쇠퇴하고, 흑해 무역을 장악한 오스만 제국의 경제력은 점차 강해져 갔다. 그나마 향신료 무역 등 다른 교역로에도 분산 투자를 했던 베네치아는 한동안 오스만 제국의 위협을 버텨 냈지만, 흑해 무역에 모든 것을 쏟아부었던 제노바는 다시는 재기하지 못했다.

또 콘스탄티노플을 손에 넣으면, 아시아에서 유럽으로의 군대 이동이 그전보다 훨씬 더 쉬워진다. 자연히 상비군의 숫자를 줄이면서도 필요 시 단숨에 대군을 동원하는 것이 가능해졌다. 오스만 제국의 재정과 군사력이 더 충실해짐으로써 그 후의 빠른 세력 확장에 기여한 것은 물론이다.

메흐메트 2세가 다져 놓은 경제적 기반 덕에 이후 오스만 제국의 판도는 눈부시게 달라져 크게 뻗어 나갔다. 손자인 셀림 1세$^{Selim\ I}$가 시리아와 이집트를 정복하더니 증손자 술레이만 1세$^{Suleiman\ I}$는 북아프리카를 산하에 넣었다. 이를 바탕으로 터키는 아시아, 유럽, 아프리카 등 세 개 대륙에 걸친 대제국으로 성장했다.

나아가 메흐메트 2세는 서북방의 판노니아 지방도 노렸다. 콘스탄티노플에서 군대를 출진시킨 후 도나우강을 따라 물자를 수송하는 방식으로 지원하면 서북방 공략이 한층 수월해진다. 판노니아 지방은 당시 발칸 반도와 소아시아 및 아프리카를 통틀어 가장 비옥한 토지였다. 이곳을 점령하면 오스만 제국의 경제력은 비약적으로 강해질 수 있었다. 판노니아 지방으로 들어가는 입구에 위치한 베오그라드 요새가 워낙 튼튼해서 메흐메트 2세도 여기를 뚫지는 못했지만, 날로 융성하는 오스만 제국의 세력을 감안할 때 베오그라드 점령은 시간문제로 보였다.

그런데 메흐메트 2세와 달리 후손들은 그만큼 명석하거나 경제에 밝지 못했다. 특히 손자인 셀림 1세가 이슬람교의 정통성을 얻기 위해 시리아, 이집트, 아라비아 등을 정복한 것은 대표적인 무익한 전쟁으로 평가된다. 이 지역은 고대에는 풍요로운 지방이었으나, 중세를 거치면서 아주 가난해진 곳이었다. 명분과 경제적 이익을 모두 취한 메흐메트 2세와 달리 셀림 1세의 정복은 이슬람 세계의 최강자이자 정통 후계자라는 명분을 얻는 데만 치우쳤다. 이후 오스만 제국은 정복한 지역을 유지하느라 거듭된 전쟁으로 국고만 낭비해야 했다.

그러는 사이 서북방 공략은 계속 뒤로 미뤄지기만 했다. 술레이만 1세 시절에야 비로소 오스만 제국은 베오그라드 요새를 점령하고, 헝가리 왕국을 멸망시키는 등 판노니아 지방 정복에 나섰다. 하지만 판노니아 정복의 핵심인 군사 도시 빈의 함락에 실패하면서 결국 원대한 계획은 좌초됐다. 끝끝내 판노니아 지방을 손에 넣지 못한 오스만 제국의 성장세는 정체됐으며, 이후 천천히 쇠락의 길을 걷게 된다.

　이처럼 철저한 경제 개념으로 오스만 제국의 성장 기틀을 마련한 메흐메트 2세는 오늘날 역사가들로부터 세계 역사를 바꾼, 보기 드문 천재 군주로 평가받고 있다.

3부
근대까지 이어진
탐욕과 기만의 민낯

스페인을 부흥시키고 몰락시킨
금화의 양면

벤 버냉키 전 미국 연방준비제도 의장은 글로벌 금융 위기 당시 "유동성 위기는 없다. 정히 돈이 부족할 경우 달러를 찍어다가 헬리콥터로 뿌리면 그만이다"는 취지의 발언을 했다가 '헬리콥터 벤'이란 별명을 얻었다. 물론 조롱 섞인 별명이었다. 정부가 무작정 돈을 푸는 것은 국가 경제에 이롭기는커녕 막대한 해를 끼치기 때문이다. 대공황 당시의 독일이 증명하듯 과도한 통화량은 반드시라고 해도 좋을 만큼 하이퍼인플레이션으로 연결된다. 물가가 널 뛰듯이 뛰면, 서민들의 고통은 더 확대되고, 국가 경제까지 심각하게 망가지곤 한다.

사실 버냉키 전 의장도 그걸 몰라서 헬리콥터 이야기를 한 것은 아니다. 그만큼 대공황을 깊이 연구한 사람도 드물다. 단지 글로벌 투자은행으로서 4위에 자리하던 리먼브러더스의 파산 이후 꽁꽁 얼어붙은 투자 심리를 풀고, 경색된 금융 시장을 살리기 위해 다소 극단적인 예를 든 것이다.

이처럼 통화량은 언제나 알맞은 정도로 유지해야 한다. 선거철만 되면 언제나 복지 확대 이야기가 자주 나오는데, 복지 정책도 적절한 수준에서 조절돼야지, 지나치면 오히려 해악이 더 크다. 복지로 풀린 돈이 인플레이션을 유발할 위험이 있을 뿐만 아니라 과도한 복지가 근로 의욕을 꺾어 사회 전반의 생산성을 낮추는 부작용을 일으키기도 한다.

삶에 지쳤을 때는 하늘에서 돈벼락이라도 떨어졌으면 싶다. 그러나 이처럼 국가 단위에서의 돈벼락은 그리 권장할 일이 아니다. 단기적으로는 모두가 행복해질지 몰라도 장기적으로는 거꾸로 국가 경제의 발전을 저해하게 된다. 신대륙을 발견한 후 눈부시게 발전했던 스페인이 몰락해 가는 과정은 이러한 지나친 통화량 및 돈벼락의 위험성을 보여주는 좋은 역사적인 실례다.

신대륙 개척을 통해 유럽 최강국으로 떠오른 스페인

현재의 스페인과 포르투갈이 위치한 이베리아 반도는 서기 8세기 초반, 이슬람 제국에 정복당한 뒤 꽤 오랫동안 이슬람 세력의 지배를 받았다. 그러다가 11세기부터 본격적인 레콩키스타(재정복)가 이뤄져 이베리아 반도에 여러 크리스트교 왕국이 생겨나기 시작했다. 그중 카스티야 왕국의 이사벨라 여왕과 아라곤 왕국의 페르난도 왕이 결혼한 뒤 두 나라를 통합하면서 15세기 후반 스페인 왕국이 탄생했다. 스페인은 통합된 힘을 바탕으로 이베리아 반도에 마지막으로 남은 이슬람교도들의 나라인 그라나다 왕국을 정복했다. 이로써 스페인은 이베리아 반도의 대부분을 점유하는 대국으로 발돋움했다.

하지만 진정으로 스페인의 전성기를 열어젖힌 배경은 신대륙 개척이

에마누엘 로이체, 「여왕 앞에 선 콜럼버스」 1843년 작.

었다. 당시 유럽에서 최고의 부가가치를 창출하는 사업은 향신료 무역이었다. 물론 스페인도 이 노다지를 탐냈다. 그러나 향신료 무역은 이탈리아의 해양 도시 베네치아가 꽉 쥐고 있었다. 아직 해군력이 허약한 신흥국 스페인이 베네치아에게 덤비기에는 여러모로 무리수가 따랐다.

제노바 출신의 크리스토퍼 콜럼버스Christopher Columbus는 동지중해에서 베네치아를 당해낼 수 없다면, 대서양을 따라 서쪽으로 가면 된다는 아이디어를 꺼냈다. 지구는 둥그니까 서쪽으로 계속 가다 보면 향신료의 생산지인 인도가 나올 것이라는 발상이었다. 하지만 이는 그때 기준으로 황당하기 짝이 없는 아이디어였다. 프랑스, 포르투갈 등은 콜럼버스의 제안을 코웃음 치며 무시했다. 반면 스페인의 이사벨라 여왕은 콜럼버스의 이야기에 귀를 기울였다. 여왕은 그에게 충분한 자금과 배를 제

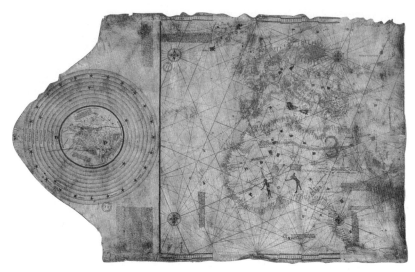

콜럼버스 지도
콜럼버스가 항해 때 사용한 지도로 1490년경에 제작되었다. 이 지도만을 들고 콜럼버스는
인도를 향해 나갔다. 그가 항해한 길은 곧 스페인을 부국으로 이끄는 길이었다.

공하고, 인도로 가는 항로 개척을 독려했다. 1492년 8월 출항한 콜럼버스는 2개월만인 10월, 서인도 제도를 발견했다. 콜럼버스는 그 땅을 인도라고 믿었으나, 얼마 뒤 아메리고 베스푸치Amerigo Vespucci에 의해 완전히 새로운 대륙임이 밝혀졌다. 신대륙의 이름은 그의 이름을 따 아메리카라고 지어졌다. 스페인 정부는 처음에는 실망했지만, 곧 신대륙 개척에 총력을 기울이기 시작했다. 어쨌거나 국가의 영토가 늘어나서 나쁠 것은 없었으며, 국내에 넘쳐흐르는 실업자들을 시급히 해소해야 할 필요성도 컸다.

　스페인 정부는 실업자들을 신대륙으로 보내 그곳 땅을 개척하라고 지시했다. 다행히 남아메리카는 기후가 온화하고, 비옥한 토지가 사방에 널려 있어 농사를 짓기에 좋았다. 훗날 서인도 제도에서는 사탕수

수, 커피, 담배 등의 재배가 성행한다. 그러나 이후 코르테스^{Hernán Cortés}가 아즈텍 왕국을 정복하고, 그곳에서 어마어마한 양의 금은보화를 발견하면서 스페인의 신대륙 정책도 바뀐다. 스페인은 잉카 왕국, 마야 왕국 등을 연이어 공략하면서 약탈에 열을 올리기 시작했다.

특히 결정적으로 금광이나 은광 등 여러 광산이 발견되면서 스페인 국부가 커졌다. 개중에서 가장 유명한 광산은 볼리비아의 포토시 은광이다. 포토시 은광은 산 전체가 은이라고 일컬어질 정도로 은이 끝없이 쏟아져 나왔다. 이 거대한 광산은 수백 년 후까지도 스페인 경제를 떠받치는 기둥으로 작용한다. 1545년 포토시 은광에 이어 1546년 멕시코의 사카테카스 은광이 발견된 뒤 스페인의 연간 은 생산량은 1천만 온스 이상으로 뛰어올랐다. 이처럼 스페인은 신대륙에서 막대한 금은을 손에 넣었으며, 이를 바탕으로 유럽 최강국으로 떠올랐다.

당시의 주요 화폐는 금화와 은화였다. 국고에 금과 은이 풍부하다는 것은 요즘으로 치면 외환 보유고가 넉넉한 것과 비슷했다. 이를 통해 더 많은 상품을 사고, 더 많은 사람을 고용하고, 더 많은 사업을 벌일 수 있다. 자연히 국가의 경제력이 막강해진다.

오랫동안 유럽의 정부들은 모두 수출을 장려하고, 수입을 죄악시했다. 이유는 수출은 금화를 벌어 오지만, 수입은 금화가 유출되기 때문이었다. 지폐가 대유행하고, 애덤 스미스^{Adam Smith}의 『국부론』이 출간되기 전까지는 "국가의 부는 쌓아 놓은 금의 양으로 결정된다"가 상식이었다. 신대륙에서 금은이 끝없이 쏟아져 들어온 스페인은 오늘날로 비교해 보자면 산유국과 엇비슷하다. 아무 노력 없이도 땅속에서 계속 돈이 솟아 나오는 것이다. 그러니 스페인이 부강해질 수밖에 없었다.

유럽 대륙의 3분의 2를 지배한 카를 5세^{Karl V}를 거쳐서 펠리페 2세

Felipe II 시절 스페인은 최전성기를 누렸다. 레판토 해전의 승리로 오스만 제국의 서진을 저지했으며, '아르마다(무적함대)'를 편성해 전 유럽을 경악케 하기도 했다. 전통적인 강국인 프랑스나 신성 로마 제국도 이 시기에는 스페인의 위세에 미치지 못했다.

그러나 스페인의 전성기는 오래가지 못했다. 스페인은 펠리페 2세 사후부터 빠르게 몰락하기 시작한다. 아르마다가 영국 해적 프랜시스 드레이크Francis Drake에게 당한 참패, 합스부르크 왕조 특유의 유전병 등 여러 가지 원인이 거론되지만, 가장 큰 이유는 지나치게 많은 금은이었다. 아이러니컬하게도 스페인을 유럽 최강국으로 끌어올려 준 신대륙의 금은보화가 스페인을 무너뜨리는 역할도 한 것이다.

하이퍼인플레이션으로 망가진 스페인 경제

위에서 밝혔듯이 국가 단위에서 돈벼락은 이득만큼이나 해악도 크다. 이때 스페인에서 벌어진 일도 마찬가지였다. 우선 나라 안에 금과 은이 너무 많다 보니 인플레이션이 극심해져서 물품 가격이며 인건비가 천정부지로 치솟았다. 스페인 정부는 금과 은을 창고에 보관하고, 그 유통을 통제해 인플레이션을 잡아 보려 했다. 그런데 신성 로마 제국 황제 선거에 느닷없이 프랑스의 왕인 프랑수아 1세François I가 뛰어들면서 이 노력이 수포로 돌아갔다.

신성 로마 제국 황제는 황제 선출권을 지닌 선제후 7명의 투표를 통해 뽑힌다. 다만 이는 형식적인 절차에 불과한 경우가 많았다. 대부분의 경우 선대 황제가 지목한 후계자가 그대로 황제의 자리에 오르곤 했다. 스페인 왕 카를로스 1세^{Carlos I}는 선대 황제인 막시밀리안 1세 Maximilian I의 손자였다. 또 막시밀리안이 오래전부터 카를로스를 자신의 후계자로 지정해 뒀다. 상식적으로 볼 때, 타인이 끼어들 여지가 있을 리 없었다. 하지만 카를로스에 대한 경쟁심에 불타던 프랑수아는 차기 신성 로마 제국 황제는 황제 선거를 통해 뽑는 거지, 혈통에 의해 정해 지는 게 아니라고 주장하면서 굳이 선거에 출마했다. 유럽에서 둘째가 라면 서러운 부국 프랑스의 왕인 그는 막대한 돈을 풀어 선제후들을 매 수하기 시작했다.

카를로스 입장에서 앉아서 당할 수는 없었다. 그는 창고에 쟁여 뒀던 금은보화를 모조리 꺼내 선거전에 쏟아부었다. 그래도 돈이 모자라자 독일 최고의 거부로 유명한 푸거 가문을 끌어들였다.

결국 치열한 선거전 끝에 카를로스가 승리했다. 그는 신성 로마 제국 황제 카를 5세로서 제위에 올랐다. 이를 통해 카를로스는 유럽 대륙의 3분의 2를 지배하는 절대 권력자로 등극했다. 유일한 경쟁국인 프랑스 도 파비아 전투에서 크게 무찔러 감히 그의 권위를 위협하지 못하게 만 들었다. 그러나 카를로스가 빛나는 영광을 만끽하는 사이 그의 제국은 엉망으로 망가져 가고 있었다. 신대륙에서 들어온 금과 은에 선거전에 서 풀린 재물까지 더해지자 독일과 스페인 등지의 통화량이 급증하고, 하이퍼인플레이션의 파도가 나라 전체를 휘몰아친 것이다. 그 결과, 농 산물 등 각종 물품과 부동산을 비롯한 자산 가격이 하늘 높이 뛰었다. 인건비도 끝을 모르고 급등했다.

극심한 인플레이션은 우선 스페인의 산업 경쟁력부터 갉아먹었다. 물가가 너무 높으니 물품의 수출 경쟁력이 떨어졌다. 스페인산 양모가 아일랜드산 양모에 밀리는 등 농업, 축산업, 공업 등 여러 산업이 쇠퇴하기 시작했다. 이뿐만 아니라 스페인인들 사이에서도 너무 비싼 자국산 물품을 기피하는 흐름이 퍼졌다. 주요 물품을 해외에서 수입하는 한편 인력 고용도 외국인에 의존하는 비율이 높아졌다. 그만큼 산업의 후퇴와 국부 유출이 심해졌다.

통화량 급증은 산업 경쟁력 약화와 동시에 자산 가격 증대를 부른다. 그런데 자본이 생산적인 분야가 아니라 부동산으로 흘러들어 갔다. 부동산 가격이 급등하면서 부자들은 더 큰돈을 벌었지만, 서민들은 일자리를 잃은 데다 주거 불안에까지 시달려야 했다. 그 결과 부익부 빈익빈이 심화되면서 사회 혼란이 극심해졌다. 더욱이 자산 가격이 천정부지로 치솟으면서 스페인 자산가들은 너무 비싼 스페인 부동산보다 프랑스, 이탈리아 등에 투자하기 시작했다. 이 때문에 국부 유출은 더욱더 심해졌다.

하이퍼인플레이션을 잦아들게 하는 방법은 통화량을 줄이는 것뿐이다. 스페인 정부는 최선을 다해 금은보화를 다시 국고에 집어넣어 통화량을 감축시킴으로써 겨우 국가 전체가 침몰하는 것을 막았다.

부가 독이 되는 순간

하지만 그것으로 스페인 경제가 살아나고, 산업 경쟁력이 회복된 것은 아니었다. 신대륙에서 쏟아진 돈벼락은 스페인에 또 다른 심각한 문제점을 야기했다. 국가 지도층의 정신이 썩어 버리면서 위에서 아래로 게으른 풍조가 퍼져 나갔다.

스페인은 신대륙에서 인디오를 부려 먹으면서 광산을 운영했다. 여

베스트팔렌 조약
헤라르트 테르 보르흐, 「뮌스터 조약 비준」 1617년 작. 신성 로마 제국의 베스트팔렌 지방의
두 도시인 오스나브뤼크와 뮌스터에서 체결된 베스트팔렌 조약으로 네덜란드는 마침내 독립을
쟁취했다. 부유한 네덜란드가 독립함에 따라 스페인의 경제력은 더욱 후퇴했다.

기서 캔 금은은 배에 실려 스페인으로 왔다. 아무 노력 없이도 매년 금
은이 쏟아져 들어오니 스페인 국왕과 귀족들은 굳이 정사에 몰두할 필
요성을 느끼지 못했다.

프랑스, 영국, 오스트리아 등지의 지도자들이 농업 생산력 확대, 상공
업 증진, 기술 연구, 명품 브랜드 육성 등을 위해 애쓰는 동안 스페인의
왕족과 귀족들은 주연과 사냥에만 몰두했다. 신대륙에서 매년 막대한
·양의 금과 은이 유입되는데, 힘들게 산업을 발전시키고 투자를 장려할
필요성을 스페인 지도층은 느끼지 못했다.

윗물이 맑아야 아랫물이 맑다고 했던가. 지도층의 썩은 정신은 곧 하층부로 퍼져 나가 스페인인들은 근로 의욕을 잃고 게을러졌다. 다른 나라에서는 일주일이면 만들어지는 물건이 스페인에서는 두 달이 넘어도 완성되지 않을 만큼 게으름이 심각했다. 자연히 스페인인들도 같은 스페인인을 신용하지 않게 됐다. 이로 인해 신대륙과 본국의 스페인인들이 물품 구매나 용역을 외국에 의뢰하는 비율이 급등했다. 국부 유출 역시 갈수록 더 심해졌다.

신이 난 건 외국 상인들이었다. 프랑스 상인들은 스페인으로 몰려가 자국에서 생산한 와인과 견직물을 팔았다. 스페인은 워낙 물가가 높아서 자국보다 훨씬 많은 돈을 벌 수 있었다. 게으르게 지내다가 남의 나라 물건을 터무니없이 비싼 가격에 사들이는 스페인인들은 전 유럽의 경멸을 샀다. 한 스페인 관리가 "다른 유럽인들이 스페인 사람들을 인디오처럼 취급한다"라면서 개탄할 정도였다.

현재 중동의 몇몇 산유국은 땅속에서 솟아 나오는 석유 덕에 돈이 남아돌아서 자국민들에게 매우 충실한 복지를 제공하고 있다. 한국처럼 복지가 형편없는 나라 입장에서 보기엔 부러운 일이지만, 부작용도 있다. 계속 놀기만 해도 먹고사는 데 문제가 없으니 국민들이 점점 더 게을러지는 것이다. 하도 먹기만 하고 일을 안 하니 비만 문제까지 심각하다. 쿠웨이트는 지난해 기준 비만 인구 비율 42.8%로 세계 1위를 차지했다. 그 밖에 사우디아라비아(2위), 이집트(4위), 요르단(5위), 아랍에미레이트(6위), 카타르(8위) 등 중동의 산유국들이 비만 인구 비율 상위권을 점령하고 있다.

당시 스페인에서 벌어진 모습도 이와 유사했다. 스페인인들의 게으름은 점점 더 심해지는데, 스페인 위정자들은 방관만 하니 스페인의 산업은 유럽의 다른 국가에 비해 빠르게 뒤처져 갔다.

게다가 지나친 국부 유출이 우려된 스페인 왕이 외국에서의 수입 및 외국에 대한 투자를 금지하자 또 다른 부작용이 일어났다. 같은 스페인인은 도저히 믿을 수 없었던 사람들의 주문이 네덜란드로 쏠린 것이다. 당시 네덜란드는 합스부르크 가문의 영지여서 스페인 왕의 지배하에 있었다. 왕은 자기 소유라고 생각하는 네덜란드에 주문하는 것을 막지 않았다. 덕분에 네덜란드 경제는 빠른 속도로 발전했다. 경제가 성장하자 스페인 부자들은 네덜란드에 대한 투자를 늘렸다. 네덜란드의 국부는 더 커졌다. 뒤늦게 스페인 정부가 네덜란드와의 무역을 통제해 봤지만, 도리어 네덜란드 측의 거센 반발만 샀다. 이 일로 격분한 네덜란드의 귀족과 대상인들은 급성장한 국부를 바탕으로 차제에 스페인으로부터의 독립을 추진했다. 80년 전쟁으로도 불리는 네덜란드 독립 전쟁이 끝난 1648년, 베스트팔렌 조약을 통해 네덜란드는 결국 독립을 쟁취했다. 이렇게 본국보다 더 부유한 네덜란드가 떨어져 나가면서 스페인의 경제력은 크게 후퇴했다. 이때 이후로 스페인은 몰락 일로를 걷게 된다.

17세기 중반부터 스페인은 착실히 국력을 쌓은 프랑스, 오스트리아, 영국 등에 뚜렷하게 밀리기 시작했다. 점점 더 심해지는 산업 생산력의 격차는 어느새 신대륙의 금과 은으로도 메꿀 수 없을 만큼 벌어졌다. 18세기에 접어들자 스페인은 이들 국가보다 훨씬 뒤처지는 유럽의 변방으로 전락했다.

심지어 정부가 군인과 관료에게 줄 월급조차 마련하지 못해 쩔쩔매다가 포토시 은광에서 채굴한 은이 도착한 뒤에야 겨우 밀린 월급을 변제하는 경우도 수두룩했다. 당시 스페인은 이렇게 국가라고 부르기조차 민망할 만큼 시스템이 엉망진창이었다. 신대륙을 바탕으로 일궈 낸 번영이 불과 한 세기 정도밖에 이어지지 못한 것이다.

결국 농업, 상업, 공업 등의 발달로 돈을 벌고, 다시 그 돈을 여러 산업에 투자하는 자금의 선순환 흐름을 만드는 것이 국가 경제에 가장 이롭다. 산업은 계속 낙후되어 가는데, 어딘가에서 금과 은만 계속 유입되는 것은 국가 경제에 결코 긍정적이지 않다. 당시 스페인 사회가 이러한 사실을 여실히 증명한다.

2장

환상이 불러온 탐욕과 광기, 튤립 버블과 미시시피 버블

주식 매매는 흔히 '투기'로, 주식거래소는 '도박판'으로 불리곤 한다. 그만큼 주가는 어디로 튈지 알기 힘든 성질을 지니고 있기 때문이다. 전문가들의 예상도 허구한 날 틀리곤 하니 개인 투자자 입장에서는 도박하는 마음이 들 법도 하다.

주식은 해당 기업의 소유권을 잘게 쪼개 놓은 것이다. 주주는 자신의 지분만큼 경영권을 행사하고, 나아가 기업이 많은 이익을 냈을 때, 지분만큼 배당을 받을 수 있다. 반면 기업이 파산하면, 자신의 소유 주식이 휴지 조각으로 변하는 리스크를 감내해야 한다. 즉, 기업의 경영이 순조로울수록 주가는 올라가고, 반대의 경우 주가가 내려가는 게 상식적인 흐름이다. 그럼에도 주가를 예측하기 힘든 것은 주가가 현재 가치 이상으로 미래 가치를 반영해서 움직이기 때문이다.

다음 달에 한국은행이 기준금리를 인상하거나 인하할 거란 소문이 퍼지면, 벌써 금리 변화가 주가에 반영된다. 정부의 여러 정책도 시행은커녕 발표도 되기 전부터 소문만으로 주가가 출렁인다.

이와 같은 주식의 성질 때문에 때때로 주가는 아무 실체도 없는 환상 때문에 어마어마한 '버블(거품)'이 끼기도 한다. 실체 없는 환상에 사람들의 탐욕과 광기가 더해져 빚어지는 버블 중에서 특히 역사적으로 유명한 버블로 '튤립 버블'과 '미시시피 버블'을 꼽을 수 있다.

세계 최초의 주식회사

세계 최초의 주식회사는 네덜란드의 동인도 회사다. '하이리스크 하이리턴'으로 대변되는 주식의 특성을 반영하듯 네덜란드 동인도 회사가 생겨난 배경 역시 '한탕의 꿈'과 무거운 리스크가 공존하는 대항해 시대가 자리했다. 대항해 시대는 유럽인들이 지중해를 떠나 대서양으로, 그리고 인도양과 태평양으로 진출하면서 광활한 변경과 통상 항로를 개척한 시대를 뜻한다. 크리스토퍼 콜럼버스가 서인도 제도를 발견하면서 촉발된 대항해 시대는 바스코 다 가마Vasco da Gama가 아프리카 최남단 희망봉을 돌아 인도에 이르는 항로를 개척하면서 절정기에 들어섰다.

대서양을 건너 아메리카로 가면, 신대륙을 개척하고 금은보화를 얻을 수 있었다. 또한 아프리카를 돌아 인도로 가면, 당대 유럽에서 가장 인기 높고 비싼 상품인 향신료를 수입할 수 있었다. 말 그대로 성공만 하면, 대박을 기대할 수 있는 사업이었다. 대신 실패 위험도 높았다. 항해의 위험은 항해 거리에 비례한다. 나무로 만든 범선을 타고 몇 개월이나 되는 항해를 버티는 것은 쉬운 일이 아니었다. 해난 사고를 당해 배가 침몰하거나 해적을 만나 선적 물품 전부를 털리는 일도 흔했다.

특히 당시에도 북아프리카에서 맹위를 떨치던 이슬람 해적들은 신대

네덜란드 동인도 회사
암스테르담에 자리한 네덜란드
동인도 회사의 본부. 1602년 네덜란드
동인도 회사에 세계 최초로 주식회사
개념이 도입된다.

류에서 오는 스페인 선박과 아프리카를 통해 오는 포르투갈 선박을 집
중적으로 노렸다. 그만큼 큰 수익을 기대할 수 있어서였다. 이로 인해
막대한 규모의 초기 투자 비용을 마련하는 일이 쉽지 않았다. 사실상 초
기의 신대륙 항로 또는 동방 항로에는 국고를 탕진해도 책임지지 않아
도 되는 국왕만이 적극적으로 투자했다. 스페인과 포르투갈이 대항해
시대의 주인공이 된 데는 그런 이유도 작용했다.

그러나 1602년 네덜란드의 수도 암스테르담에 설립된 동인도 회사
에 세계 최초로 주식회사의 개념이 도입되면서 흐름이 바뀌기 시작한
다. 투자자들에게 주식을 나눠 준 뒤 훗날의 수익도 주주의 지분 비율
대로 공유하겠다는 방식은 '하이 리턴'을 위해 '하이 리스크'를 감수할
의향이 있는 투자자들에게 먹혔다. 총 1,143명이 주주로 참여해 367만
4,945길더의 투자금이 모집됐다. 이 자금을 바탕으로 네덜란드 동인도

회사는 적극적으로 동방 시장을 개척했다. 바타비아(현 자카르타)를 전진 기지로 삼아 인도와의 교역에 힘을 기울였는데, 특히 실론 섬, 몰루카 제도 등 향신료 생산지를 점령하면서 대성공을 거뒀다. 향신료 시장을 장악한 네덜란드는 스페인과 포르투갈을 제치고 유럽 최고의 부국으로 떠올랐다.

이런 눈부신 성공 가도는 훗날 영국에서 이를 그대로 흉내 낸 영국 동인도 회사가 설립되는 등 주식회사의 대유행으로 번지게 된다.

튤립 구근 한 뿌리로 고급 주택을 사다

주식회사가 생기면서 자연히 주식을 거래하는 증권거래소도 탄생했다. 네덜란드 암스테르담의 성 올라프 성당과 카이저 거래소 등에서는 주식 거래가 활발하게 이뤄졌다. 이 시기 암스테르담에는 이미 주식 거래뿐 아니라 선물, 옵션 등 파생상품 거래가 활성화됐다. 리스크, 작전, 호가 등 현대에도 널리 쓰이는 증권 용어들이 모두 이곳에서 탄생했다. 재미있는 사실은 과거나 지금이나 증권시장의 특성은 비슷하다는 점이다. 즉, 막연한 기대감만으로 거품이 쉽게 형성됐으며, 개인 투자자의 주머니를 노리는 투기 세력이 준동했다. 이들의 작전에 넘어가 전 재산을 날리는 투자자들도 흔했다. 그야말로 '탐욕과 혼돈의 장'이라 칭할 만했다. 주식 매매로 돈을 벌고 싶다는 탐욕은 일반 시민뿐 아니라 점잖은 신사와 학자들도 유혹했다. 로데베이크 페트람Lodewijk Petram이 쓴 『세계 최초의 증권거래소』에는 어떤 저명한 철학자가 주식에 큰돈을 투자했다가 "어젯밤 나의 평화는 불안으로, 나의 지식은 멍청함으로, 나의 평정심은 경박함으로, 나의 존경은 놀림거리로 변해 버렸다"는 한탄을 남겼다는 내용이 나온다.

이 시기 암스테르담의 혼돈을 보여 주는 좋은 예는 세계 최초의 투기로 유명한 '튤립 버블'이다. 실론 섬 등을 정복한 뒤 향신료 무역을 독점하면서 부국이 된 네덜란드에서는 1630년대 들어 튤립 재배 붐이 일기 시작했다. 당시 튤립은 진귀한 꽃이었기에 구하려면 많은 돈이 들었다. 이에 따라 집의 정원에 만발한, 가지각색의 예쁜 튤립이 부유함의 상징으

'영원한 황제'란 이름의 튤립.
17세기 튤립 마니아들 사이에서
가장 비싸게 팔린 튤립이다.

로 자리 잡으면서 귀족과 부자들은 앞다퉈 튤립을 구매했다.

현대의 명품이 그러하듯 일단 그 상품을 가지는 것이 부유함과 고급스러움의 상징으로 일컬어지면, 실제 가치 이상으로 가격이 치솟는다. 이 시기 네덜란드에서도 튤립 가격이 나날이 뛰었다. 그러다 보니 어느새부턴가 튤립 시장에 거품이 끼고, 참가자가 늘어 갔다. 잘 키운 튤립을 부자에게 팔면 큰돈을 벌 수 있다는 소문이 돌자 전문 상인뿐 아니라 일반인들도 뛰어들었다. 심지어 날품 노동자, 하녀 등 최하층 서민들까지 튤립 재배에 나설 정도였다.

1635년 들어 프랑스 귀족들도 튤립을 구매하기 시작하자 튤립 가격은 하늘 높은 줄 모르고 솟구쳤다. 1636년 한 해에만 튤립 가격이 60배 가까이 상승했다. 심지어 다 키운 튤립뿐 아니라 튤립 구근도 비싸게 거래됐다. 1637년 4월에는 특정 튤립의 구근 한 뿌리 가격이 무려 암스테

튤립 버블을 그린 우화
헨드릭 게리츠 포트가 그린 튤립 열풍에 대한 우화. 꽃의 신인 플로라가 상석에 앉아 있는 가운데
환전상, 술꾼 등이 돛을 단 마차를 타고 바람에 의지해 앞으로 나아가고 있다. 그들의 뒤를
타락한 직조공들이 뒤따르는 게 보인다.

르담의 고급 저택과 맞먹을 정도였다. 말도 안 되는 가격이었다. 다들
이런 '미친 시장'이 유지될 리 없다는 사실을 알고 있었다. 알면서도 '나
보다 더한 바보가 나타날 것'이란 헛된 희망을 품고 사람들은 튤립을 구
매했다.

결국 당연한 순서로 파국이 찾아왔다. 어떤 부자, 심지어 왕족이라 해
도 그 값을 치르고는 튤립을 사지 않을 것이란 소문이 퍼지면서 튤립 가
격은 급락했다. 고급 저택 한 채와 맞먹던 튤립 가격이 불과 일주일 만
에 양파 가격 수준으로 떨어졌다. 그때까지 튤립을 들고 있던 사람들은
망연자실한 채 알거지가 돼야 했다.

놀라운 점은 이처럼 '투기의 끝은 파멸'이란 역사적인 예가 수두룩한

데도 증권시장에서 투기가 멈추질 않는다는 점이다. 21세기 초 우리나라에서 발생한 IT 버블도 튤립 버블과 비슷했다. 매출로 연결될지 증명되지 않는 신기술을 내세운 벤처기업은 물론 "보물선을 탐색한다"는 수상하기 짝이 없는 사업을 내세운 벤처기업의 주식까지도 사람들은 비싼 가격에 샀다. 그리고 얼마 후 벤처 거품이 꺼지면서 투자자들은 막대한 손실을 입었다.

'나보다 더 멍청한 바보'에 대한 기대감은 과거부터 현대까지 사라질 기미를 보이지 않고 있다.

정부 주도의 사기, 미시시피 버블

튤립 버블과 미시시피 버블은 모두 인간의 근본적인 욕망, "더 많은 돈을 벌고 싶다"는 탐욕 때문에 일어났다. 다만 자연적으로 발생한 튤립 버블과 달리 미시시피 버블은 처음부터 정부가 계획해 발생했다. 즉, 사람들의 탐욕을 악용해 정부가 사기를 친 것이다.

18세기 초반, 프랑스 정부는 심각한 파산 위기에 처한 상태였다. 선왕인 루이 14세Louis XIV가 베르사유 궁전을 짓는 등 호화로운 생활을 만끽하고, 네덜란드 침공, 스페인 왕위 계승 전쟁 등 여러 전쟁을 벌이느라 국고를 완전히 탕진해 버린 탓이었다. 그뿐만 아니라 천문학적인 액수의 빚까지 남겼다. 1715년 루이 14세가 사망하고, 그의 증손자 루이 15세Louis XV가 즉위했을 때, 프랑스 정부의 빚은 무려 30억 리브르에 달했다. 당장 그해에 갚아야 할 빚만 8억 리브르였다. 프랑스의 연간 세수가 1억 4천만 리브르에 불과하던 시절이었다. 즉, 향후 20년간의 세금

존 로

미시피 버블을 일으킨 존 로의 초상화. 그는 루이 15세 앞에 나타나 "종이로 금을 만들면 된다"고 왕을 설득했다. 그 결과 많은 이들이 그가 만든 거품에 빠져들어 파산하고 말았다.

을 전부 국채 상환에만 써도 다 갚지 못할 상황이었다.

루이 14세는 '태양왕'이라 불릴 만큼 절대 권력을 누렸으며, "짐이 곧 국가니라"란 명언도 남겼다. 오늘날에도 절대왕정의 대표적인 인물로 루이 14세가 꼽힌다. 그러나 루이 14세가 그토록 화려한 삶을 누린 대가로 후손들은 도저히 감당 못할 빚을 뒤집어써야 했다. 루이 15세는 즉위할 당시 다섯 살의 어린아이였기에 섭정을 맡게 된 오를레앙 공 필리프는 일단 떼먹을 수 있는 빚은 모조리 떼먹기로 했다. 그는 국왕의 권력을 앞세워 채권자들의 아우성을 무시해 버렸다.

하지만 도저히 외면할 수 없는 빚만 해도 여전히 천문학적이었다. '정의 법정'을 만들어 수상한 기미를 보이는 부자들의 재산을 닥치는 대로 몰수해 봤지만, 그래도 모자랐다. 고민에 빠진 루이 15세와 필리프 앞에 스코틀랜드인 존 로John Law가 나타났다. 그는 "종이로 금을 만들면 된다"며 필리프를 설득했다. 필리프는 황당하다고 생각했지만, 다른 방법이 없었으므로 그의 제안을 받아들이기로 했다. 존 로는 1716년 방크 제네랄을, 1717년 미시시피 주식회사를 설립했다. 필리프는 미시시피 주식회사에 아메리카에 있는 프랑스 식민지인 루이지애나와의 교역을 비롯해 해당 지역에서 여러 사업을 벌일 수 있는 독점권을 줬다.

존 로의 캠프
루이지애나의 관청이 있었던 빌록시에 자리한 존 로의 캠프. 존 로가 주장한 장밋빛 환상과 달리
당시 루이지애나는 황무지나 다름없었다.

   당시의 루이지애나는 지금의 미국 루이지애나주가 아니라 훨씬 큰,
미국 중부 대부분을 차지하는 광활한 땅이었다. 넓이만 무려 214만 평
방킬로미터에 달했다. 다만 이 시기는 아직 미국 중부가 개발되기 전이
라 루이지애나는 사람이 거의 살지 않는 황무지였다.

   이때부터 허공에서 돈을 버는 존 로의 마법이 시작됐다. 우선 그는 루
이지애나와의 무역이 크게 남는 장사라고 선전했다. 또한 광산 개발,
물레방아 건설 등 여러 사업을 진행할 거라고 홍보하면서 미시시피 주
식회사의 주주들에게 매년 4%의 배당률을 보장했다.

   황무지와의 교역이나 황무지에서 수행하는 사업의 수익성이 좋을 리
없다. 하지만 존 로는 그럴듯한 사업 계획서와 장밋빛 전망으로 투자자
들을 현혹했다. 프랑스 정부도 이런 사기 행위를 화려한 겉포장으로 가
리는 데 한몫했다. 과장 광고에 사람들이 귀를 기울일 즈음 존 로는 프
랑스 정부가 발행한 국채를 미시시피 주식회사의 주식과 바꿔 줄 뿐만

아니라 액면가 전액을 보장해 준다고 발표했다.

프랑스 국채를 보유한 채권자들은 열광했다. 그럴 수밖에 없었다. 당시 프랑스 정부가 파산 직전이란 소문이 돌면서 프랑스 국채의 가격은 곤두박질친 상태였다. 프랑스 국채는 액면가의 겨우 30% 수준의 가격으로 거래되고 있었다. 즉, 액면가 1백만 리브르의 국채를 팔아 봤자 30만 리브르의 현금밖에 얻지 못하는 것이다. 그런데 미시시피 주식회사로 가면, 1백만 리브르어치의 주식을 주었다. 게다가 매년 4만 리브르의 배당금까지 기대할 수 있었다.

채권자들은 크게 기뻐하면서 미시시피 주식회사로 달려갔다. 존 로는 처음 목표로 잡은 자본금 1억 리브르를 아주 손쉽게 조달했으며, 프랑스 정부는 상당한 규모의 빚을 없애 버리는데 성공했다. 이어 그는 미시시피 주식회사의 주식을 기초 자산으로 삼아 방크 제네랄에서 지폐를 발행했다. 존 로의 사기에 넘어간 사람들은 그 지폐를 매우 탄탄한 담보를 지닌, 안전한 지폐라고 믿었다.

지폐가 발행돼 뿌려지니 텅 비어 있던 국고가 갑자기 충만해졌다. 숨이 꼴딱 넘어가는 듯했던 프랑스 재정이 호전되고, 경제도 살아났다. 특히 통화량 증가로 인플레이션이 발생하면서 빚의 실질 가치가 내려갔다. 막대한 국채에 신음하던 프랑스 정부로서는 반가운 일이었다.

신이 난 존 로는 계속해서 사기의 규모를 확대해 갔다. 미시시피 주식회사로 프랑스 동인도 회사를 인수한 뒤 2,500만 리브르의 증자를 시행했다. 또 알자스 지역에서 암염 광산을 개발하겠다면서 5천만 리브르의 투자금을 모집했다.

이번에는 투자금을 국채가 아니라 금화나 지폐로 받았다. 더 많은 사람들이 주식을 살 수 있도록 유도하기 위해 방크 제네랄은 지폐를 마구 찍어 냈다. 돈이 없는 서민들에게는 미시시피 주식회사의 주식 매입에 쓴다는 조건을 달아 지폐로 대출까지 해 줬다. 1719년까지 방크 제네랄이 발행한 지폐는 총 10억 리브르에 달했다.

존 로는 인수합병을 통해 미시시피 주식회사의 덩치를 불린 뒤 회사 이름을 인도 주식회사로 개명했다. 필리프는 이 회사에 인도, 북아프리카 등과의 교역 독점권, 광산 개발권 등을 부여했다. 존 로는 미시시피 강변에 새 도시를 건설할 예정이라는 계획을 발표하는 등 아메리카, 아프리카, 아시아 각지에서의 다양한 사업에 대해 현란한 전망을 내놓았다. 이 같은 존 로의 화려한 선전에 넘어간 사람들은 저마다 인도 주식회사의 주식을 사려고 덤볐다. 증권시장에는 그 주식을 구하는 사람들로 넘쳐 났다. 정부 주도의 사기극에 인간의 탐욕과 증권시장 특유의 광기가 더해지자 그 화학 반응은 어마어마했다.

어느새부턴가 인도 주식회사의 사업성에 별로 기대감이 없는 사람들도 주식을 사기 시작했다. 다들 '나보다 더한 바보'에게 내일 더 비싼 값으로 팔 수 있을 거라고 믿었다. 1719년 말 인도 주식회사의 시가총액은 47억 8,175만 리브르까지 부풀어 올랐다. 액면가의 16배나 되는 고액이었다. 덕분에 주식 투자로 큰돈을 번 사람들도 여럿 등장했다. 평범한 푸줏간 주인이나 하녀가 주식으로 대박을 쳤다는 소문이 돌자 너도나도 투기판에 뛰어들었다. 프랑스뿐 아니라 외국에서도 인도 주식회사의 주식이 높은 인기를 끌었다.

방크 제네랄 역시 이름을 방크 로얄로 바꿨는데, 방크 로얄은 왕립 은행이었기에 신뢰도가 더 높았다. 이를 이용해 방크 로얄은 더 많은 지폐를 찍어 냈다. 지폐가 쏟아지면서 그만큼 프랑스 정부가 진 빚의 실질 가치도 더욱 급락했다. 도저히 헤어 나올 길이 없어 보이던 빚의 구덩

이에서 탈출한 프랑스 정부는 환호했다. 필리프는 그를 프랑스 경제와 재정을 총괄하는 재무총감으로 임명했다. 존 로는 무에서 유를 창조해 낸, 위대한 선지자로 칭송받았다.

그러나 무한 동력의 영구기관이 불가능하듯 어떤 경우에도 무에서 유를 창조할 수는 없다. 존 로의 거대한 사기극도 끝을 향해 가고 있었다. 존 로의 인도 주식회사는 온갖 장밋빛 미래만 떠들고 다녔을 뿐, 실제로는 아무 실적도 내지 못했다. 회사의 매출과 이익이 주가에 전혀 어울리지 않는 수준임이 밝혀지자 이 사업에 과연 실체가 있는지 의심하는 사람들이 생겨났다. 인도 주식회사의 주가는 1719년 12월 말을 정점으로 차츰 떨어지기 시작했다.

존 로는 어떻게든 주가를 떠받치기 위해 통화량을 급속도로 늘렸다. 방크 로얄은 1720년 3월 말부터 5월 초까지 무려 14억 리브르어치의 지폐를 발행했다. 그러나 이런 편법은 더 이상 통하지 않았다. 오히려 지나친 통화량 때문에 하이퍼인플레이션이 발생해 프랑스 경제가 대혼란에 휩싸였다.

마침내 대형 투자자 중 한 명인 콩티 공작이 방크 로얄에 수레 세 대 가득 인도 주식회사의 주식을 싣고 와 금화와 바꿔 달라고 요구하면서 사기극은 끝을 맺었다. 프랑스 국고에도, 은행 금고에도 그만한 액수의 금화는 없었다. 방크 로얄이 소유한 금은은 그간 발행한 지폐에 크게 못 미친다는 사실이 분명해지면서 사람들은 패닉에 빠졌다.

인도 주식회사도, 방크 로얄도 파산했다. 주식과 지폐는 모조리 휴지 조각으로 변했다. 수많은 투자자들이 막대한 손실을 입었다. 프랑스 경제 역시 심각한 침체기 속으로 돌입했다. 이 불행의 회오리 속에서 유일하게 긍정적인 부분은 프랑스 정부의 빚 태반이 해소됐다는 점이었다.

존 로는 재무총감에서 해임당한 뒤 한밤중에 외국으로 도주했다. 정부가 주도한 악질적인 사기극, 이 사건을 흔히 '미시시피 버블'이라고 부른다.

이처럼 주식은 언제든 투기판으로 변질될 위험이 높고, 버블이 터졌을 때의 피해도 매우 크다. 그럼에도 각국의 정부는 주식회사나 증권거래소를 없애려 하지 않았다. 오히려 불안해하는 목소리를 누르고 더 장려했다. 이는 주식회사의 개념이 자본주의 경제 발전에 크게 공헌했기 때문이다. 주식이 탄생하기 전에는 사업가들이 자기 재산을 쓰거나 타인에게 빌리는 것 외에는 자금을 마련할 방안이 마땅히 없었다. 그러나 주식회사가 만들어지면서 사업가는 회사의 주식을 나눠 주는 대가로 투자자들을 모집할 수 있게 됐다. 이는 사업의 리스크를 획기적으로 줄였다.

사업에 실패할 경우 알거지가 되는 것은 누구나 피하고 싶은 일이다. 빚을 지는 것은 더 무섭다. 회사가 쓰러져도 빚은 평생 사주를 따라다니면서 괴롭히기 때문이다. 하지만 투자를 받은 돈은 빚이 아니므로 설령 사업이 망해도 갚을 의무가 없다. 덕분에 홀가분해진 사주는 더 공격적으로 새로운 사업을 구상하거나 기존 사업을 확장할 수 있게 됐다.

주식을 사는 투자자 입장에서도 이는 나쁘지 않은 모델이다. 사업 실패의 리스크를 같이 지지만, 대신 사업 성공의 수익도 같이 누릴 수 있다. 나아가 주주로서 일정 부분 경영에 참여할 수도 있다. 이는 다소 위험을 감수하더라도 은행 예금보다 높은 수익률을 추구하는 투자자들에게 안성맞춤이다. 또 증권거래소에 이어 주식 거래를 전문적으로 중개하는 증권사까지 생겨나면서 증권시장이라는 새로운 시장이 형성됐다. 새로운 시장은 곧 새로운 돈벌이를 의미한다. 그만큼 경제가 더 크게 성장했다.

다만 정부도 불안의 목소리를 반영해 거품이 심하게 끼지 않도록 주가 상하한제 및 사이드카 도입, 내부자 거래(인사이더) 금지, 상장사에 대한 감독 및 회계 감사 강화, 상장사 공시 의무 강화, 허위 공시 및 불성실 공시 금지 등 다양한 제도와 규제를 만들었다. 그럼에도 인간의 탐욕은 언제나 제도의 틀을 넘어서 새로운 버블을 일으키곤 했다. 그때마다 정부는 새로운 규제를 도입하면서 오늘날에 이르고 있다.

3장

증세 논란이 유발시킨
프랑스 대혁명

프랑스 대혁명은 근대적인 의미의 민주주의를 태동시킨 사건으로 유명하다. 대혁명의 파도가 전 유럽을 휩쓸면서 자유, 평등, 박애의 정신이 퍼지고, 이를 통해 왕정이 종말을 고했다. 이후 유럽은 프랑스를 시작으로 차례차례 왕정을 폐지하고, 민주정으로 전환되기 시작한다. 오늘날에도 영국, 스페인, 스웨덴 등에는 왕이 존재하지만 절대 권력자라기보다는 상징적인 의미가 더 강하다. 또한 유럽에서 시작된 근대 민주주의는 전 세계로 퍼져 나갔다. 오늘날 민주정이 아닌 국가는 오히려 찾아보기가 힘들다. 그런데 이토록 거대한 영향을 끼친 프랑스 대혁명은 정말 프랑스 시민들이 민주적인 가치를 원해서 시작한 것일까? 왕을 상대로 참정권을 요구하면서 혁명이 일어난 게 맞을까?

사실은 그렇지 않았다. 인류 역사를 움직이는 가장 큰 힘은 언제나 돈이었다. 참정권은 오히려 권력자가 나에게 신체 및 경제적인 피해를 입히는 걸 막고자 하는 방패의 의미가 더 컸지, 참정권 자체가 목적인 적은 별로 없었다.

프랑스 대혁명도 마찬가지였다. 자유, 평등, 박애 등 고귀한 말은 단지 겉포장으로 붙인 수사였을 뿐이다. 실제 원인은 '돈'이었다. 정확히는 '증세 논란'이, "세금을 늘려야 하나?"와 "늘린다면, 누가 부담해야 하나?"를 두고 벌어진 다툼이 혁명으로 연결된 것이다.

무리한 미국 독립 전쟁 참전과 고갈된 프랑스 재정

1780년대 후반, 프랑스 정부는 심각한 재정난으로 흔들리고 있었다. 왕의 사치 때문은 아니었다. 프랑스 국왕 루이 16세Louis XVI 부처는 태양왕 루이 14세 등 전대 국왕들보다 훨씬 검소한 생활을 하는 사람들이었다. 루이 16세 본인이 화려함에 별로 관심이 없었을뿐더러 왕비 마리 앙투아네트Marie Antoinette도 사치와 인연이 없었다. 본국 오스트리아에서 검약한 생활 풍조를 배워 온 그녀는 오히려 프랑스 궁정의 사치스러운 풍조를 고치려 애썼다. 당시 호화로운 생활에 익숙해져 있던 프랑스 귀부인들이 "저렇게 볼품없이 꾸미고 다니는 여자가 무슨 왕비냐"고 수군거릴 정도였다. 마리 앙투아네트가 사치가 심했다거나 "빵이 없으면 고기를 먹으면 되지"라는 망언을 입에 담았다는 등의 루머는 모두 거짓말이다. 프랑스 대혁명 당시 부르주아들이 자신들의 혁명을 정당화하려고 꾸며 낸 헛소문이었다.

프랑스 정부의 재정이 위기에 처한 주된 이유는 무리한 미국 독립 전쟁 참전 때문이었다. 1775년 영국의 식민지인 아메리카에서 독립 전쟁이 발발하자 프랑스는 단지 앙숙인 영국을 골탕 먹이려고 전쟁에 참여했다.

프랑스는 막대한 군수물자를 지원해 준 것은 물론 병사 수만 명을 아메리카에 파견해 여러 해 동안 같이 싸웠다. 이런 지원은 미국에게 큰 도움이 됐다. 특히 1781년 체서피크 만 해전에서 프랑스 해군이 영국 해군을 격파한 승리가 독립 전쟁의 승패를 갈랐다. 패배한 영국 해군이 후퇴하면서 요크타운에 주둔한 영국군은 완전히 고립된 상태가 되고 말았다. 이어 프랑스와 미국의 연합군이 공격해 오자 영국군 사령관 콘월리스Charles Cornwallis는 견디지 못하고 항복했다.

이 참담한 패배는 영국 의회 내 주전파들의 기세를 꺾었다. 반전파 일색이 된 의회가 더 이상의 전비 지출을 거부하자 결국 영국은 아메리카에서 철수해야 했다. 프랑스의 중재로 1783년 열린 파리 협상에서 영국 정부는 미국의 독립을 승인했다.

미국의 독립 전쟁은 영국에게 거대한 아메리카 식민지를 날리는 손해를 안긴 동시에 프랑스의 재정에도 심대한 타격을 가했다. 특히 미시시피 버블이 남긴 상처가 아직 낫지 않은 상황에서 참전을 강행한 것은 역시 무리였다. 몇 년간 막대한 전비를 지출하느라 프랑스 국고는 텅텅 비어 버렸다. 당시 프랑스 정부는 전비를 마련하기 위해 거액의 국채까지 발행했는데, 이 채권의 이자를 갚기도 힘든 실정이었다. 프랑스 국고에 금화가 없다는 소문이 돌면서 새롭게 국채를 발행해도 아무도 사려 하지 않았다. 이제 남은 방법은 증세뿐이었다.

혁명의 방아쇠가 된 삼부회

루이 16세는 고심 끝에 삼부회를 소집하기로 했다. 삼부회는 성직자,

귀족, 시민의 세 계급이 모인 회의로 본래 프랑스 왕의 결정을 지지하기 위해 만들어진, 일종의 어용 의회였다. 프랑스 왕 필리프 4세Philippe IV는 로마 교황 보니파키우스 8세Bonifacius VIII와 대립이 심해지자 최초로 삼부회를 열어 어용으로나마 지지를 획득했다. 이를 바탕으로 교황을 납치해 아비뇽에 가뒀다. 이것이 그 유명한 '아비뇽 유수'다.

이 삼부회가 다시 열린 것이다. 다만 주제는 그때와 달리 교황 연금이 아니라 증세였다. 삼부회 소집이라는 아이디어를 낸 사람은 프랑스 재무장관 네케르Jacques Necker였다. 그는 "팔리지도 않는 고금리의 국채 발행을 고집하기보다 증세가 낫다"며 "아울러 증세를 위해서는 시민의 지지를 얻는다는 형식이 필요하다"고 왕을 설득했다. 특히 네케르는 증세의 대상을 시민보다는 성직자와 귀족으로 집중하려는 생각을 품고 있었다.

당시 프랑스는 크게 제1계급 성직자, 제2계급 귀족, 제3계급 시민 등 세 개의 계급으로 나뉘어져 있었다. 그런데 이중 성직자와 귀족은 면세 계층이라 세금을 전혀 내지 않는 특권을 누리고 있었다. 가난한 서민들은 세금을 낼 돈이 없었다. 즉, 프랑스의 재정은 주로 제3계급인 시민들 중에서도 상인, 변호사, 의사, 은행가 등 부유한 시민을 통칭하는 부르주아들에게 의존하고 있었다. 삼부회에 시민 대표로 모인 사람들도 모두 부르주아였다.

네케르가 기존의 면세 계층인 성직자와 귀족에게 세금을 부과하는 것이 낫다고 판단한 이유는 그가 도덕적인 관료여서가 아니라 현명해서였다. 이미 부르주아들은 무거운 세금 부담을 지고 있었다. 그리고 세금은 한 푼도 안 내면서 자신들보다 사회적으로 높은 신분을 누리는 성직자 및 귀족에게 혐오감과 질투를 품고 있었다. 이들을 더 쥐어짜는

3계급 풍자
제3계급이 제1계급과 제2계급인 성직자와
귀족을 힘겹게 태우고 있는 모습을 그린
풍자화. 당시 프랑스의 제3계급은
과도한 세금에 시달리고 있던 반면,
성직자와 귀족은 오직 자신의 특권만을
누릴 뿐 아무런 의무도 지려 하지 않았다.

것은 비현실적이었다. 안 그래도 계몽주의 사상이 널리 퍼지고 있는 상
황에서 자칫 부르주아들의 거센 반발을 부를 우려가 있었다.

반면 성직자와 귀족들은 넓은 땅을 소유해 풍요로운 삶을 누렸다. 이
들에게는 충분히 세금을 낼 여력이 있었다. "사회적으로 대접받는 고
귀한 신분의 사람들일수록 앞장서서 국가에 공헌해야 한다. 즉, 세금을
내야 한다"는 주장 역시 논리적으로 부족함이 없었다. 고대 로마부터
계몽주의에 이르기까지 '노블레스 오블리주(귀족의 의무)'는 언제나 높
은 지지를 받는 사상이다. 실천하는 사람이 별로 없을 뿐이다.

네케르는 일부러 삼부회에 참석하는 의원 중 제3계급의 수를 제1계
급 및 제2계급을 합친 수와 비슷하도록 배려했다. 이해의 삼부회에는
성직자 294명, 귀족 270명, 부르주아 578명이 참여했다. 시민의 수가 귀
족이나 성직자들보다 훨씬 많으므로 그들의 대표로 참석하는 의원들
역시 타 계급보다 더 많아야 한다는 근거로 책정된 숫자였다. 그 배분

역시 절묘했는데, 성직자와 귀족의 합이 564명으로 부르주아 수 578명보다 살짝 적었다. 이제 의원 머릿수대로 표결할 경우 성직자와 귀족에게 새로운 세금을 부과할 수 있었다.

하지만 삼부회는 네케르의 뜻대로 돌아가지 않았다. 세금을 내기 싫은 성직자와 귀족은 서로 결탁해서 의원 1인당 1표가 아니라 계급별로 1표씩 행사해야 한다고 주장했다. 물론 이렇게 표결할 경우 늘어난 세금 부담은 부르주아 계층에게만 집중될 게 뻔했다. 당연히 부르주아들은 격렬하게 반발했다. 성직자와 귀족들은 여전히 자신의 높은 신분을 자랑했지만, 축적된 자본과 계몽주의 사상으로 무장한 부르주아들은 더 이상 그들의 권위를 인정하지 않았다. 도리어 성직자와 귀족을 '제3계급에 기생하는 허깨비'라고 비난했다.

"제3계급이란 무엇인가?" // "전부全部다."
"이제까지 제3계급은 어떤 것이었나?" // "아무것도 아니었다."
"제3계급은 무엇을 요구하고 있는가?" // "무언가가 되어야 한다는 것이다."

에마뉘엘 시에예스Emmanuel Sieyes가 쓴, 「제3계급이란 무엇인가?」라는 팸플릿의 내용이다. 이 내용이야말로 부르주아들의 시각을 그대로 드러내 준다. 사실 교회가 민중 위에 군림하고, 민중의 삶을 통제하던 시절은 이미 오래전에 지나간 뒤였다. 전장에서도 귀족 출신 기병들이 평민 출신 보병에게 밀려나고 있었다. 영국의 아서 웰링턴Arthur Wellington처럼 기병은 처음부터 전력 계산에서 제외하는 장군도 있을 정도였다. 따라서 이 시기 부르주아들이 보기에 성직자와 귀족들은 그저 특권에 탐닉하면서 시민의 고혈을 빨아 먹고 사는, 악질적인 기생충일 뿐이었다.

성직자와 귀족이 원하는 대로 삼부회가 계급별 투표 방향으로 흐르자 부르주아들은 마침내 분노를 폭발시켰다. 1789년 6월, 그들은 미라보 Honoré Mirabeau를 중심으로 따로 모여 '국민 의회'를 만들었다. 하지만 루이 16세가 부르주아들의 회의장을 폐쇄하자 테니스 코트로 이동해 "헌법이 제정되고, 그 기초가 확립되기 전까지 결코 해산하지 않겠다"는 선서를 했다. 이것이 그 유명한 '테니스 코트의 선서'이다. 이어 7월 초에는 '국민 의회'의 이름을 '헌법 제정의회'로 바꿨다. 부르주아들은 영국과 마찬가지로 헌법을 만들어 국왕의 권력을 견제하고, 시민의 권리를, 즉 자신들의 권리를 향상시켜야 한다고 주장했다.

처음부터 성직자와 귀족들이 네케르의 안에 따라 약간의 세금만 부담했어도 헌법을 만들어 정치 체제 자체를 바꾸자는, 당시로서는 과격하기 그지없는 주장이 튀어나오진 않았을 것이다. 결국 "세금은 단 1원도 내기 싫다"는 귀족과 성직자의 이기심이 사태를 키운 것이다. 게다가 문제는 일이 이 정도 선에서 끝나지도 않았다는 점이다. 계급 간 대립이 일단 불을 뿜기 시작하면, 말이나 법으로는 해결이 불가능해진다. 결국 프랑스 대혁명도 무력 충돌로 연결됐다.

구체제가 함락되다

루이 16세는 감히 헌법을 만들자는, 부르주아들의 왕권에 대한 도전을 용납하지 않았다. 그는 파리 주변에 군대를 집결시키기 시작했다. 부르주아들도 가만히 있지는 않았다. 그들은 국왕의 군대와 맞설 무력을 갖

테니스 코트의 선서
자크 루이 다비드, 「테니스 코트의 선서」 1791년 작. 특권을 내려놓지 못한
1, 2계급에 분노한 3계급 부르주아들은 결국 테니스 코트에 모여 실력 행사에 돌입했다.

추기 위해 가난한 민중, '상퀼로트Sans-culotte'들을 선동했다. 왕과 귀족의
사치를 악의적으로 과장해서 알리고, '자유, 평등, 박애'를 내세워 "우리
의 권리를 위해 총을 들고 일어서자"고 외쳤다.

가난한 민중은 언제나 권력자를 싫어하기 마련이다. 게다가 그 시기
프랑스 정부의 재정 악화로 국가 경제가 흔들리면서 서민들의 삶은 더
비참해진 상태였다. 여기에 그럴듯한 선동의 바람이 불어넣어지자 곧
장 4만 8천 명의 민병대가 모였다. 특히 평민층에 우호적인 관료로 유
명한 재무장관 네케르의 파면이 그들의 봉기에 불을 붙였다.

재정 부족으로 프랑스의 군사력이 약해진 데다 자국 시민들을 향해
발포하는 게 양심에 걸렸던 루이 16세와 군사령관들이 미온적으로 대
처한 부분이 겹쳐지면서 혁명의 물결은 예상보다 훨씬 빨리 대성공을

바스티유 함락
구체제의 상징이었던 바스티유가 민병대에 함락된 사건은 프랑스 대혁명의 분기점으로
기록될 만한 사건이었다. 이로써 자신감을 얻은 혁명 세력은 프랑스 전역에서 봉기했다.

거뒀다.

7월 14일, 민병대 수만 명이 앵발리드 기념관을 습격해 소총 3만 점과
대포 12문을 약탈했다. 이어 무장을 충실히 갖춘 민병대는 바스티유 성
을 습격했다. 샤를 6세Charles Ⅵ가 만든 바스티유 성은 17세기부터 주로
정치범을 잡아 가두는 감옥 역할을 해 악명이 높았다. 그러나 성난 군중
앞에서는 잠시도 버티지 못했다. 겨우 4시간 만에 바스티유 성이 함락
됐으며, 사령관 로네 후작을 비롯한 국왕군 장병들은 학살당했다.

전투 자체는 싱거웠으나, 바스티유 성의 함락은 그 의미가 어마어마
했다. 오랫동안 구체제의 압제를 상징하던 바스티유 성이 민병대에게
점령당했다는 소문이 퍼지자 모두가 "이길 수 있다"는 희망을 품었다.
그러자 파리의 모든 시민들이 들고 일어났다. 또한 전국 각지에서 농민

봉기가 벌어지면서 프랑스는 대혼란에 빠졌다.

코너에 몰린 루이 16세는 결국 '헌법 제정의회'에 모든 권력을 넘기기로 했다. 의회는 봉건적인 신분제와 영주제의 폐지를 선언했다. 이로써 성직자, 귀족, 시민의 세 계급으로 이뤄진 프랑스의 계급 제도는 자취를 감추게 된다. 루이 16세는 또 시민들의 요구에 따라 베르사유 궁전을 떠나 파리의 튈르리 궁전으로 귀환했다. 이는 프랑스의 절대왕정이 무너지는 상징적인 사건이었다. 권력을 완전히 내려놓더라도 이쯤에서 프랑스인끼리 죽고 죽이는 참사만은 멈추자는 것이 루이 16세의 생각이었다.

브레이크가 걸리지 않은 혁명

사실 부르주아들도 이쯤에서 멈추고 싶어 했다. 그들은 성직자와 귀족의 끝없는 이기심에 분노했을 뿐, 왕정 자체를 폐지할 목적은 없었다. 그저 헌법을 만들어 봉건적인 제도를 없애 버리고, 자기들이 권력을 쥐면 만족이었다. 즉, 그들이 원한 것은 입헌 군주제와 의회 민주주의였다. 단, 의회의 의원들, 즉 시민의 대표는 자신들이어야 했다. 차라리 성직자와 귀족에게 일부 의원직을 내주는 안을 고려할망정 가난한 민중을 끼워 줄 생각은 꿈에도 없었다. 부르주아들은 자신들이 권력 획득을 위해 선동한 상퀼로트보다 오히려 루이 16세를 비롯한 상류층에게 더 동질감을 느끼고 있었다. 그들이 계몽주의 사상에 동조해 주기만 하면, 얼마든지 환영하고 우대했다.

부르주아들이 가난한 민중에게 권력을 나눠 줄 생각이 전혀 없는 것은 물론 실제로는 그들을 경멸하고 있었다는 것은 '방데미에르 13일 사건'으로 증명된다. 당시 프랑스의 권력을 장악하고 있던 총재 정부와 국민 공회는 파리에서 3만여 명의 무장한 상퀼로트가 봉기를 일으키자 나폴레옹 보나파르트에게 진압을 맡겼다. 나폴레옹은 시민군과 단 한마디의 대화도 없이 무자비하게 대포를 쏘아 갈겼다. 무장이 약한 시민군은 곧 흩어지고, 주모자들은 체포돼 처형당했다. 오히려 왕이나 귀족들보다 부르주아들이 시민들을 더 잔인하게 탄압한 것이다. 이후 총재 정부는 국민방위군 제도를 폐지해 시민들로부터 무력을 빼앗았다. 시민과 대화하기보다 대포로 강경 진압하고, 나아가 시민들의 무장을 해제해 자신들에게 더 이상 반항하지 못하게 만들려는 행태, 그것이 '자유, 평등, 박애'를 혁명의 기치로 내건 부르주아들의 참모습이었다.

이처럼 부르주아들은 적당한 수준에서 혁명을 멈추고 싶어 했다. 특히 부르주아 정치가 중 온건파인 지롱드 당은 그러고 싶은 마음이 굴뚝같았다. 하지만 이미 혁명의 맛을 본 민중들은 거기서 물러나지 않았다. 그들은 계속해서 왕정 폐지와 자신들의 정치적인 권리 향상을 요구했다. 그들은 현재의 가난하고 비참한 상황에서 벗어나고 싶어 했으며, 이를 위해 참정권을 원했다.

특히 신변의 위협을 느낀 루이 16세 부처가 오스트리아로 달아나려다가 붙잡힌 바렌 도피 사건과 프랑스의 왕정복고를 노리는 오스트리아 및 프로이센의 침공이 활활 타오르는 혁명의 불길에 기름을 끼얹었었다. 그 결과 지롱드 당이 밀려나고, 강경파인 자코뱅 당이 권력을 잡았다. 자코뱅 당의 당수인 마라Jean Paul Marat는 루이 16세를 체포했으며, 결국 1793년 1월 처형했다. "왕을 죽인다"라는 거대한 심리적 저항선을 넘어서자 자코뱅 당의 폭주는 멈출 줄을 몰랐다. 효율적인 사형을 위해 단두대를 설치한 뒤 하루도 쉬지 않고 사형을 실시했다. 수많은 왕족, 귀족, 성직자들이 단두대의 이슬로 사라졌다. 물론 그들의 재산도 모조리 몰수당했다. 단지 약간의 세금을 내는 게 아까워서 네케르의 재정 개혁에 결사적으로 반대한 대가는 처참했다. 귀족과 성직자들은 자신의 목숨과 전 재산을 그 대가로 치러야 했다.

부자들은 돈을 너무 사랑한 나머지 종종 바보 같은 선택을 저지르곤 한다. 그라쿠스 형제를 증오한 로마 귀족들과 네케르를 미워한 프랑스 성직자 및 귀족들을 덮친 운명은 똑같았다. 탐욕의 끝은 언제나 파멸로 연결되는 법이다. 그런데 단두대의 이슬로 사라진 사람들이 모두 혁명의 적은 아니었다. 그들 가운데는 프랑스 대혁명 초기 혁명에 우호적이었던 귀족들과 같은 부르주아인 지롱드 당 당원도 다수 포함돼 있었다. 이는 자코뱅 당의 공포 정치가 진짜로 혁명의 가치를 지키기 위해서가 아니라 단지 권력 투쟁에 불과했음을 증명한다.

마라에 이어 권력을 잡았던 로베스피에르Maximilien Robespierre가 '테르미도르 반동'으로 실각하면서 겨우 공포 정치는 막을 내렸다. 다만 자코뱅 당 당원들을 대거 숙청한 것은 지롱드 당도 마찬가지였다. 또 앞서 이야기했듯이 지롱드 당이 세운 총재 정부는 자국 시민들을 향해 거리낌 없이 대포를 쏘아 댔다.

이와 같이 프랑스 대혁명은 결코 자유, 평등, 박애 등 민주적인 가치를 실현하기 위해 벌어진 혁명이 아니었다. 주된 원인은 '돈', 누가 세금을 낼 것인가를 두고 벌어진 다툼이었다. 다만 일단 불이 붙은 혁명의 불꽃은 쉽게 꺼지지 않았기에 처음에는 겉포장 격이었던 수사가 점점 중심을 차지하게 됐다. 특히 한 번 승리와 자유를 맛본 프랑스의 시민들은 그 뒤 결코 압제를 용인하지 않았다. 대혁명 후에도 7월 혁명, 2월 혁명 등 여러 차례 봉기를 통해 프랑스의 정치 체제는 완전한 민주정으로 개편된다. 그뿐이 아니었다. 프랑스의 성공에 고무된 다른 나라의 시민들도 들고 일어났다. 민주주의에 대한 염원은 전 유럽으로, 이어 전 세계로 퍼져 나갔다.

아이러니컬하게도 "세금을 더 내는 건 싫다"는, 단지 경제적인 의미였던 프랑스 부르주아들의 반발이 민주정의 성립과 정치의 발전을 이끌어 낸 것이다.

4장

나폴레옹 황제를 탄생시킨
아시냐 지폐

프랑스 대혁명은 '자유, 평등, 박애'의 정신을 전 유럽에 알리고 프랑스에 민주정이 설립되는 데 큰 공헌을 했다. 다만 프랑스 대혁명으로 즉시 민주주의가 확립된 것은 아니었다. 오히려 자코뱅 당의 공포 정치, 지롱드 당의 부패한 총재 정부 등 대혼란을 거친 끝에 1804년 나폴레옹 보나파르트가 황제의 위에 올랐다. 보다 많은 사람들이 정치에 참여하는 의회 정치로 흐르는 듯하다가 1인의 절대 권력자에게 모든 권력이 집중되는 제정으로 역행한 것이다. 일이 이렇게 된 데에는 프랑스 부르주아들의 무능함, 사실상 전 유럽을 상대로 전쟁을 치르는 가운데 대두된 일원화된 리더십의 필요성, 나폴레옹의 눈부신 전공 등 여러 가지 이유가 있다.

　그중에서도 특히 중요한 부분은 나폴레옹이 프랑스의 망가진 재정을 복구하고, 무너진 경제를 회복시킨 점이었다. 당시 프랑스는 루이 16세로부터 이월된 국채와 아시냐Assignat 지폐의 남발로 인해 국고는 텅텅 비고, 경제는 대혼란에 빠진 상태였다. 사실상 멸망 직전이라고 해도 과언이 아닐 정도였다.

나폴레옹은 이 멸망의 위기에서 프랑스를 구했다. 덕분에 그는 국민적인 영웅으로 등극했으며, 폭발적인 인기를 바탕으로 지존의 자리에까지 올랐다.

허공에서 돈을 벌다

아시냐 지폐에 관해 논하기 전에 먼저 지폐란 무엇인가를 명확히 해 둘 필요가 있다. 앞서 살펴봤듯이 지폐는 '가짜 돈'이며, 이를 '진짜 돈'이라고 우기는 신용통화 시스템은 그 자체가 일종의 거대한 사기극이라 할 수 있다. 지폐는 돈에 꼭 필요한 상품 통화로서의 기능이 결여돼 있기에 매우 위험하고, 불안정하다. 그럼에도 인류가 이 방향으로 온 것은 그것 외에 다른 선택이 불가능했기 때문이다. 지구상에 금과 은의 양은 한정돼 있으며, 또한 남아프리카 공화국 등 특정 국가에 너무 쏠려 있다.

주요 화폐가 금화 및 은화에서 지폐로 이동하면서 인류는 눈부신 경제 성장을 이뤘다. 지폐는 무엇보다 제조 원가가 무척 싸다. 그냥 종이 쪽지 위에 적당한 숫자를 쓴 뒤 찍어 내면 그만이다. 어느 나라든 종이가 부족한 나라는 없다. 또한 어차피 지폐는 내재된 가치가 없으므로 거기 함유된 금과 은의 양을 따질 필요가 없다. 정부 마음대로 얼마든지 큰 숫자를 적을 수 있다. 따라서 신용통화 시스템의 정착 후 상거래가 한층 간편해졌으며, 통화량이 급격하게 불어났다.

급증한 통화량은 때때로 하이퍼인플레이션을 불러일으키기도 하지만, 이를 잘 조절하기만 하면, 경제 성장과 풍요로움으로 연결될 수 있다. 인류 역사상 가장 풍요로운 시대가 열린 데에는 분명 지폐의 역할도 컸다. 몹시 불안한 사상누각이긴 하지만 말이다.

지폐의 근본이 이러하기에 그 탄생 역시 사기극에서 비롯됐다. 근대 유럽에서 지폐가 한창 유행할 즈음, 대부분의 지폐는 정부가 아니라 각 은행이 개별적으로 발행했다. 근대에 들어서 본격적으로 대출을 실행하기 시작한 은행은 처음에는 금화로 돈을 빌려줬지만, 나중에는 지폐를 찍어서 대출자들에게 나눠 줬다. 이는 서로 편리해서였다. 무거운 금화 주머니를 들고 다니는 것은 대출자에게도 힘들고 위험한 일이었다.

또 각 은행이 자신들의 점포로 지폐를 가지고 오면, 언제든 액면가만큼의 금화로 바꿔 주겠다고 약속했기에 초기 지폐의 신용도는 꽤 높았다. 상거래에도 지폐가 심심치 않게 이용되기 시작했다. 이처럼 한동안 지폐란 오늘날과 달리 돈이 아니라 진짜 돈과 바꿔 주는 일종의 교환증으로 취급됐다. 때문에 지폐는 해당 은행이나 정부가 보유한 금화, 은화, 부동산, 국채 등 기초 자산만큼만 발행하는 것이 원칙이었다.

그런데 지폐가 유행하기 시작하자 은행가들은 못된 꾀를 냈다. 지폐로 대출을 하고, 상거래도 지폐로 이뤄지다 보니 금화는 은행 금고에서 그대로 잠자고 있었다. 금고 안에 얼마의 금화가 있는지는 오직 은행가만 안다. 즉, 은행이 실제로 보유한 금화는 1백만 프랑에 불과하면서 지폐는 120만 프랑이나 130만 프랑어치를 찍어 내도 타인은 눈치채지 못하는 것이다. 그리고 당연히 대출을 많이 할수록 은행의 이자 수익은 늘어난다. 이 점을 악용해 은행가들은 야금야금 장난질을 쳤다. 괜찮다, 채무자들이 빚만 잘 갚으면 된다. 예금자들이 한꺼번에 은행으로 몰려와 예금을 인출해 가는 뱅크런만 일어나지 않으면 된다는 생각이었다.

아시냐 지폐
1792년에 발행된 400리브르 가치의 아시냐 지폐

이렇게 사기를 치다가 들통 나서 파산한 은행, 체포당한 은행가가 여럿이었다. 그럼에도 은행은 사기의 달콤함을 잊지 못해 계속해서 같은 악행을 반복했다.

그나마 은행은 처벌당할 위험이 있기에 어느 정도 조심스럽게 움직이곤 했다. 그런데 유럽 각국의 정부가 '지폐의 묘용'에 눈을 뜨면서 사기극의 규모가 팽창했다. 증세 없이도 보유한 금화보다 더 많은 지폐를 발행하면, 재정난을 해결할 수 있었다. 지폐는 국채가 아니기에 이자까지 지불해 가며 갚을 필요도 없었다. 기초 자산보다 더 많은 지폐를 발행하는 건 사기라고 누군가 말할 수도 있지만 무슨 상관이란 말인가. 내가 왕인데, 누가 날 처벌할 것인가?

이렇듯 유럽 각국의 정부는 국채를 발행한 뒤 떼먹곤 했던 뻔뻔함을 발휘해 마구잡이로 지폐를 찍어 내 뿌렸다. 보유한 금화나 부동산의 몇십 배나 되는 지폐를 발행하거나 아예 아무런 가치도 없는 허깨비를 기초 자산으로 삼기도 했다. 아울러 법을 고쳐 각종 상거래에서 정부가 발행한 지폐만을 활용하도록 강요하기도 했다. 이는 사기, 그것도 아주 악질적인 사기였다. 정부는 시민들을 속여 그들의 손에 실질 가치가 액면가보다 훨씬 떨어지는 지폐를 쥐어 준 뒤 대신 액면가만큼의 금은을 약탈해 갔다. 무기가 아닌, 법과 지혜를 악용해 벌이는 세련된 약탈이었다.

다만 사기이기에 언제까지나 들키지 않기란 힘들다. 특히 정부가 워낙 도를 넘는 규모의 지폐를 발행하는 바람에 머지않아 사기임이 밝혀지고, 수많은 시민들이 막대한 피해를 입기도 했다. 워낙 사기극의 규모가 크기에 그 피해액과 악영향도 천문학적이었다. 그러나 책임지는 국왕은 아무도 없었다. 기껏해야 하수인 몇 명이 감옥에 갇히거나 외국으로 도주하는 수준에 그칠 뿐이었다. 그러다가 얼마 후 재정 상태가 나빠지면, 정부는 또다시 슬그머니 지폐를 발행했다. 그때마다 이번에는 정말로 기초 자산만큼만 발행한다는 거짓 약속을 덧붙였다. 이처럼 정부가 뻔뻔하기 그지없었기에 근대 유럽에 유통된 지폐 중 정부권보다 은행권이 훨씬 더 신용도가 높을 정도였다.

이 같은 정부 주도의 사기극 중 가장 규모가 크고 대표적인 사기극으로 앞서 살펴본 미시시피 버블과 아시냐 지폐가 손꼽힌다.

지폐 액면가의 3.33%로 돌려받은 토지

1789년 프랑스 대혁명이 일어나고, 바스티유 성이 함락된 후 실권은 미라보를 비롯한 부르주아들이 중심이 돼 만든 헌법 제정의회로 넘어갔다. 이후 헌법 제정의회는 봉건적인 신분제와 영주제의 폐지를 선언하는 등 개혁에 착수했다. 다만 개혁을 한다고 해서 없는 돈이 생겨나지는 않았다. 루이 16세가 미국 독립 전쟁에 참여하면서 발생한, 막대한 빚과 구멍이 뚫린 재정 문제는 권력을 잡은 부르주아들 역시 똑같이 떠안아야 했다. 가장 좋은 대책은 증세였다. 하지만 부르주아들도 성직자나 귀족들과 마찬가지로 세금을 내는 건 싫어했다. 애초에 세금이 늘어나는 게 싫은 부르주아들이 민중을 선동해 일어난 사건이 프랑스 대혁명이니 말이다. 그래서 대신 혁명에 반대하다가 사살 또는 체포된 성직자와 귀족들의 재산을 몰수해 재정에 보태기로 했다. 특히 몰수된 재산 중 토지 등 부동산이 많았는데, 부동산은 현금화가 힘들다. 따라서 부르주아들은 몰수된 부동산을 기초 자산으로 해 새로운 지폐를 발행하기로 했다. 이것이 아시냐 지폐다.

근대 유럽의 지폐는 주로 '금태환', 즉 지폐 액면가만큼의 금화와 교환해 준다는 약속이 그 가치를 지탱해 주는 기반이었다. 아시냐 지폐는 금화 대신 액면가에 해당하는 토지로 바꿔 주는 것이 차이점일 뿐, 그 방식은 다르지 않았다.

문제는 위에 서술했듯이 유럽 각국의 정부가 지폐를 발행한 이유는 처음부터 사기를 치려는 목적이었다는 점이다. 사실 금화가 있으면 그냥 금화로 물품이나 용역의 가격을 지불하지, 무엇하러 힘들게 머리를 써 가면서 지폐를 발행하겠는가? 지폐를 발행한 모든 유럽 정부는 애초에 그 액면가만큼의 금화가 없었다.

물론 훗날 전쟁의 승리, 경제 안정화 등을 통해 전쟁 배상금이나 세금으로 새로운 금화를 벌어들일 순 있다. 다만 이는 정부가 국채를 발행하면서 내놓는, "빚을 갚겠다"는 약속만큼이나 '장밋빛 환상'일 뿐이었다. 일이 정부의 기대대로 풀리지 않으면 당연히 충분한 수준의 금화를 구할 수 없고, 지폐는 휴지 조각이 된다.

아시냐 지폐도 마찬가지의 양상으로 흘러갔다. 처음에는 부르주아들도 성직자와 귀족에게서 몰수한 토지가 워낙 많아서 아시냐 지폐는 괜찮을 줄 알았다. 기초 자산만큼만 발행하면 문제가 없다는 판단이었다. 실제로 한동안은 아시냐 지폐의 발행량을 통제하면서도 쌓인 빚과 구멍 뚫린 재정 문제를 해소할 수 있었다. 물론 귀족과 성직자들이 매입한 국채는 떼먹었다. 그들은 혁명의 적이니 적에게 빚을 갚을 이유는 없지 않은가?

그러나 오스트리아와 프로이센이 왕정 복귀를 요구하면서 프랑스를 침공하고, 나중에는 유럽 전부를 적으로 돌린 '제1차 대 프랑스 동맹 전쟁'까지 발발하면서 곧 재정에 빨간불이 켜졌다. 여러 번 강조했듯이 전쟁은 돈이 엄청나게 많이 든다. 사실상 전 유럽과 싸우느라 장병 수십만 명을 새로 징집하다 보니 세출은 기하급수적으로 증가하면서 세입은 감소하는 이중 부담이 발생했다. 전쟁을 수행하는 장병들에게 지급해야 할 식량, 의복, 무기 등의 구입비도 어마어마했다.

자코뱅 당의 마라 및 로베스피에르나 그 뒤를 이은 지롱드 당의 총재 정부는 모두 급한 대로 아시냐 지폐를 마구잡이로 찍어 내 병사들의 급료와 무기 구입비 등을 지급했다. 이미 "지폐는 소유한 기초 자산만큼만 발행해야 된다"는 건전 재정의 기조는 사라지고 없었다. 궁하면 즉시 사기라는 악질적인 수단에 호소한다는 점에서는 부르주아나 국왕 및 귀족들이나 결국 마찬가지였던 것이다. "국가를 위해 내가 세금을 더 내야겠다"는 발상은 그들의 머릿속에 없었다.

당시 프랑스 정부가 아시냐 지폐를 어찌나 남발했는지 1796년 아시냐 지폐의 발행을 중지하면서 시중에 도는 지폐를 토지와 교환해 줄 때,

15솔 가치의 아시냐 지폐
아시냐 지폐는 귀족 등에게서 몰수한 토지를 기초 자산으로 삼아
발행되었다. 하지만 나중에는 너무 많이 발행되어 지폐와 토지를
교환할 때 실제로 지급한 토지는 지폐 액면가의 3.33%에 불과했다.

실제로 지급한 토지는 지폐 액면가의 겨우 3.33%에 불과했다. 무려 기
초 자산 대비 30배가 넘는 액면가의 지폐를 뿌린 것이다.

이런 상황에서 프랑스 경제가 멀쩡할 리 없었다. 지폐의 과다 발행으
로 심각한 인플레이션이 생겨났으며, 이어 "정부에 지폐 액면가만큼의
토지가 없다"는 소문이 돌자 대혼란이 벌어졌다. 더 이상 아시냐 지폐
는 어디에서도 통용되지 않았다. 상거래가 급감하고, 프랑스 경제는 얼
어붙었다. 뿐만 아니라 전국 곳곳에서 폭동이 일어났다. 수많은 시민들
이 "내 지폐를 가져가고, 대신 금화나 부동산을 내놓으라"고 요구했다.

프랑스 정부는 사실상 파산 위기로 몰렸다. 빨리 어딘가에서 금화가
유입되지 않는 한, 해결이 요원했다. 급료와 무기 등을 제공받지 못한
군대 역시 자연히 해산될 테니 프랑스는 외국 군대의 말발굽에 짓밟힐

게 뻔했다. 이처럼 1790년대 중반, 프랑스는 멸망의 위기에 처해 있었다. 7년 전 루이 16세가 삼부회를 소집하던 시기와는 비교도 되지 않을 만큼 심각한 위기였다.

이탈리아 약탈로 프랑스를 구하다

프랑스가 멸망 위기를 넘기려면, 어떻게든 아시냐 지폐 같은 가짜 돈이 아니라 진짜 돈, 즉 금화를 구해야 했다. 하지만 증세는 불가능했다. 가뜩이나 사회 혼란이 극심한 상황에서 세금을 늘렸다간 성난 시민들의 총구가 총재 정부를 노릴 게 뻔했다. 안 그래도 가난한 민중을 꼬드기는 왕당파들의 손길이 도처에 뻗어 있었다. 이미 여기저기서 반란이 빈발하는 와중에 증세는 정부의 자살 행위나 다름없었다. 이제 프랑스 정부에게 남은 방안은 해외에서 금은보화를 약탈해 오는 것뿐이었다. 그 불가능해 보이는 미션을 나폴레옹이 해낸다.

방데미에르 13일 사건에서 폭도들을 진압해 주가를 올린 나폴레옹이 이탈리아를 약탈해 재정 문제를 해결하겠다고 제안하자 총재 정부는 동아줄이라도 붙잡는 심정으로 그를 이탈리아 방면군 사령관에 임명했다. 물론 이 인사에는 얼핏 보기에 허황된 수준인 나폴레옹의 계획을 믿은 것 외에 그가 당대 최고 권력자인 바라스Paul Barras가 헤어지고 싶어 하는 애인, 조세핀Joséphine de Beauharnais과 결혼해 준 사적인 뒷거래도 작용했다. 이때 파리에서는 남자가 애인과 헤어질 때 한몫 두둑이 챙겨 주는 게 관행이었다. 그런데 나폴레옹이 조세핀과 결혼해 준 덕에 바라스는 그 돈을 아낄 수 있게 된 것이다.

오랫동안 급료와 군수품을 지급받지 못해 거지꼴이나 다름없는 군대를 이끌고 이탈리아로 침공한 나폴레옹은 총재 정부조차 기대하지 않았던 수준의 눈부신 전공을 세웠다. 당시 북부 이탈리아의 사르데냐 왕국과 밀라노 공국은 오스트리아의 지배하에 있었는데, 나폴레옹은 이들을 맞아 연전연승을 거뒀다. 그는 우선 1796년 4월 몬테노테, 데고, 몬도비 등의 전투에서 오스트리아와 사르데냐의 연합군을 격파해 사르데냐 왕국을 정복했다. 이어 같은 해 5월 로디 전투에서 볼리외가 지휘하는 오스트리아군을 무찌르고, 밀라노 시 등 롬바르디아 지방을 통째로 손에 넣었다.

이탈리아로 진격하기 시작한 지 불과 2개월 만에 거둔 대승이었다. 그리고 당연한 이야기지만, 화려한 성공 뒤에 행해진 것은 무자비한 약탈이었다. 나폴레옹은 밀라노의 정부 창고와 교회를 털고, 귀족들의 재산을 모조리 압수했다. 이 돈으로 자신의 병사들에게 밀린 급료를 지불한 뒤 남은 금액은 파리로 보냈다. 나폴레옹은 1차로만 2백만 프랑어치의 금화와 보석 외에 이탈리아 거장의 그림 80여 점을 파리로 보냈다. 이어 롬바르디아 지방의 다른 소도시들을 침략해 수백만 프랑어치의 금은보화를 털어 갔다. 중세 시절, 전 유럽에 군림하던 로마 교황청도 돈에 굶주린 프랑스의 마수를 피할 수는 없었다. 교황청은 나폴레옹의 협박에 굴복해 3,400만 프랑어치에 달하는 귀금속과 예술품을 바쳤다.

나폴레옹이 파리로 송출한 금은보화 덕에 비어 있던 국고가 가득 채워졌다. 그림 등 예술품들은 경매에 붙여 부자들에게 판매함으로써 역시 재정에 큰 보탬이 됐다. 프랑스는 멸망의 구렁텅이에서 부활한 것이다. 확충된 재정을 바탕으로 프랑스는 오스트리아와의 전쟁을 재개, 결국 제1차 대 프랑스 동맹 전쟁을 승리로 이끌었다. 특히 나폴레옹이 이

나폴레옹
앙투안 장 그로, 「아르콜의 다리에 선
나폴레옹」 1796년 작.
아시냐 지폐로 나락까지 떨어졌던 프랑스를
구해 낸 나폴레옹은 곧 국민적
영웅이 되었다.

탈리아 방면군을 이끌고 오스트리아의 수도 빈에서 120킬로미터밖에 떨어지지 않은 레오벤을 점령한 것이 결정적으로 작용했다. 겁에 질린 오스트리아 정부는 캄포 포르미오에서 나폴레옹과 강화 조약을 맺었다.

낭떠러지에서 프랑스를 구한 나폴레옹은 국민적인 영웅이 됐다. 그가 이번에는 이탈리아 원정보다 훨씬 더 터무니없는 몽상인 이집트 원정 계획을 내밀었음에도 아무도 반대하지 않았을 정도였다. 이집트 원정은 끝내 실패로 돌아갔지만, 귀국 후에도 그의 인기는 식지 않았다. 나폴레옹은 뜨거운 인기를 바탕으로 1799년 브뤼메르 쿠데타를 일으켜 총재 정부를 뒤집고, 자신을 제1통령으로 하는 통령 정부를 세웠다. 그 뒤 1804년 국민 투표를 거쳐 프랑스 제국의 황제로 선출됐다. 그가 황제가 되어 절대 권력을 손에 쥐게 된 원인 중 가장 큰 부분은 아시냐 지폐로 인해 파탄 난 프랑스 경제를 구한 공로였다.

슬픈 일이지만 '자유, 평등, 박애'의 기치를 내건 프랑스 시민들은 금은보화를 얻어 멸망의 위기에서 벗어난 것을 기뻐했을 뿐, 무자비한 약탈로 도탄에 빠진 이탈리아인들에 대해서는 관심을 두지 않았다. 일제 강점기 때 조선을 약탈해 배를 채우면서도 조선인의 고통에는 눈을 감은 일본인들과 마찬가지였다.

이처럼 외국을 약탈해 국내의 재정난 및 경제난을 해결한다는 나폴레옹의 방식도 결국에는 한계에 부딪히기 마련이다. 유럽 각국의 시민들은 메뚜기 떼처럼 모든 것을 약탈해 가는 프랑스군을 증오했다. 그들은 자신들의 왕에게 프랑스와 싸워 원수를 갚자고 거듭 청원했다. 이로 인해 '군략의 천재' 나폴레옹이 이기고, 또 이겨도 전쟁은 끝날 줄을 몰랐다. 나폴레옹은 제7차 대 프랑스 동맹 전쟁의 워털루 전투에서 패배함으로써 완전히 몰락한다.

5장

자국의 침략군을 지원한
영국 베어링스 은행

만약 우리나라의 어떤 은행이 외국 기업에 돈을 빌려줬는데, 그 돈이 무기나 부동산 매매 대금 등으로 북한 정부에게 흘러 들어갔다면 어떻게 될까? 특히 그 자금이 핵과 미사일 개발에 전용됐다면? 아마 당장 그 은행의 대출 실무자를 비롯해 담당 임원, 은행장 등이 국가보안법 위반으로 체포될 것이다. 북한 정부로 지급될 돈이란 걸 알고 대출을 실행했다면, 외환유치죄나 여적죄가 추가될 수도 있다. 설령 북한 정부에 흘러 가리라는 걸, 또한 핵과 미사일 개발에 사용되리란 걸 몰랐다 해도 강력한 제재와 사회적인 지탄을 피할 수 없으리라. 우리나라는 여전히 북한과 휴전 중이며, 북한의 핵과 미사일은 우리 안보에 거대한 위협이기 때문이다. 따라서 직접적이든, 간접적이든 이에 자금을 지원하는 행위는 용납될 수 없다.

그런데 휴전도 아니고 실제로 전쟁 중인 적국에게 흘러 들어갈 돈이라는 걸 알면서도 대출을 해 준 은행이 있다. 게다가 그 돈은 바로 그 은행의 조국을 침공하기 위한 군대 육성에 쓰였다. 은행장이 당장 처형당

해도 이상하지 않을 만큼 어마어마한 반역 행위가 벌어진 것이다. 도저히 믿기 힘들지만, 실제로 있었던 일이다. 이는 19세기 초 나폴레옹 전쟁 당시 영국 베어링스 은행의 이야기다.

영원한 앙숙, 프랑스와 영국

1801년 2월의 루네빌 조약과 1802년 3월의 아미앵 조약으로 '제2차 대 프랑스 동맹 전쟁'이 끝을 맺었다. 전쟁은 실질적으로 프랑스의 승리였다. 나폴레옹이 마렝고 전투에서, 모로가 호헨린덴 전투에서 거둔 대승이 결정적인 역할을 했다. 특히 제2차 대 프랑스 동맹 전쟁 종료에서 특기할 만한 점은 프랑스가 오스트리아, 프로이센, 러시아 등 육지로 연결된 국가들뿐 아니라 바다 건너 영국과도 강화 조약을 체결했다는 점이다.

제1차 대 프랑스 동맹 전쟁이 끝났을 때는 프랑스와 유럽 여러 나라들이 화평하는 가운데서도 영국만은 끝끝내 강화를 외면했다. 이집트에서 아부키르 해전을 벌이는 등 프랑스와 영국은 1차 및 2차 전쟁 사이 기간에도 치열하게 싸웠다.

첫 번째 원인은 두 나라가 그만큼 앙숙이어서였다. 영국은 오랫동안 유럽 대륙에 패권자가 등장하지 못하게 만드는 외교 정책을 썼다. 과거 로마 제국처럼 대륙에 패권자가 생기면, 즉시 영국을 침공할 거라 우려한 탓이었다.

비스마르크Otto von Bismarck의 철혈 정책을 통해 독일이 유럽 최강국으로 발돋움하기 전까지 1천여 년 동안 유럽에서 가장 강력한 국가는 프랑스였다. 따라서 영국은 오스트리아, 프로이센 등 프랑스의 적국들을 지속적으로 후원했으며, 직접 무기를 들고 참전한 적도 여러 번이었다. 자연히 프랑스와 영국은 원수가 될 수밖에 없었다. 특히 당시 프랑스의 최고 권력자였던 나폴레옹은 영국을 몹시 혐오했다. 그가 멀리 이집트까지 원정을 나간 것도 이집트와 중근동을 장악한 뒤 재차 동쪽으로 진격해서 영국의 식민지 중 최대의 부가 창출되는 인도를 공략하기 위해서였다.

두 번째 원인은 영국이 섬나라이며, 두 나라가 도버 해협으로 갈라져 있었기 때문이다. 당시 프랑스 육군은 영국 육군보다 훨씬 규모가 크고 강력했지만, 해군력은 영국의 로열 네이비Royal Navy에 전혀 미치지 못했다. 즉, 우수한 해군을 앞세워 바다만 장악하면, 프랑스는 영국을 침공할 수 없었다. 실제로 프랑스 대혁명과 나폴레옹 전쟁 시기를 통틀어 프랑스군은 영국 본토에 한 걸음도 내딛지 못했다.

덕분에 영국은 마음 놓고 전쟁을 지속할 수 있었다. 특히 영국의 해군 제독 넬슨Horatio Nelson이 아부키르 해전에서 프랑스 해군 전함 수십 척을 침몰시킨 대승은 제2차 대 프랑스 동맹 전쟁으로 연결됐다. 제1차 대 프랑스 동맹 전쟁을 끝낸 영웅 나폴레옹을 이집트에 가둬 버림으로써 다른 유럽 국가들도 용기를 내 일어난 것이다. 그런데 제2차 대 프랑스 동맹 전쟁이 막바지에 이르자 영국의 애딩턴Henry Addington 수상이 먼저 나폴레옹에게 화평을 요청했다. 이유는 돈 때문이었다. 전쟁을 수행하려면 돈이 많이 드는데, 특히 해군은 육군보다 훨씬 많은 비용이 소요된다. 전쟁 기간 내내 영국 해군을 두려워한 프랑스 해군이 항구 내에 정박해 있기만 했는데도 영국 정부는 어마어마한 전비로 휘청거리고 있었다.

프랑스의 항구를 봉쇄하기 위해 배를 띄워 놓는 것만으로도 막대한 세출이 발생한 탓이었다. 싸우든, 싸우지 않든 장병들에게는 계속해서 급료를 지불하고, 보급품을 지원해야 한다. 나무로 만든 배가 바다 위에 오래 떠 있으면, 당연히 여기저기 상하게 되므로 일정 기간마다 자국 항구로 불러 수리도 해야 한다. 따라서 돈이 끝없이 새어 나갈 수밖에 없었다.

프랑스와의 전쟁이 10년 가까이 계속되면서 세계 제일의 부국인 대영제국조차도 더 이상 재정 악화를 견디기 힘든 지경에 이르렀다. 처음 전쟁이 시작됐던 1793년 영국 정부의 부채는 2억 3천만 파운드였으나, 1802년에는 5억 7백만 파운드까지 기하급수적으로 늘어났다.

국고에 금이 없어서 1797년 2월, "당분간 파운드화 지폐를 금화로 바꿔 주지 않는다"는 금태환 정지 선언까지 내놓을 정도였다. 이 시기 지폐는 돈이 아니라 일종의 교환증이었다. 지폐의 가치는 오직 액면가만큼의 금화와 바꿔 준다는 믿음 때문에 성립했다. 따라서 영국 정부의 금태환 정지 선언은 파운드화 지폐의 가치를 급전직하시켰다. 심각한 인플레이션이 일어나고, 영국 경제는 큰 상처를 입었다. 자연히 영국의 재정은 점점 더 나빠져 갔다. 결국 영국 정부는 재정 부담을 견디다 못해 강화를 택했지만 두 나라 간의 원한이 그리 쉽게 사라질 리 없었다.

특히 나폴레옹은 영국과 화평하자마자 "흑인 노예 반란을 진압하겠다"며 카리브 해의 생도밍그 섬에 전함 35척과 2만여 병력을 파견해 영국의 심기를 건드렸다. 프랑스 왕 루이 14세가 개척한 생도밍그는 당시 '하얀 황금'이라고 불릴 정도로 수익성이 높은 설탕이 대량 생산되는, 부유한 섬이었기 때문이다. 전성기에는 생도밍그에서 생산되는 설탕이 유럽 전체 소비량의 40%를, 커피는 60%를 각각 차지할 정도였다.

따라서 영국은 이곳을 차지할 기회만을 잔뜩 노리고 있었다. 당연한 이야기지만, 프랑스도 이 '알짜 식민지'를 포기할 생각이 전혀 없었다. 역시 모든 전쟁은 돈 때문에 일어나기 마련이다.

프랑스 대혁명의 파도는 바다 건너 생도밍그 섬에까지 영향을 끼쳐 1791년 흑인 노예들의 반란이 일어났다. 그간 백인 농장주들의 압제에 신음하던 그들의 분노는 어마어마했다. 생도밍그 인구의 95%가 흑인, 물라토 등 유색인이었기에 겨우 5%에 불과한 백인들로서는 감당할 방법이 없었다. 이들은 자메이카로 도망쳐서 그곳에 주둔 중인 영국군에게 구원을 청했다. 프랑스 정부에 요청하지 않은 것은 생도밍그에서 프랑스 본국이 너무 먼 데다 당시는 대혁명의 혼란기라 별로 기대할 만한 부분이 없어서였다.

이제나저제나 저 노다지를 손에 넣을 명분만 기다리던 영국군은 기뻐하면서 생도밍그로 몰려갔다. 하자만 생도밍그의 흑인 반란군을 일방적으로 밀어붙이던 것도 잠시, 군 내에 말라리아가 유행하면서 영국군의 진격은 좌절됐다. 주로 열대 지방에서 발생하는 전염병인 말라리아는 그 시대에는 정말 무서운 병이었다. 백신도, 치료제도 없던 시절이었기에 수천의 영국군 장병이 픽픽 쓰러져 고열에 신음하다 죽어 갔다.

결국 영국군은 후퇴했으며, 권력 공백이 발생한 생도밍그는 흑인 반란군의 수장 투생 루베르튀르Toussaint Louverture가 지배하게 됐다. 늘 돈이 모자라 고민하던 나폴레옹도 생도밍그의 설탕과 커피를 탐냈기에 영국과 강화 조약을 체결해 여유가 생기자마자 즉시 대군을 파견했다.

한 번 후퇴했다고는 하나, 아직 생도밍그를 포기하지 않은 영국에게 나폴레옹의 이런 행위는 무척 불쾌한 짓이었다. 여기에 더해 나폴레옹이 북부 이탈리아의 치살피나 공화국까지 프랑스와 강제 합병시키자 영국 정부의 분노는 폭발했다. 마침내 1803년 5월, 영국 정부는 프랑스에 선전포고를 했다. 곧이어 아직 전쟁이 시작된 걸 모르던 프랑스 상선 2척을 나포했다. 나폴레옹도 격분했다. 그는 프랑스 국내에 머물던 영국인 관광객 1,800여 명을 모두 체포해 감옥에 가뒀다. 양국은 평화를 약속한 지 불과 1년여 만에 전쟁을 재개했다.

여담이지만, 나폴레옹의 생도밍그 반란 진압 시도는 영국의 심기만 건드린 채 후일 실패로 돌아간다. 말라리아가 영국군만 덮치고, 프랑스군은 피해 갈 이유는 없었다. 사령관 르클레르까지 말라리아에 걸려 사망하면서 결국 프랑스군은 1803년 생도밍그에서 철수했다.

그 뒤 생도밍그의 흑인들은 이 섬에 아이티와 도미니카, 두 나라를 세웠다. 이 사건은 세계 최초로 성공한 흑인 노예 반란으로 역사에 남게 된다.

돈이 급했던 나폴레옹의 선택

서로 선전포고를 했으니 싸워야 하는데, 프랑스와 영국은 도버 해협으로 갈라져 있으니 싸울 방법이 별로 없었다. 영국이 얼마 되지도 않는 육군을 프랑스에 상륙시켜 봤자 금방 몰살당할 게 뻔했다. 반면 프랑스는 영국에 군대를 보낼 수단이 아예 없었다. 마치 현대의 대한민국과 일본처럼 모순적인 상황에 처한 양국이었다. 하지만 나폴레옹은 포기를 몰랐다. 그는 도버 해협에 위치한 영국 해군을 아메리카 대륙으로 유인한 뒤 그 틈에 재빨리 대군을 영국으로 실어 나른다는 일견 대담한, 실제로는 무모하기 짝이 없는 계획을 세웠다. 이어 불로뉴 항구에 영국 침

루이지애나 매입 조약 원문

공군 20만 명을 집결시키고, 철저하게 훈련시켰다.

여기서 탄생한 군대가 바로 그 유명한 나폴레옹의 '그랑 다르메(대육군)'다. 정예의 그랑 다르메는 비록 영국 땅에 발을 디딘 적은 없었지만, 이후 아우스터리츠 전투, 예나-아우어슈테트 전투 등 유럽 각지의 전투에서 맹활약한다.

문제는 언제나 그렇듯 돈이었다. 20만 명이라는 대군을 먹이고 입히면서 훈련시키려면 어마어마한 비용이 소요된다. 세계 최고의 부국인 영국조차 전비 부담으로 휘청거리던 시기에 영국보다 훨씬 가난한 프랑스에 그만한 돈이 있을 리 없었다. 특히 그때의 프랑스는 아시냐 지폐의 악몽에서 간신히 벗어나 겨우 경제가 회복되던 시기였다.

시민의 지지를 등에 업고, 국민 투표로 황제에 선출된 나폴레옹에게 증세는 선택 가능한 수단이 아니었다. 효과도 미미할뿐더러 반란만 유발시킬 수 있었다. 대신 나폴레옹은 루이지애나를 매각해 국고를 확충하기로 했다. 당시의 루이지애나는 미국 중부 대부분을 차지하는 광활한 땅이었다. 이 땅은 본래 스페인 소유였으나, 산일데폰소 조약을 통해 프랑스에게 넘겨졌다. 다만 그 시기는 아직 미국 동부만 개발된 시기라 중부의 루이지애나는 넓기만 할 뿐 쓸모없는 황무지였다. 앞서 살펴봤듯이 이런 황무지를 가지고 존 로가 루이지애나와의 무역 독점권을 가진 미시시피 주식회사를 설립한 뒤 장밋빛 환상을 뿌리며 주식을 팔았지만, 머지않아 사기극임이 드러났다. 역시 루이지애나에는 돈이 될 만한 거리가 없었다. 이후 프랑스와 미국 모두 루이지애나에 대한 흥미를 보이지 않았다.

그런데 루이지애나의 동남쪽 끝부분에 뉴올리언스가 위치해 있다. 미시시피강 하구의 뉴올리언스는 미국의 내부 물류에 굉장히 중요한 통로였다. 이를 눈치챈 나폴레옹이 뉴올리언스에서 미국 배들의 무관세 선적권을 제한하는 등 압박해 오자 미국 정부는 비상이 걸렸다.

미국 대통령 토머스 제퍼슨Thomas Jefferson은 고민 끝에 아예 프랑스로부터 뉴올리언스를 매입하기로 결정했다. 이 땅이 외국 소유인 이상 언제든 비슷한 일이 발생할 수 있으므로 미국 땅으로 만들어 문제의 뿌리를 없애 버리려는 생각이었다. 제퍼슨은 나폴레옹에게 뉴올리언스 매각을 타진했지만, 나폴레옹이 순순히 그 땅을 팔리라고는 기대하지 않았다. 그래서 불응 시 영국과 동맹을 맺겠다면서 나폴레옹을 협박하는 안도 검토했다.

하지만 나폴레옹이 꺼낸 역제안을 들은 제퍼슨은 깜짝 놀랐다. 뉴올리언스뿐 아니라 아예 루이지애나 전체의 매입을 제안했던 것이다. 가격도 땅 넓이에 비해 헐값이나 다름없는 미화 1,500만 달러, 프랑스 화폐로 환산하면 6천만 프랑으로 책정했다. 나폴레옹은 가뜩이나 그랑다르메의 육성 비용 때문에 골치를 썩이던 차에 미국에서 뉴올리언스 매각 제안이 들어오자 이참에 루이지애나 전부를 팔아 버리기로 결심한 것이었다.

사실 너무 멀어서 관리하기도 힘든 황무지를 억지로 유지하는 것은 그다지 매력적이지 않았다. 이 기회에 당장 필요한 돈을 받아 낸 뒤 깔

끔하게 아메리카에서는 손을 떼는 것이 오히려 부담을 감소시켜 국가 재정에 도움이 되었다. 나아가 루이지애나 매각 대금으로 그랑 다르메를 육성해 영국을 치면, 훨씬 더 큰 부를 손에 넣을 수 있었다. 이것이 나폴레옹의 판단이었다.

제퍼슨은 한동안 고민했으나, 결국 영토가 배로 불어나는 매력에 끌려 나폴레옹의 제안을 수락했다. 양국은 1803년 말 루이지애나 매매 계약을 체결했다. 다만 아무리 헐값이라 해도 1,500만 달러를 금화로 일시에 지급하기에는 너무 부담스러웠다. 그 가운데 375만 달러는 프랑스 정부가 미국인에게 진 빚을 미국 정부가 떠안는 형식으로 해결하기로 했지만, 여전히 1,200만 달러 가까운 현금을 마련해야 했다. 무엇보다 아직 가난한 나라였던 미국의 국고에는 그만한 액수의 금화가 없었다.

베어링스 은행, 미국에 대출하다

미국 정부는 다양한 안을 검토한 끝에 그 돈을 영국의 베어링스 은행에서 빌리기로 했다. 영국과 프랑스는 이미 1803년 초부터 전쟁 중이었다. 불로뉴의 병영에서는 프랑스의 영국 침공군이 한창 훈련 중이었다. 루이지애나 매입 대금을 미국 정부에게 빌려주면, 당연히 그 돈은 프랑스로 흘러간다. 이어 영국 침략 자금으로 전용될 게 뻔했다. 이처럼 반역 행위란 것이 뻔한 상황에서도 베어링스 은행은 아무렇지도 않게 대출을 실행했다. 그들은 이자 수익에만 흥미를 둘 뿐, 조국에 대한 위협에는 무관심했다. 특히 베어링스 은행의 고위층은 "프랑스군에게 날개가 없는 이상 그들이 도버 해협을 건너 쳐들어올 수 있을 리 없다"고 생

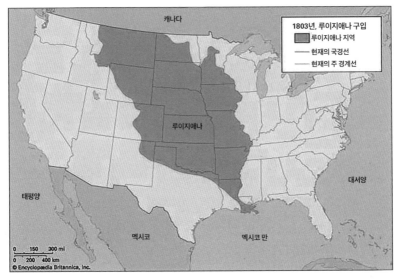

루이지애나

지도에서 보듯 미국은 나폴레옹으로부터 헐값으로 루이지애나를 매입해서 영토를 크게 늘렸다.
이 매각 대금은 곧바로 프랑스의 육군을 육성하는 데 사용되었다. 당시 영국을 침공하려 했던
프랑스의 나폴레옹을 이롭게 한 이러한 매각 과정에서 영국의 베어링스 은행은
적극적으로 개입해 나폴레옹을 도왔으나 아무런 처벌도 받지 않았다.

각했다.

막대한 양의 금화를 손에 넣은 나폴레옹은 그 돈으로 그랑 다르메를 철저하게 훈련시켜 최정예 군단으로 키워 냈다. 물론 그 군대가 영국으로 진격한 것은 아니었기에 베어링스 은행의 추측은 맞았다. 그렇다고 그들의 행위가 용납될 수 있는 수준은 아니었다.

프랑스 해군 제독 빌뇌브Pierre Villeneuve는 넬슨이 이끄는 영국 해군을 너무 두려워한 탓에 이리저리 피하느라 제시간에 불로뉴 항구에 도착하지 못했다. 아니 불로뉴 근처로는 가지도 않고, 스페인의 카디스 항구로 도망쳐 들어갔다. 결국 추격해 온 넬슨에 의해 프랑스 해군은 트라팔가 해전에서 전멸당했다.

다만 빌뇌브가 용감한 제독이었더라도 영국 침공이 실현되지는 못했을 것이다. 그만큼 나폴레옹의 계획 자체가 실현 가능성이 없는, 무모한 계획이었다. 도버 해협에서 잠깐 로열 네이비가 사라진 틈에 그랑 다르메를 영국 본토에 상륙시킨다 해도 그 후의 보급은 어떻게 한단 말인가? 해상 보급이 막히면, 아무리 용맹한 장병들이라 해도 힘을 쓸 수가 없다.

아이러니컬하게도 빌뇌브가 겁쟁이였던 것이 도리어 나폴레옹에게 긍정적으로 작용했다. 그 뒤 동쪽으로 진격한 그랑 다르메는 아우스터리츠 전투에서 오스트리아-러시아 연합군을 격파하고 제3차 대 프랑스 동맹 전쟁을 승리로 이끌었다.

그런데 반역 행위를 저지른 베어링스 은행은 어떤 처벌을 받았을까? 놀랍게도 아무런 벌을 받지 않았다. 오히려 베어링스 은행은 루이지애나 매입 대금을 대출해 준 건을 자신들이 '국제 신용도가 높고 유서 깊은 은행'이란 것을 증명하는 용도로 오랫동안 자랑스럽게 내밀었다. 실로 뻔뻔하기 그지없는 행위였다.

이런 철면피가 가능했던 배경에는 '순수 자본주의'와 영국의 문맹률이 있었다. 당시 영국은 순수 자본주의가 맹위를 떨치던 시기였다. 베어링스 은행은 "우리는 미국 정부에 돈을 빌려줬을 뿐이다. 미국 정부가 그 돈을 어디에 쓰는지는 우리가 상관할 수 없는 일"이라는 순수 자본주의적 논리를 전면에 내세워 방어했다. 동시에 뒤로는 정치가들에게 후원금과 뇌물을 찔러 줘 사건을 무마했다.

영국 시민들이 이런 사실을 알았다면, 여론의 분노가 일어 영국 정부도 베어링스 은행을 처벌할 수밖에 없었을지도 모른다. 하지만 안타깝게도 그런 일은 벌어지지 않았다. 이때 영국의 문맹률은 90%가 넘었다.

즉, 어떤 정의감 넘치는 신문이 정치가와 자본가의 협잡질을 고발한다해도 대다수의 시민들은 알 도리가 없었다. 성숙한 민주주의 사회를 만들려면, 시민들이 항상 깨어 있어야 한다는 점을 증명하는 좋은 예라 할 수 있다.

첨언하자면, 베어링스 은행은 영화 「겜블Rogue Trader」에 나온, 닉 리슨 Nick Leeson의 무모한 투기 때문에 파산한 바로 그 은행이다. 닉 리슨은 1989년 베어링스 은행에 입사해 런던 본점에 잠시 근무한 뒤 1992년 싱가폴 현지법인으로 파견됐다. 리슨은 특히 파생상품 니케이225 지수 선물의 거래를 맡았다. 이 시기 일본 증시의 니케이225 지수 선물은 오사카 거래소와 싱가폴 거래소에 동시 상장돼 있었다. 다만 두 거래소 사이에 시차가 있어 한쪽의 가격 변동이 다른 쪽에 반영되기까지 다소 시간이 걸렸다. 그 차이를 이용해 수익을 남기는 것이 리슨의 임무였다.

안정적으로만 투자한다면, 아주 쉬운 임무였다. 그러나 젊고 야심만만한 닉 리슨은 그 정도에 만족할 수 없었다. 그는 오사카 거래소와의 협업을 무시하고, 자기 멋대로 위험한 투자를 반복했다. 이어 손실은 깡통 계좌에 숨기고, 이익만 상사에게 보고했다. 덕분에 리슨은 베어링스 은행에서 최대 실적을 낸 직원으로까지 떠올랐다. 베어링스 은행 상층부는 리슨을 크게 칭찬하고, 고액의 보너스를 지급했다.

하지만 꼬리가 길면 잡힌다고 했던가. 리슨이 깡통 계좌에 숨긴 손해액은 갈수록 커져서 1995년에 접어들자 도저히 감당하기 힘들 지경이 됐다. 리슨은 마지막 도박을 걸었다. 그는 은행 안에서 자신의 평가가 높은 것을 악용, 여기저기서 돈을 끌어모은 뒤 쇼트 스트래들Short Straddle 상품에 거액을 투자했다.

니케이225 지수가 1만 9천에서 2만 1천 포인트 사이에 머물기만 하면, 큰 수익을 남길 수 있도록 설계된 상품이었다. 그러나 하필 1995년 1월 17일, 고베 대지진이 발생해 니케이225 지수는 폭락했다. 리슨은 어마어마한 돈을 날렸다. 이제는 무슨 짓을 써도 리슨의 불법 행위를 숨길 수가 없었다. 문서까지 위조해 봤지만, 수상한 냄새만 더 강하게 풍겼을 뿐이다. 그해 2월 베어링스 은행의 자체 감사에서 리슨의 범죄 행각이 들통났다.

다만 리슨의 사기 규모가 너무 커서 한 명의 징계로 끝날 상황이 아니었다. 리슨 때문에 발생한 손해액은 무려 14억 달러로 베어링스 은행의 자본금보다 더 컸다. 결국 베어링스 은행은 파산했으며, 네덜란드 ING 그룹에 단돈 1파운드에 매각됐다. 미국 정부의 루이지애나 매입 대금을 대출해 준 은행은 이렇게 역사 속으로 사라졌다.

6장

선진국 중앙은행은
왜 민간은행으로 출발했을까?

어느 나라든 중앙은행은 매우 중대한 기관이다. 현대로 접어들어 신용 통화 시스템이 정립되면서 더 이상 민간은행이 멋대로 지폐를 발행하는 것은 금지됐다. 한 국가의 통화 발행은 오직 그 나라의 중앙은행만이 가능하다. 특히 중앙은행은 기준금리 조절이나 양적완화를 통해 그 나라의 통화량을 조정한다. 통화량이 경제에서 얼마나 중요하고, 또한 얼마나 지대한 영향을 끼치는지를 감안할 때, 이는 매우 막강한 권력이라 할 수 있다.

따라서 상식적으로 중앙은행은 당연히 공공 기관이어야 한다. 이렇게 중요한 권력을 민간인에게 맡겼다간 당장 권력의 사유화 논란을 불러일으킬 것이다. 자칫 해당 중앙은행의 총재가 자신이나 자신의 가문을 위해 금융 권력을 쓸 경우 국가와 사회에 큰 혼란을 초래할 수도 있다. 이를 방지하기 위해서는 중앙은행을 공공 기관으로 설정해 국민의 투표로 선출한 정부의 감시와 통제를 받도록 하는 것이 효과적이다. 따라서 세계 각국의 중앙은행은 대부분 공공 기관이다. 우리나라의 중앙은행인 한국은행도 마찬가지다.

그런데 미국의 중앙은행인 연방준비제도는 공공 기관이 아니라 민간은행이다. 미국뿐 아니라 영국, 프랑스 등 주요 선진국들의 중앙은행은 모두 민간은행으로 출발했다. 후일 영국의 중앙은행인 영란은행과 프랑스의 중앙은행인 방크 드 프랑스는 국유화되었으나, 연방준비제도만은 아직도 민간은행인 채 그 전통을 이어 가고 있다.

어떻게 그 중요한 중앙은행을 공공 기관이 아니라 민간은행으로 설립할 수 있었을까? 현대의 상식으로는 몹시 이해하기 힘든 일이다. 국가 주도의 통제 경제에 익숙한 한국인의 입장에서는 더더욱 이해가 안 간다. 어이없는 일이지만, 이는 당시 유럽 각국의 정부 신뢰도가 그만큼 형편없어서였다. 하도 사기를 거듭해서 치다 보니 나중에는 사람들이 정부가 "콩으로 메주를 쑨다"고 해도 믿지 않았다. 오히려 민간 자본의 신용이 훨씬 더 높았다. 이런 이유로 영국과 프랑스 등은 어쩔 수 없이 중앙은행을 민간은행으로 설립할 수밖에 없었다.

재정난을 해결하는 최후의 보루, 중앙은행

재정난에 처했을 때, 동양의 여러 정부는 곧장 증세로 치닫는 바람에 자주 민란을 유발시켰다. 굶어 죽으나 싸우다 죽으나 마찬가지라면, 곳간에 남은 마지막 쌀 한 톨까지 털어 가는 권력자들의 악독한 행위를 참을 이유는 없었다. 맹자도 「방벌론放伐論」에서 "군왕의 자격을 갖추지 못한 자는 이미 군왕이 아니라 필부에 불과하므로 그를 권좌에서 몰아내는 것은 하늘의 뜻"이라며 민란의 근거를 제공했다. 물론 조선 시대의 양

반들은 그토록 '공자 왈 맹자 왈' 하면서도 '방벌론'만은 한사코 민중이 모르게 숨겼지만 말이다.

특히 중국에서 발생한 농민 반란의 규모는 참으로 어마어마해서 정권이 종종 뒤집어지곤 했다. 한나라를 개국한 유방과 명나라를 만든 주원장은 모두 농민 반란군 출신 황제였다. 또 명나라는 청나라가 아니라 이자성의 농민 반란군에게 멸망당했다. 반면 서양은 동양보다 훨씬 가혹한 농노제를 1천 년 이상 유지했는데도 동양과 달리 농민 반란이 자주 일어나지 않았다. 그나마 발생한 민란의 규모도 꽤 작아서 중국의 농민 반란과는 비교도 되지 않았다. 미천한 농민 출신이 반란을 통해 왕이나 황제 자리까지 올라간 경우는 눈을 씻고 찾아봐도 없다. 주된 이유는 서양의 여러 정부들이 반발이 큰 증세를 최대한 뒤로 미루되 국채, 지폐 등 다른 정책으로 재정난을 해결했기 때문이다. 증세와 달리 국채나 지폐 발행은 당장 내 돈을 뺏기는 게 아니기에 민중의 반발이 약했다.

다만 한 번 빚을 떼먹고 나면, 그 후부터는 국채 발행이 어려워진다. 지폐는 애초부터 사기극이라 여러 차례 반복되면, 결국 아무도 정부가 발행하는 지폐를 믿지 않게 된다. 이 경우 정부는 어떻게 해야 할까? 국채도 지폐도 불가능해졌으니 이제 재정을 재건하기 위해 세금을 늘릴까? 그런데 증세를 선택하는 순간, 당장 반란이 불길처럼 일어날 게 뻔히 보이는 상황이라면? 유럽 각국의 위정자들은 고심 끝에 이런 위기에서도 써먹을 수 있는 묘수를 생각해 내는 데 성공한다. 그것이 바로 '중앙은행'이었다.

중앙은행을 만들어 정부에 대한 최종 대부자 역할을 수행하게 한다. 오직 중앙은행만이 국채를 매입할 수 있도록 제한하되 그 국채를 기초 자산으로 삼아 지폐를 발행할 수 있는 권한까지 인정한다. 그리고 중앙은행 외 다른 은행에서의 지폐 발행을 금지하고, 정부도 오직 중앙은행을 통해서만 지폐를 찍어 내겠다고 약속한다.

유럽 각국은 대략 이런 얼개로 중앙은행을 만들었다. 이 과정에서 정부가 직접 만들면 사람들이 믿으려 하지 않았기에 민간 자본을 모집해 중앙은행의 운용을 맡겼다. 이처럼 중앙은행은 원래 국가의 화폐 발행과 통화량을 관장한다는 거창한 목적으로 만들어진 것이 아니라 재정난 해소의 목적으로 설립됐다. 이 때문에 초기에는 권력도 별로 크지 않아서 각국 정부는 별 고민 없이 중앙은행을 민간은행으로 만들었던 것이다.

당시 권력자들에게 중요한 것은 공공 기관이니, 민간은행이니가 아니라 중앙은행이 발행한 지폐를 사람들이 믿고 써 주는 것이었다. 그래야 막다른 골목으로 몰린 재정을 재건할 수 있으니 말이다.

이제부터 영란은행과 방크 드 프랑스의 탄생사를 통해 주요 선진국 중앙은행의 성립과 그 발전 과정을 짚어 보자.

중앙은행의 시초, 영란은행

17세기 후반, 영국 정부는 심각한 재정난으로 태풍 속의 조각배처럼 흔들리고 있었다. 흔한 일이지만, 그때도 영국은 프랑스와 전쟁 중이었는데, 1690년에 벌어진 비치헤드 해전에서 프랑스에게 대패했다. 비치헤드 해전에서 75척의 프랑스 함대는 단 한 척의 전함도 잃지 않고, 56척의 영국-네덜란드 연합 함대를 완파했다. 연합 함대 가운데 11척의 전함이 침몰하거나 적에게 나포당했다. 다행히 역습을 두려워한 프랑스 해군 총사령관 투르빌Tourville 백작이 적극적으로 추격하지 않은 덕에 영국 함대는 간신히 전멸을 면할 수 있었다.

보통 프랑스 해군은 영국의 로열 네이비에게 일방적으로 당하는, 허접한 군대처럼 인식되곤 하는데, 이는 전형적인 '일반화의 오류'다. 나폴레옹 전쟁 당시 프랑스 해군이 영국 해군에게 아부키르 해전과 트라팔가 해전에서 워낙 처참하게 깨졌기에 이런 잘못된 인식이 생겨난 것이다. 사실 두 해전에서 프랑스군의 패배 원인은 물론 넬슨이 우수한 명장인 점도 있지만, 그보다는 자코뱅 당의 책임이 절대적으로 컸다. 프랑스 대혁명 당시 권력을 잡은 자코뱅 당은 강경파여서 귀족이 악마와 동의어라도 되는 듯 닥치는 대로 처형했다. 왕정 시대의 군대가 대개 그렇듯 프랑스 육군과 해군 장교는 대부분 귀족이었는데, 이들도 수없이 단두대로 끌려가 목이 잘렸다.

무엇보다 해군 장교는 육군 장교보다 육성 과정이 훨씬 길고 복잡했다. 이런 그들이 대거 숙청당하면서 그들의 지식과 경험도 함께 날아갔으니 프랑스 해군의 전투력이 급전직하할 수밖에 없었다. 사실 자코뱅 당의 대숙청 이전의 프랑스 해군은 영국 해군에게도 별로 밀리지 않을 만큼 강했다. 특히 프랑스는 조선 기술이 우수했다. 나폴레옹 전쟁 시기 영국 해군의 전함 중 가장 항행성이 좋은 전함들은 놀랍게도 영국 조선소에서 만든 것이 아니라 프랑스 해군과의 싸움에서 나포해 온 배였다. 미국 독립 전쟁에서도 프랑스 해군이 영국 해군을 대파한 체서피크만 해전이 전쟁의 승패를 결정지었다.

다만 전 세계 바다를 지배하는 영국 해군이 비치헤드 해전처럼 크게 패하는 경우는 아무래도 드물었다. 패전 후 영국 정부는 비상이 걸렸다. 자칫 도버 해협의 제해권을 잃어 대규모 프랑스군이 상륙하기라도 하면, 육군이 약한 영국으로서는 감당해 내기 힘들었다. 영국 왕 윌리엄 3세Willem III는 즉시 해군의 재건에 착수했다.

문제는 전함을 새로 건조하려면 막대한 예산이 필요한데, 수년간의 전쟁을 지탱하느라 영국의 국고에는 거미줄만 쳐진 상태였다. 윌리엄 3세는 어쩔 수 없이 돈을 빌리기로 했다. 영국 정부는 연 10% 금리의 국채 1백만 파운드어치를 발행했다. 그런데 정작 팔린 액수는 10만 8천 파운드에 불과했다. 이 정도로 국채 판매가 부진한 데에는 우선 비치헤드 해전의 패배 등 프랑스와의 전쟁이 불리하게 진행되고 있다는 점이 컸다. 영국 국민들은 전쟁에 대한 전망과 함께 빚을 갚을 전망도 어둡게 보았다.

전쟁에서 승리하면, 상대국으로부터 전쟁 배상금을 받아 빚을 갚을 수 있다. 그러나 패배할 경우 거꾸로 배상금을 물어내야 한다. 즉, 국채를 상환할 돈이 있을 리 없다. 이럴 때, 제일 좋은 방법은 고대 로마 시절부터 유행한 방법대로 귀족과 부자에게 국채를 강제로 할당하는 것이다. 그러나 하필 윌리엄 3세는 네덜란드 출신이라 영국 내의 기반 및 세력이 약했기에 국채를 억지로 떠안길 만한 힘이 없었다. 그를 위해 기꺼이 국채를 사 줄 충성스러운 부하도 별로 없었다.

마찬가지의 이유로 증세를 택하기도 힘들었다. 가뜩이나 영국 국민들은 네덜란드 출신의 왕에게 시큰둥했다. 프랑스와의 전쟁도 하필 윌리엄 3세가 왕위에 오른 때문이라고 대부분 믿었다. 이런 상황에서 전비 마련을 위해 세금을 늘린다는 선포가 나오면, 성난 국민들은 전쟁의 원인, 즉 윌리엄 3세를 제거하려고 들 위험이 높았다.

몸이 단 영국 정부는 국채의 이자율을 14%까지 올렸다. 당시 영국 국채의 이자율이 보통 3~5% 수준이었던 것을 감안하면, 굉장한 고금리

윌리엄 3세

비치헤드 해전에서 재해권을 잃은 영국의
윌리엄 3세는 재빨리 해군을 재건해야 했다.
문제는 돈이었다. 윌리엄 3세는
국채 이자율을 올렸지만 그럼에도
돈이 모이질 않자 마지막으로 패터슨의
제안을 받아들여 중앙은행을 설립해
자금을 모으기로 결정한다.

였다. 그럼에도 국채는 팔리지 않았다. 윌리엄 3세는 고민 끝에 스코틀랜드의 자본가인 패터슨의 제안을 받아들여 중앙은행을 설립했다. 1694년, 패터슨은 영국 정부에 120만 파운드를 빌려주는 대신 중앙은행인 영란은행의 설립을 허가받았다. 나아가 영란은행에 대해 1. 정부에 대출을 해 주는 독점권 2. 정부의 모든 대출을 관장할 권리 3. 영란은행이 파산하더라도 그 채무는 출자금 이하가 되도록 하는 유한책임제 4. 국채를 기초 자산으로 해 지폐를 발행할 수 있는 독점권 등 여러 특권을 얻어 냈다.

특히 여기서 지폐를 찍어 낼 수 있는 특권이 가장 중요했다. 영란은행이 발행한 지폐는 국채라는 담보가 꽤 든든했기에 사람들의 신뢰를 얻었는데, 이는 영국 정부와 패터슨 등 영란은행에 투자한 자본가들에게 모두 큰 도움이 됐다. 이를 통해 영국 정부는 전비를 마련함과 동시에 신용도 높은 지폐의 유통으로 경제까지 활성화되는 효과를 누렸다. 자연히 재정 건전성도 점차 회복되었다.

패터슨 등은 정부에 빌려준 돈의 이자를 수취하면서 국채를 기초 자산으로 해 마음껏 지폐를 발행했다. 그들은 슬그머니 국채 규모를 능가하는 수준의 지폐를 발행하거나 지폐를 빌려준 뒤 금화로 이자를 받는 등 영악한 수법으로 막대한 이익을 남겼다.

이러한 영란은행의 시스템은 후일 세계 각국이 중앙은행을 설립할 때, 우선적으로 참고하는 사례가 된다.

방크 드 프랑스로 전비를 모집한 나폴레옹

방크 드 프랑스는 나폴레옹이 제2차 대 프랑스 동맹 전쟁의 자금을 마련하기 위해 1800년 설립했다. 그는 직전 해인 1799년 브뤼메르 쿠데타를 일으켜 막 프랑스의 정권을 탈취한 참이었다. 나폴레옹은 총재 정부를 없애고 통령 정부를 만들었으며, 스스로 제1통령에 취임했다. 당시 프랑스도 17세기 후반의 영국과 마찬가지로 국고는 텅텅 비어 있는 데다 국채 매각 역시 어려웠다. 증세는 아예 검토 대상조차 될 수 없었다. 쿠데타를 통해 성립된 정부가 시작부터 세금을 늘리는 것은 정치적인 자살행위나 다름없다. 지폐 발행도 힘든 상황이었다. 무려 액면가의 33배나 발행된 아시냐 지폐의 악몽 이후 프랑스인들의 지폐에 대한 신용도는 바닥까지 내려간 상태였다. 그럼에도 나폴레옹은 애타게 돈이 필요했다. 제2차 대 프랑스 동맹 전쟁은 이미 진행 중이었다. 프랑스를 위해서나, 막 세워진 통령 정부를 안정화시켜 자신의 권력을 공고히 하기 위해서나 나폴레옹에게는 멋진 승리가 절실했다.

뉴욕 연방준비은행
미국 연방준비제도 설립
당시 12개의 연방준비은행
가운데에서 유일하게
지폐 발행을 전담했던 뉴욕
연방준비은행의 모습

　전투에서 이기려면 군대가 필요하고, 군대를 육성하려면 돈이 필요하다. 그리고 허공에서 돈을 만들어 내려면, 역시 지폐만 한 것이 없었다. 나폴레옹은 영란은행의 사례를 참고해 중앙은행을 설립하기로 했다. 그는 급했다. 쿠데타를 일으킨 지 불과 2개월여 만인 1800년 1월에 벌써 프랑스의 중앙은행, 방크 드 프랑스의 설립을 선포했다.

　정부의 신뢰도가 바닥이던 시절이므로 방크 드 프랑스의 자본금 3천만 프랑은 전액 민간에서 모집했다. 자본금이 모이자 프랑스 정부는 방크 드 프랑스에 국채를 쥐어 준 뒤 3천만 프랑을 빌려가 당장 필요한 군자금으로 활용했다. 이어 방크 드 프랑스는 그 국채를 기초 자산으로 삼아 지폐를 발행했다. 국채가 담보이므로 시민들도 이 지폐는 믿었다. 아무것도 없던 국고에 갑자기 6천만 프랑의 현금이 생기는 요술이 발휘된 것이었다. 이렇듯 중앙은행은 권력자들에게 매우 유용한 제도였다.

　방크 드 프랑스는 이와 같이 영란은행의 시스템을 거의 그대로 가져왔다. 특기할 만한 점은 나폴레옹 본인이 출자자 중 한 명이었으며, 아직 출자금이 다 모이지 않은 그해 2월에 벌써 지폐를 발행하기 시작했

워싱턴 D.C.에 위치한
연방준비제도 본부

다는 점이다. 만약 그때까지 나폴레옹이 출자를 하지 않은 상태였다면, 그는 투자 없이 돈을 버는 재주를 피운 것이다. 사실 나폴레옹은 이집트 원정 당시 2백만 프랑의 공금을 횡령하는 등 별로 청렴한 정치가는 아니었다.

어쨌든 방크 드 프랑스의 설립은 성공적이었다. 나폴레옹은 여기서 마련한 전비를 활용, 1800년 6월의 마렝고 전투에서 오스트리아군을 크게 격파했다. 이어 호헨린덴 전투에서도 프랑스가 대승을 거두면서 제2차 대 프랑스 동맹 전쟁은 프랑스의 승리로 막을 내렸다.

한편 미국의 중앙은행인 연방준비제도는 1913년에 만들어졌다. 연방준비제도는 미국 전역을 12개의 연방준비구로 나누어 각 지구마다 연방준비은행을 설치했다. 각 연방준비은행이 자신의 지역 내에서 어음 재할인, 지급 준비금 보관, 공개 시장 조작 등의 역할을 수행했다. 다만 지폐 발행은 뉴욕 연방준비은행이 전담했다.

당시 미국은 영국이나 프랑스처럼 재정이 어렵지도, 정부의 신뢰도가 낮지도 않았다. 사실 미국이 중앙은행을 설립한 것은 급전이 필요해서가 아니라 은행가들의 탐욕 때문에 금융공황이 거듭해서 일어나다 보니 이를 예방하기 위해서였다. 즉, 연방준비제도는 민간은행으로 만들어질 이유가 전혀 없었다. 그럼에도 민간은행으로 설립됐다. 물론 미국은 본래 영국인들이 건너가 만든 나라라 제도도 영국을 본뜬 것이 많았지만, 그 이상으로 큰 이유는 금융 권력을 쥐고 있는 유대인들이 민간은행 쪽을 선호해서였다. 공공 기관이 되면 운신의 폭이 좁아지기에 자본가들이 중앙은행에서 얻을 수 있는 이익도 감소한다.

이는 12개 연방준비은행 중 오직 뉴욕 연방준비은행에만 지폐를 발행할 수 있는 특권을 인정한 점만 봐도 명백하다. 미국을 비롯해 세계 금융의 중심지인 월가는 뉴욕에 있다. 그리고 그때나 지금이나 월가는 유대인들이 지배하고 있다.

영란은행과 방크 드 프랑스가 1946년 국유화됐음에도 연방준비제도는 아직까지 민간은행으로 남아 있다. 또한 재닛 옐런, 폴 볼커, 앨런 그린스펀, 벤 버냉키 등 제롬 파월 현 의장 전까지 40년간 연방준비제도 의장직을 유대인이 독점했다.

여담이지만, 중앙은행이 정부에 대한 최종 대부자로 기능하는 시스템, 본래 중앙은행이 발행하는 지폐에 대한 신뢰도를 높이기 위해 설정한 체계가 훗날 매우 중대한 역할을 하게 된다. 지폐가 단지 금화와 바꿀 수 있는 교환증이 아니라 하나의 통화로 기능하는 신용통화 시스템이 정착된 후 중앙은행이 최종 대부자 역할을 한다는 것은 곧 정부가 재정난에 처할 때마다 중앙은행이 발권력을 동원해 정부를 지원할 수 있다는 뜻이 되었다. 덕분에 정부의 파산 위험이 급감하게 되었다.

4부
왜 우리는 여전히
풍요와 거품을 꿈꾸는가

1장

'대공황'이 대공황으로
발전한 이유는?

1929년 10월 24일, 갑자기 미국 주식시장에 '팔자' 주문이 몰리면서 뉴욕 증시의 다우존스30 산업 평균 지수가 폭락하기 시작했다. 이날 하루 동안에만 1,290만 주가 매도돼 종전의 기록(4백만 주)을 크게 상회했다. 주가는 하루만에 20% 이상 폭락했다. 눈앞에서 한순간에 자기 재산이 휴지 조각으로 변하는 광경을 목격한 투자자들은 망연자실했다. 절망한 나머지 11명의 투자자가 자살했다. 이 사건을 흔히 '검은 목요일'이라고 부른다.

대형 은행 등 월가의 자본가들은 몇몇 주식을 시세보다 훨씬 높은 가격에 사들이면서 혼란을 막아 보려 했다. 하지만 이는 작은 방패 하나로 비처럼 쏟아지는 화살을 막아 보려는 수준의, 의미 없는 몸부림에 불과했다. 다우지수가 약간 회복되자 "이때를 놓치지 말고 팔아야 한다"는 심리가 형성됐다. 닷새 후인 10월 29일에 1,640만 주가 팔리면서 역대 매도 기록을 다시 한 번 경신했다.

당시 미국은 이미 세계 제일의 경제 대국이자 세계 경제에 거대한 영향을 끼치는 국가였다. 미국에서 발생한 주가 폭락 및 거대한 불황의 파도는 미국을 넘어 전 세계로 퍼져 나가기 시작했다. 이 사건이 현대 경제사 최대의 사건, '대공황'이다.

대공황이 미친 파장과 상처는 어마어마했다. 특히 제1차 세계대전이 끝난 뒤 불어닥친 장밋빛 호황을 한창 만끽하던 중 갑자기 낭떠러지로 굴러떨어진 것이라 충격이 더 컸다. 정부도, 재계도, 노동계도 대공황의 해법을 찾지 못한 채 이리저리 헤매기만 했다. 그나마 본토만으로도 거대한 내수 시장을 자랑하는 미국이나 식민지가 많은 영국, 프랑스 등은 견딜 만했다. 그들은 강제적으로 수입을 금지해 국내 산업을 보호했다.

반면 이들보다 내수 시장이 작은 편인 독일, 일본 등은 훨씬 더 견디기 힘든 타격을 입었다. 도무지 출구가 보이지 않는 불황의 안개 속에서 사람들은 절망했다. 두 나라에서는 "대외 침략을 통해서라도 경제 공황을 해결해야 한다"는 극단적인 사상이 유행하기 시작했으며, 이는 제2차 세계대전으로 연결됐다.

경제사 쪽으로는 미국에서 대공황을 극복하기 위한 방안으로 뉴딜 정책이 제시되면서 거시경제학 발전의 토대가 되었다. 이를 통해 순수 자본주의의 시대가 막을 내리고, 수정자본주의가 등장하게 된다. 특히 정부가 재정을 적극적으로 투입해 경제 활성화를 끌어내는 뉴딜 정책은 높은 관심을 모았다. 오늘날에도 국가 경제가 위기에 처할 때마다 적극적인 재정 투입과 유동성 확대가 주요 대책으로 쓰이고 있다. 이처럼 대공황의 파장과 영향이 워낙 거대했기에 이에 대해 연구하는 경제학자들이 매우 많다. 벤 버냉키 전 미국 연방준비제도 의장도 대공황에 대해 깊이 연구한 학자였다.

끔찍한 불행과 거대한 변화를 낳은 대공황은 어째서 발생했을까? 일반적으로는 자본가들의 지나친 탐욕, 과잉 생산, 소득 불평등, 소비 부진, 증권시장의 거품 등이 꼽힌다. 그러나 이런 요인들은 1929년의 주가 폭락을 설명해 줄 수는 있어도 그 후의 거듭되는 주식시장 붕괴, 끝없이 곤두박질치는 경기, 기업의 연쇄 부도까지 설명해 주지는 못한다. 사실 '대공황'이 대공황으로 발전한 주원인은 정부의 잘못된 정책이었다. 특히 완전히 틀린 전망을 토대로 한 섣부른 출구 전략이 파멸을 불렀다.

잘못된 믿음, 주식 불패 신화

"우리 생애에 주가 하락은 없을 것이다. 지금 주식시장은 더없이 좋다. 현재의 기업 펀더멘털Fundamental에 비해 주가는 오히려 낮은 수준이다." 오늘날 증권사 애널리스트가 이런 말을 입에 담으면, 아마 즉시 거센 비판을 받을 것이다. "주가가 그리 끝없이 오를 리 없다"는 합리적인 비판은 물론이고, "주가가 떨어지면 네가 책임질 거냐?"는 비아냥과 책임 추궁까지 나올 수 있다. 그런데 위의 문장은 실제로 누군가가 한 말이다. 그것도 '거시경제학의 아버지'로 불리며, 뉴딜 정책의 이론적 토대를 제공한 것으로 유명한 존 메이너드 케인스John Maynard Keynes가 한 말이다. 게다가 놀랍게도 케인스가 이 발언을 입에 담은 시기는 대공황의 시발점인 검은 목요일 사건이 일어나기 불과 한 달여 전이었다.

  결과를 아는 우리 눈으로 볼 때는 정말 어리석은 발언으로 여겨진다. 하지만 케인스는 바보가 아니었다. 그가 비록 예언자는 되지 못할지언정 우수하고 건실한 경제학자였다. 케인스는 단지 그 시기 미국인들에게 상식으로 통하는 이야기를 한 것뿐이었다.

1920년대 초중반, 미국을 비롯한 전 세계는 공전의 호황에 휩싸여 있었다. 제1차 세계대전이 끝나면서 그간 억눌려 있던 소비가 확 살아났다. 국제 무역도 활발해지면서 경제가 크게 활성화됐다. 전후 복구 사업 역시 건설업 수요 증대에 큰 몫을 했다. 그야말로 기업의 실적은 나날이 증대되고, 주가는 계속 올랐다. 사방에 물자가 넘쳐흘러서 인류는 풍요로움과 사치스러움을 만끽했다. 이때의 호황이 얼마나 대단했는지 당시 기준으로는 세계의 변방에 불과하던 일본, 그리고 그 일본의 식민지인 조선에서도 생업을 접고, 붓을 드는 사람들이 속출할 정도였다. 질 낮은 작품이더라도 소설과 시를 써내기만 하면, 불티나게 팔렸기 때문이다.

자연히 잉여 자금도 잔뜩 생겼다. 인간은 누구나 여유 자금이 생기면, 투자를 고려하기 마련이다. 당시 미국인들이 가장 좋은 투자 상품으로 점찍은 것은 주식이었다. 주가가 연일 사상 최고가를 경신하면서 하늘 높은 줄 모르고 치솟아 오르니 투자 대상으로는 실로 적격이었다.

주식으로 떼돈을 번 사람까지 여럿 등장했다. 이런 현상이 10년 가까이 계속되자 미국인들 사이에는 하나의 믿음이 생겨나기 시작했다. "주가는 영원히 오른다"는 일종의 '주식 불패 신화'였다. 우리나라의 '부동산 불패 신화'와 비슷한 개념이라고 볼 수 있다.

실제로도 주가의 상승세는 멈출 줄을 몰랐다. 검은 목요일 사건이 발생하기 불과 한 달여 전인 1929년 9월 3일 다우지수는 역대 최고치인 381.17을 찍었다. 즉, 케인스는 결코 어이없는 소리를 입에 담은 게 아니었다. 당시 기준으로는 지극히 상식적이고 합리적인 예상이었다. 도리어 "대붕괴가 머지 않았다"고 전망한 오스트리아학파 경제학자 루트비히 폰 미제스Ludwig von Mises가 별종 취급을 받았다.

뱅크런
대공황 초기 뱅크런이
일어난 뉴욕의 아메리칸
유니언 은행 앞

　그러나 사실 리스크는 그전부터 쌓이고 있었다. 1922년을 기준(100)으로 할 때 1926년과 1927년의 산업 생산은 133을, 1928년에는 140을 찍었다. 심지어 1929년에는 153까지 부풀어 올랐다. 이것만 보면 기업이 대호황을 맞아 열심히 상품을 생산해 내고 있는 것 같다. 하지만 지속적인 증가세를 시현하는 산업 생산과 달리 소비자물가지수는 1926년 104에서 1927년 98로 급락했다. 1928년과 1929년에도 각각 99 및 98에 불과했다. 호황기에는 인플레이션이 일어나므로 당연히 물가가 올라야 한다. 그런데 왜 반대로 물가가 떨어졌을까? 이는 저소득이 부른 소비 부진이 컸다.

　당시 미국 기업들은 큰 이익을 내고 있었으나, 이는 노동자의 지나친 저임금에 기댄 바가 컸다. 저임금에 시달리는 노동자들은 돈이 없으니 소비를 하지 못한다. 물건이 팔리질 않으니 기업들은 재고 처분을 위해 바겐세일에 나선다. 이에 따라 물가가 내려가는 현상이 발생한 것이다.

　사실 이쯤에서 미국 기업과 정부는 위험 신호를 감지했어야 했다. 그러나 글로벌 금융 위기 당시와 마찬가지로 그들은 바로 옆에서 지반이 무너지고 있는데도 이를 눈치채지 못했다. 미국 기업들은 상품 판매가 부진한 상황에서도 생산을 줄이려 하지 않았다. 오히려 라인을 더 증설하면서 생산량을 늘렸다. 상품이 팔리지 않는다는 사실이 밝혀지면, 주가가 떨어지기 때문이었다. 그들은 주가를 떠받치기 위해 안간힘을 썼다.

이리하여 과잉 생산된 상품이 쌓여 갔다. 창고가 모자라서 바다에 각종 상품을 마구 집어 던질 정도였다. 뿐만 아니라 기업 경영진들은 늘 그렇듯이 회사가 어렵다는 이유로 구조조정을 시행하고, 노동자들의 임금을 깎았다. 자연히 소비 부진은 더 극심해졌다.

미국 정부는 대출을 권장하고, 통화량을 늘림으로써 소비를 유지하려 했다. 그러나 2000년대 초반 우리나라에서 발생한 카드 버블과 마찬가지로 빚으로 떠받치는 소비는 그리 오래가지 못한다. 언제나 그렇지만, 저소득층의 소득을 향상시키는 것이야말로 소비 개선에 가장 좋은 방법이다.

주식 불패 신화를 믿던 투자자들도 무언가 이상하다는 것을 감지하기 시작했다. 기업의 주가는 매우 높은데, 매출액과 영업이익은 그에 못 미치고 있었다. 슬금슬금 발을 빼는 사람들이 생겨났다. 결국 불안감이 전염병처럼 퍼져 나갔고 마침내 파국이 닥쳤다.

섣부른 출구 전략이 부른 참사

대공황이 초래한 피해는 참담했다. 1929년만 해도 3.2%에 머물던 실업률이 1930년에 8.9%로 뛰었다. 이어 1931년 16.3%, 1932년 24.1%로 끝없이 치솟았다. 1935년까지 20% 대 실업률이 유지됐다.

수많은 기업과 은행이 도산하고, 거리는 실업자들로 메워졌다. 돈을 내지 못해 전기, 수도 등이 끊긴 집이 수두룩했다. 노숙자들까지 급증했다. 무수한 사람들이 헐벗고 굶주렸다. 이런 상황에서 소비 증진은 언감생심이었다. 1930년 91로 내려간 소비자물가지수는 매년 급락세를 시현했다. 1931년 80에 이어 1932년에는 73까지 굴러떨어졌다. 물건 값을 반으로 내려도 실업자들은 그걸 살 능력이 없었다. 이에 따라 기업의 실적은 더 나빠졌으며, 파산한 회사와 직장을 잃은 사람들이 점점 더 늘어났다.

프랭클린 루스벨트Franklin Roosevelt 대통령이 뉴딜 정책을 시행하고, 1936년부터 실업률이 17%로 떨어지고 나서야 미국 경제에 겨우 숨통이 트이기 시작했다. 이후 1939년 제2차 세계대전이 발발하면서 군수산업의 폭발적인 성장 덕에 미국은 대공황의 그림자를 완전히 떨쳐낸다.

갑갑한 부분은 사실 이토록 끔찍한 결과가 도래하는 것을 애초에 막을 수 있었다는 점이다. 훨씬 더 적은 피해를 입는 정도로 해결할 수 있

보너빌 댐
뉴딜 정책의 일환으로
공공사업진흥국(WPA)이
건설 중인 보너빌 댐.
보너빌 댐은 미국 서부
오리건 주와 워싱턴 주의
경계인 컬럼비아강에 있다.
1938년 준공되었으며
높이 60미터, 길이
380미터이다.

무료 급식소
대공황 당시 운영되었던
무료 급식소에서 길게
늘어선 행렬

었던 사건이 대형 참사로 번진 까닭은 미국 정부의 지나친 낙관과 이로 인해 섣불리 추진된 출구 전략 때문이었다.

　우선 미국 정부, 미국 중앙은행 연방준비제도, 증시 전문가 등은 검은 목요일 이후에도 주식 불패 신화를 버리지 못했다. 『화폐 착각』의 저자로 유명한 경제학자 어빙 피셔Irving Fisher는 검은 목요일로부터 겨우 한 달밖에 지나지 않은 1929년 10월, "몇 달 뒤면, 주식시장이 오늘보다 훨씬 더 상승해 있을 것"이라고 주장했다. 허버트 후버Herbert Hoover 대통령은 1929년 말에 "미국 경제의 펀더멘털은 튼튼하다"며 주가 폭락이 일시적인 현상에 그칠 것이라고 장담했다. 그는 1930년 상반기에도 "경기 침체는 이미 끝났다"고 강조했다.

　하버드 경제연구소는 "1930년 3분기부터 경기가 대폭 개선될 것"이라고 내다봤다. 주가가 더 크게 하락한 1930년 말에도 "불황의 터널이 곧 끝날 것"이라며 낙관적인 전망을 이어 갔다. 그들이 '에코 버블Echo Bubble'에 취한 탓이었다. 에코 버블이란 큰 거품이 꺼진 뒤 소형 거품이 재차 형성됐다가 다시 무너지는 양상이 메아리처럼 반복되는 것을 뜻한다. 에코 버블의 원인으로는 흔히 재고 효과, 정부의 기업 지원 및 유동성 공급 등이 꼽힌다.

우선 불황이 닥쳤을 때, 기업은 생산량을 줄임과 동시에 창고 대방출을 실시한다. 이를 통해 짧은 기간 내에 쌓인 재고가 대폭 감소하는 재고 효과가 발생한다. 또 세제 지원 등 정부의 각종 기업 지원책이 실시되면 기업의 실적이 다소 나아진다. 중앙은행의 기준금리 인하 등 적극적인 유동성 공급도 기업의 현금 유동성에 숨을 틔워 준다. 그러나 근본적인 해결, 소비 활성화가 이뤄지기 전에는 경기가 장기적으로 나아지지 않는다. 결국 에코 버블이 꺼지면, 더 큰 주가 폭락이 일어나는 것이다.

대공황 당시에도 마찬가지였다. 1929년 말 다우지수는 198.69까지 내려갔다. 역대 최고점인 381.17로부터 47.9% 폭락한 수치였다. 하지만 이때부터 다우지수가 반등했다. 주가는 매우 빠르게 회복돼 1930년 상반기에 294.07까지 뛰었다. 저점 대비 48%나 상승한 것이다. 이처럼 전문가들이 아무 근거 없이 "경기 침체는 끝났다"고 외친 것은 아니었다. 피셔는 처가 돈까지 끌어다가 주식에 투자했다. 그러나 진정한 소비 여력의 회복, 즉 저소득층의 소득 증가가 뒷받침되지 않는 에코 버블은 후일 더 큰 폭락을 부를 뿐이다. 진짜 바닥은 결코 198.69가 아니었다. 그럼에도 현재의 반등이 에코 버블임을 깨닫지 못한 미국 정부와 연방준비제도는 경기 부양책을 접었다. 정부는 기업 지원을 줄이고, 연방준비제도는 기준금리를 올렸다.

정부와 중앙은행은 언제나 지나친 통화량을 경계한다. 통화량이 과도하게 늘어날 경우 자칫 하이퍼인플레이션으로 연결돼 국가 경제 전부를 망가뜨릴 수 있기 때문이다. 그래서 경제가 살아났다는 판단이 들자 미국 정부는 즉시 출구 전략에 돌입했던 것이다. 하지만 미국 정부나 하버드 경제연구소의 분석과 달리 그 시기 미국 경제의 펀더멘털은 이미 크게 취약해진 상태였다. 무엇보다 노동자들의 소비 여력이 없었다. 그런 상황에서 경기 부양책을 중단하자 1930년 미국의 광의통화M2는 전년 대비 1.38% 줄었다. 국가의 통화량을 재는 단위로는 본원통화, 협의통화M1, 광의통화M2, 광의유동성M3 등이 있다. 한국에서는 M3 대신 금융기관 유동성Lf과 광의유동성L이 쓰이고 있다. 이 중 한 국가의 통화량을 계측할 때, 주로 광의통화M2가 쓰인다. 특히 통화량은 매년 늘어나야 한다. 사실 통화량 증가율이 축소되기만 해도 심각한 불황으로 연결되곤 한다. 즉, 통화량 자체가 감소해 버리면, 그로 인한 타격은 어마어마하다. 당시의 통화량 감소는 궤멸적인 결과를 불러왔다. 시중에서 돈이 사라진 것이다. 지갑이 바닥난 사람들은 물건을 살 수 없었다. 기업 실적은 곤두박질치고, 다우지수는 붕괴됐다.

1932년 7월 8일, 다우지수는 41.22까지 굴러떨어졌다. 다우지수가 집계되기 시작한 1896년 이래 최저점이었다. 최고점 대비로는 89.2%, 잠시 에코 버블이 도래했던 시기의 294.07과 비교해도 86%나 폭락한 수치였다. 피셔를 비롯해 수많은 투자자들이 파산하거나 파산에 가까운 손실을 입었다. 미국 경제는 처참하게 망가졌다. 이후 다우지수가 대공황 이전 수준을 회복하기까지는 물경 20여 년의 세월이 소요된다.

대공황의 결과는 끔찍했지만, 그래도 한 가지 교훈을 남겼다. 그것은 불황에서 완전히 벗어났다는 사실이 증명되기 전까지는 함부로 출구 전략을 구사해서는 안 된다는 점이다. 미국 정부와 연방준비제도는 비록 2008년 글로벌 금융 위기를 예방하는 데는 실패했으나, 그 후의 대처는 현명했다. 그들은 즉시 대대적인 기업 지원책을 실시하고, 어마어마한 규모의 공적자금과 유동성을 풀었다. 연방준비제도는 기준금리를 제로금리 수준으로 내렸으며, 그러고도 모자라 무려 1조 2,500억 달러어치의 주택저당증권을 매입하는 양적 완화를 실시했다. 이를 통해 빠른 속도로 시장에 유동성이 공급되면서 미국 경제에 숨통이 트였다.

　지금도 제롬 파월 연방준비제도 의장은 온갖 경제 지표를 꼼꼼히 따지면서 신중하게 출구 전략을 구사하는 중이다.

2장

냉전의 승부를 가른
미국의 장기 호황과 한국 전쟁

제2차 세계대전 후 세계 곳곳에서 초강대국 미국과 소련이 승부를 겨루는 냉전의 장이 펼쳐진다. 세계는 미국을 중심으로 한 자본주의 진영과 소련을 중심으로 한 공산주의 진영으로 나뉘어 수십 년간 치열하게 경쟁했다. 두 진영 중 어디에도 속하지 않은 중립국들도 다수 있었으나, 그들은 세력이 미약해 세계 역사의 흐름에는 거의 영향을 미치지 못했다. 물론 미국과 소련이 직접 맞싸운 적은 없었지만, 남한, 북한, 중국, 이스라엘, 이집트, 시리아, 요르단, 이란, 이라크 등 세계 곳곳에서 이들의 대리전이 벌어졌다. 베트남전에는 미국이 직접 참전하기도 했다. 또한 경쟁적으로 핵무기를 개발해서 인류는 현재 지구를 수십 번 멸망시킬 수 있는 수준의 핵무기를 지니게 되었다.

미국과 소련, 자본주의 진영과 공산주의 진영의 냉전은 모두가 알다시피 자본주의 진영의 승리로 끝났다. 승리의 원인은 전쟁이 아니라 경제력이었다. 전쟁 없이도 공산주의 진영을 무릎 꿇게 만들 만큼, 뿐만 아니라 스스로 자본주의를 배우게 만들 정도로 두 진영의 경제력 격차는 어마어마했다. 그만큼 제2차 세계대전 후 자본주의 진영의 경제 발전은 눈부셨다. 이 같은 가파른 성장의 주 배경에는 미국의 장기 호황과 한국 전쟁이 있었다.

20여 년의 장기 호황을 누리다

대개 큰 전쟁이 끝난 후에는 경제 호황이 찾아오기 마련이다. 조금 잔인하게 들릴 수도 있지만, 제일 큰 이유는 사람이, 특히 청년들이 많이 죽기 때문이다. 정부 및 기업의 일자리 수요에 비해 청년의 수가 크게 부족하기 때문에 젊은이들은 어렵지 않게 대부분 취업할 수 있다. 뿐만 아니라 사람을 못 구해 안달이 난 기업들이 임금을 올리기 때문에 청년을 비롯해 근로자 대부분의 임금이 상승한다. 자연히 저소득층의 소득이 증가해 사회 전체적으로 소비가 활성화된다.

현재 우리나라는 실질 청년 실업률이 25%에 달할 정도로 지독한 청년 실업에 시달리고 있다. 소득 양극화 문제도 심각하다. 정부는 일자리 창출을 최우선 과제로 상정하고 노력하는 중이다. 또 최저임금 인상 등 소득 양극화도 줄이려 애쓰고 있다. 그러나 고심과 노력에 비해 좀처럼 효과가 나지 않는 모습이다. 만약 청년 등 구직자 수가 지금의 절반 이하로 급감한다면 어떻게 될까? 그러면 모든 문제가 마법처럼 해결된다. 단지 실업만이 아니라 소득 양극화 문제 및 이로 인한 소비 부진까지 단숨에 풀린다. 기업은 구직자 수가 넘쳐흐를 때는 결코 임금을 올리지 않는다. 구직자 수가 부족해야 다급하게 임금을 인상하고, 여러 혜택을 제시한다. 씁쓸한 일이지만, 이게 현실이다.

텍사스 유전
미국의 서부는 일본과 태평양 전쟁을
치르면서 군수품 생산 기지 등으로
개발되어 오늘날에 이르게 되었다.
특히 텍사스 등지에서 유전이 발견되면서
더욱 발전했다.

더불어 전후 재건 사업이 활발하게 전개되면서 사회간접자본 수요가
급등한다. 전쟁 기간 동안 억눌렸던 소비욕, 특히 사치품, 문화 콘텐츠
등에 대한 브레이크가 풀리면서 소비 진작 효과가 발생한다. 따라서 제
1차 세계대전 종전 후와 마찬가지로 제2차 세계대전이 끝난 뒤에도 전
세계에 장밋빛 호황의 파도가 넘실거렸다. 차이점은 제1차 세계대전
이후에는 약 10년 만에 호황이 끝나고, 대공황이 닥친 것과 달리 제2차
세계대전 후의 호황은 20년 이상 지속됐다는 점이다. 특히 1950년대 초
반부터 1960년대 후반까지 미국 경제는 실로 화려한 성장세를 구가했
다. 당시 미국의 연 평균 국내총생산 성장률은 무려 4.5%에 달했다.

현재 우리나라는 경제성장률이 연 2~3%에 머물러 저성장률로 신음
하고 있다. 그런데 우리나라의 경제 규모는 세계 11위 정도로 세계 1위
인 미국과는 천지 차이다. 미국은 1950~1960년대에도 지금과 마찬가
지로 세계 1위의 경제 대국이었다. 압도적인 경제 규모를 자랑하는 나

라가 연 4~5%씩 성장한다는 것은 실로 경이적인 성장률이다. 덕분에 당시 미국은 매우 풍요로웠다. 일자리는 충분하고, 물산은 풍부했다. 실업률은 5% 미만으로 떨어졌으며, 장래에 대한 불안이 옅어져 소비도 촉진됐다. 이에 따라 기업 실적은 뛰어오르고, 경제는 활성화됐다. 빠른 성장세에도 불구하고 물가상승률은 3% 이하로 조절된 점 역시 장기 호황을 지탱했다.

이 시기 미국에서 특기할 만한 점은 서부 개발과 기술 발달이었다. 미국은 전통적으로 대서양 연안의 동부 지역에 인구가 몰려 있었다. 골드러시 후에도 여전히 태평양 연안의 서부 지역은 인구 밀도가 매우 낮았는데, 제2차 세계대전 도중 캘리포니아, 텍사스 등지에 대규모 군수 공장이 건설되면서 본격적인 서부 개발의 신호탄이 올랐다.

일본과의 태평양 전쟁에 쓰일 군수품을 생산하기 위해 만들어진 서부 지역의 공장들은 전후에도 민수 공장으로 전환돼 가동을 계속했다. 언제나 공장 주변에는 주택, 학교, 마트, 은행 등이 들어서고, 지역 경제가 활성화되기 마련이다. 여기에 텍사스 등지에서 유전까지 발견되면서 서부는 나날이 발전했다.

1940년부터 1960년 사이 로스앤젤레스의 인구는 50% 이상 급증했다. 그 기간 중 미국 내 새로운 사업의 10% 이상이 로스앤젤레스에서 시작됐다. 오늘날 로스앤젤레스와 샌프란시스코 등이 위치한 캘리포니아주는 미국에서 가장 부유한 주로 유명하다.

돈이 넘쳐흘렀기에 연구 개발에 대한 투자도 활발하게 이뤄져 기술의 발달이 매우 빨랐다. 특히 당시 과학, 의학, 기술 등이 세계 최고로 발달했던 독일의 과학자, 의사, 기술자 등을 대거 미국으로 끌어온 덕을 톡톡히 봤다. 라디오, 텔레비전, 식기세척기 등이 개발되고, 다양한 유형의 자동차와 시계가 선을 보였다. 1952년에는 수소폭탄 실험에 성공했으며, 대륙간탄도탄과 인공위성까지 개발됐다.

무엇보다 전 인류를 놀라게 한 것은 달 탐사에 성공했다는 점이다. 1969년 7월, 미국의 아폴로 11호가 달에 착륙했다. 닐 암스트롱 등은 인류 역사상 최초로 달에 발자국을 찍었다. 지금부터 무려 반세기 전, 우리나라는 아직도 보릿고개에 신음하던 시절이었다. 그 후 50년이 지난 지금까지도 달에 유인 우주선을 보낸 나라는 오직 미국뿐이다. 그 시기 미국의 기술 발전이 얼마나 대단했는지 이것만으로도 짐작이 가능하다.

동기 부여에 실패한 공산주의 국가들

대공황이 전 세계 경제에 악영향을 끼친 반면, 미국의 장기 호황은 전 세계 경제에 긍정적인 영향을 끼쳤다. 특히 소련 등 공산주의 진영과 냉전이 치열했다는 점이 자본주의 진영 국가들에게 큰 수혜로 돌아왔다. 소련과의 경쟁에서 이기기 위해서는 미국의 동맹국들을 자본주의 진영에 붙들어 두는 동시에 그들을 발전시켜야 했다. 이 때문에 미국은 동맹국들에게 매우 관대했다. 우선 막대한 돈과 물자를 지원했다. 미국은 마셜 플랜Marshall Plan을 통해 영국, 프랑스, 서독, 오스트리아, 벨기에, 이탈리아 등 서유럽 16개국에 총 130억 달러에 이르는 재화를 원조했다. 국가별 지원 금액은 영국 32억 9,700만 달러, 프랑스 22억 9,600만 달러, 서독 14억 4,800만 달러, 네덜란드 11억 2,800만 달러 등이었다.

소련이 경악한 나머지 "아예 유럽을 통째로 사라"고 비아냥거릴 만큼 파격적인 지원이었다. 미국의 어마어마한 원조 덕분에 서유럽은 제2차 세계대전의 상처를 금세 씻어 낼 수 있었다. 1948년부터 1951년 사이 서유럽 16개국의 공업 생산은 25%, 농업 생산은 14%씩 각각 증가했다. 유럽뿐 아니라 일본, 한국, 대만 등 동아시아 국가들도 미국으로부터 많은 원조를 받았다. 한국은 한국 전쟁 후 약 20년간 미국의 원조에 기대 국가 경제를 운영했다.

마셜 플랜이 담긴 문서

무역에서도 미국은 꽤 관대한 태도를 유지했다. 미국은 한국, 일본 등이 미국 시장을 적극 공략하면서도 자국 산업을 지키기 위해 미국산 수입품에는 고율의 관세를 물리는 걸 눈감아 줬다. 그들은 가끔 슈퍼 301조를 적용하긴 했지만, 보복 관세에 그리 철저하진 않았다. 최소한 지금보다는 훨씬 더 관대했다.

미국의 관대함이 깨진 상징적인 사건이 1985년의 '플라자 합의Plaza Accord'다. 미국 정부는 자국의 경상수지 적자를 줄이기 위해 달러화의 가치 절하를 원했다. 이에 따라 자본주의 진영에서 유난히 높은 경상수지 흑자를 시현 중이던 일본과 서독에 화폐 가치 절상 압력이 가해졌다. 결국 두 나라는 패권국인 미국의 강요에 굴복했다. 플라자 합의 후 2년에 걸쳐서 엔화와 마르크화는 달러화 대비 각각 65.7% 및 57%씩 절상됐다. 자연히 미국의 경상수지 적자가 개선된 것과 더불어 일본과 서독의 수출액은 급감했다.

미국이 이토록 가혹한 조치를 실시한 배경에는 냉전이 자본주의 진영의 승리로 끝났다는 확신이 깔려 있었다. 실제로 1980년대에 들어서면서 자본주의 진영과 공산주의 진영의 경제력 격차는 이미 역전이 불가능한 수준에 이르렀다. 이후 미국은 확연히 자국 우선주의적인 면모를 보인다. 거꾸로 말하면, 그전까지는 자국의 손해를 감수하면서까지 동맹국들에게 관대했다. 이는 일본, 서독, 영국, 프랑스, 한국 등 자본주의 진영의 가파른 경제 발전에 크게 기여했다.

한편 공산주의 진영도 제2차 세계대전 및 한국 전쟁 후 어느 정도 호황을 누리긴 했다. 하지만 자본주의 진영처럼 장기 호황으로 연결되진 않았다. 그들은 10년도 채우기 전에 비틀거리더니 곧 불황의 파도에 잠겼다. 가장 큰 이유는 국민들에 대한 동기 부여에 실패했기 때문이다. 개별 정책의 문제라기보다는 공산주의 이념 자체가 사람의 근로 의욕이나 창의력을 북돋기에는 너무 부적합한 탓이었다.

1978년, 중국 안후이성에서 18명의 농민이 은밀한 모의를 했다. 그들은 인민공사 소유의 농토를 가구별로 분할해 각자 농사를 짓기로 합의했다. 가구별 농지에서 거둔 수확물 중 할당량만 인민공사에 내고, 나머지는 각자 개인이 소유하는 식이었다. 이는 그간 중국에서 실시된, 인민공사 소유의 농토를 여러 농민들이 공동 경작하고, 할당량을 제외한 수확물은 똑같이 나눠 가지는 집단 영농 체제와는 완전히 다른 방식이었다. 그것은 이미 사회주의적인 집단 농장이 아니라 자본주의적인 방식이었다. 그런데 그 자본주의적인 방식을 쓰자 대번에 해당 농지의 생산량이 6배로 늘었다. 깜짝 놀란 안후이성 정부는 같은 영농 시스템을 성 전체로 확산시켰다. 당연히 성 전체의 농업 생산량이 급증했다.

이 일이 중앙 정부에까지 보고되자 당시 중국 최대 권력자였던 덩샤오핑鄧小平은 이를 '개혁개방형 신농법'이라 이름 지은 뒤 전국적으로 실시했다. 신농법 덕분에 중국의 쌀 등 농산물 생산량은 10억 인구를 먹이고 남아 수출까지 할 정도로 부풀었다. 덩샤오핑과 중국 공산당은 "중국 역사상 최초로 굶어 죽는 인민이 사라졌다"고 자화자찬했다.

이처럼 인간의 본성은 매우 자본주의적이다. 사실 인간은 평등 따위는 바라지 않는다. 이는 조금만 생각해도 금세 알 수 있다. 세상에 나보다 잘나고 부유한 자와의 평등을 외치는 사람은 많다. 그런데 나보다 못나고 가난한 자와의 평등을 원하는 인간이 있던가? 모든 인간은 평등이 아닌 격차를, 그것도 내가 위에 올라서는 격차를 원한다. 남보다 더 성공하고, 더 많은 돈을 벌고, 더 강력한 권력을 누리고 싶어 한다. 그 열망이야말로 인간에게 제일 강력한 동기를 부여한다.

자본주의는 이 본성을 최대한 이용한다. 실제로는 존재하지 않더라도 '기회의 평등'이란 달콤한 단어를 앞세워 위로 올라갈 기회를 좁게나마 보여 준다. 이를 통해 사회 구성원들이 밤을 새워 노력하고, 서로 치열하게 경쟁하도록 만든다. 반면 공산주의는 '결과의 평등'을 추구하다 보니 인간의 가장 강력한 동기를 원천적으로 제거해 버리게 됐다. 이는 사회의 발전 동력을 스스로 망가뜨리는 어리석은 짓이었다.

오늘날 중국, 러시아 등 여러 공산주의 국가들이 정치적으로는 사회주의 이념과 공산당 독재 체제를 지향하면서도 경제적으로는 사실상 자본주의 시스템을 운용하는 것도 이 때문이다.

전범국 일본의 기사회생

1950년 6월 발발한 한국 전쟁은 북한의 남침이다. 북한이 직접 남한을 침공하고, 소련과 중국이 무기, 인력 등을 지원했다. 전쟁은 남한과 북한의 경계선이 38선에서 휴전선으로 바뀌었을 뿐, 사실상 큰 변화 없이 3년 만에 끝났다. 그런데 아이러니컬하게도 분명 공산주의 진영의 침략으로 시작된 이 전쟁이 후일 자본주의 진영, 특히 동아시아 지역을 눈부시게 발전시키는 계기가 된다. 소련과 중국이 북한을 적극적으로 지원한 덕분에 본래 미국의 외교 정책에서 후순위에 불과했던 동아시아 지역이 중요 지역으로 떠올랐기 때문이다.

미국은 제2차 세계대전 중 그러했듯 전후에도 여전히 유럽을 최우선시했으며, 동아시아는 한낱 변방으로 취급했다. 이는 마셜 플랜이 서유럽에 집중된 점이나 애치슨 라인Acheson line만 봐도 뚜렷하다. 미국의 국무장관 애치슨은 1950년 1월 전미신문기자협회에서 "미국의 태평양 방위선은 알류샨열도-일본-오키나와-필리핀을 연결하는 선"이라고 밝혔다. 이 애치슨 라인에서 한국과 대만은 빠져 있다. 그 이유는 중국과 소련을 자극하기 싫어서였다. 두 강대국을 굳이 자극해 가면서 반드시 지키겠다고 선언할 만한 가치가 없는, 미국에게 한국과 대만 따위는 그 정도 존재였다. 다만 실제로 한국 전쟁이 벌어지자 애치슨은 "잘못된 발언으로 북한의 남침을 유도했다"는 비판을 받았다. 나아가 동아시아에서 미국의 외교 및 안보 정책이 근본적으로 변화하게 된다.

일본의 수상 요시다 시게루吉田茂는 한국 전쟁이 발발했다는 소식을 듣자 "신이 내린 선물"이라고 외치면서 "이제 일본은 살았다!"고 감격했다. 그럴 수밖에 없었던 것이 일본은 한국 전쟁의 최대 수혜국이었다.

동아시아를 무시하는 미국이 유일하게 인정한 나라는 자신들과 수년 동안 전쟁을 벌인 일본이었다. 다만 인정하는 만큼 더 엄격하게 규제했다. 일본을 점령한 더글라스 맥아더Douglas MacArthur 장군은 일본군은 물

미일 안보 조약에 서명하는 요시다 시게루 총리(왼쪽)와 더글러스 맥아더와 나란히 서서
기념 포즈를 취하고 있는 모습(오른쪽)

론 산업 생산 능력도 완전히 해체시키려 했다. 군사력뿐만 아니라 군사
력의 기반이 되는 공업력까지 무너뜨리고, 일본을 평화로운 농업 국가
로 만들어 다시는 미국에 도전할 수 없도록 만들려는 것이 맥아더의 계
획이었다. 그런데 한국 전쟁 발발 후 모든 것이 바뀌었다. 우선 일본의
산업 생산 능력 해체 방침이 취소됐다. 미군이 한반도에서 전쟁을 진행
하려면, 일본을 후방 보급 기지로 활용하는 게 최선이었다. 미군에게
군수품을 공급하기 위한 여러 공장들이 빠르게 일본에 지어졌다. 미국
의 기술력까지 이식되면서 일본의 공업력은 전쟁 전보다 오히려 더 발
전했다. 일본은 무기, 탄약, 군복, 식량 등 각종 군수품뿐만 아니라 얼음,
전단지까지 공급했다. 주일 미국 대사 로버트 머피가 "일본 없이는 한
국 전쟁을 치루지 못했을 것"이라고 감탄할 정도였다.
 '전쟁 특수' 덕에 일본의 경기는 하늘 높이 솟구쳤다. 1950년 일본의
경제 성장률은 10.9%, 1951년에는 13%를 기록했다. 믿기 힘들 정도의

B-26 폭격기가 북한의 원산 항구를 폭격하는 장면. 한국 전쟁은 일본을 기사회생시켰다.
일본은 미군의 군수 기지로 활용되면서 비약적인 경제 성장을 이룩했다.

고성장이었다. 1951년에 이미 일본의 외환 보유고는 9억 4천만 달러에
이르렀으며, 전쟁 기간 중 총 24억 달러의 군수 관련 매출액을 기록했
다. 일본의 전쟁 특수가 어찌나 대단했는지 1953년 3월 소련의 독재자
스탈린이 사망하자 도쿄 증권 시장이 폭락할 정도였다. 스탈린의 사망
으로 한국 전쟁 휴전 협상이 가속화돼 군수물자 생산이 감소할 거란 예
상 때문이었다.

아울러 한국 전쟁 덕에 일본은 공산주의 진영의 침략으로부터 태평
양을 방위하기 위한 거점으로 낙점받았다. 이에 따라 예상보다 훨씬 빨
리 패전국 지위를 벗어던질 수 있었다. 1951년 9월 샌프란시스코에서

미일 강화 조약 및 미일 안보 조약이 체결됐다. 조약 내용은 패전국 일본 입장에서는 더 이상 바랄 수 없을 정도로 유리했다. 요시다 일본 수상은 "역사상 유례를 찾아보기 힘든 수준의 관대한 조약"이라고 평했다. 이를 통해 일본은 1952년 4월 공식적인 주권 국가로 새롭게 출발했으며, 1956년 12월에는 국제연합에 가입했다. 동시에 자위대가 출범하면서 재무장까지 완료했다. 그 뒤 일본은 1964년 도쿄 올림픽을 개최하고, 1980년대에는 세계 2위의 경제 대국으로 떠올랐다. 오늘날에도 일본의 경제력은 세계 3위다. 이처럼 패전국 일본을 부흥시킨 계기는 바로 한국 전쟁이었다.

일본만큼은 아니지만, 한국과 대만도 한국 전쟁으로 상당한 수혜를 입었다. 당초 대만을 무시하던 미국은 한국 전쟁 후 중국을 견제하기 위한 전진 기지로 대만을 점찍었다. 미군이 대만에 주둔하고, 막대한 차관이 제공됐다. 덕분에 대만은 고성장 가도를 달렸다. 1948년부터 1954년 사이 대만의 경제 성장률은 무려 12%에 달했다. 1983년에는 선진국 대열에까지 합류했다.

한국 전쟁으로 인해 전 국토가 불바다가 된 한국은 일견 전쟁의 최대 피해국처럼 느껴진다. 그러나 최소한 경제 분야에서는 장기적인 측면에서 거꾸로 이익이었다. 전후 한국은 명실공히 자본주의 진영의 최선봉이 됐다. 아무리 동아시아가 유럽에 비해 변방이라고는 하나, 유럽에서는 양 진영이 직접 격돌한 적이 없었다. 공산주의 진영의 침략 행위가 벌어진 한반도는 언제든 전쟁이 재발할 수 있는 위험 지역으로 분류됐다. 한국 전쟁의 결말은 엄연히 '종전'이 아니라 '휴전'이었다. 따라서 미국은 전쟁 재발의 위험에 대비해 한국을 발전시켜야 했다. 게다가 본래 한 국가였기에 북한과의 체제 대결 역시 초미의 관심사였다. 한국의 경제력을 키우고, 이를 기반으로 군사력도 강화시켜야 할 필요성이 매우 강했다.

이런 이유들로 미국의 지원이 한국에 쏟아졌다. 우선 한미 상호 방위 조약과 주한 미군 주둔을 통해 한국의 안보를 튼튼히 한 뒤 어마어마한 재화를 원조했다. 식량, 분유, 의류, 의약품 등 각종 구호 물자가 한국에 보내졌으며, 거액의 차관도 제공됐다.

조선 시대 말엽, 한국은 세계의 흐름에 매우 뒤처진 국가였다. 일제 강점기를 거치면서 더 피폐해졌으며, 전쟁으로 국토는 화염에 휩싸였다. 1950년대의 한국은 세계 최빈국이었다. 1960년대까지도 한국의 경제력은 아프리카의 에티오피아와 비슷한 수준에 머물렀다. 영국 언론 「타임스The Times」는 1952년 "한국에 민주주의가 꽃피길 기대하는 것보다 쓰레기통에서 장미꽃이 피는 걸 기대하는 게 나을 것"이라고 조롱했다. 그러나 장기간에 걸쳐 지속된 미국의 지원은 한국인 특유의 교육열, 조직력, 손기술 등과 맞물려 믿기 힘든 시너지 효과를 창출했다. 1960년대 중반, '경제 개발 5개년 계획'이 성공하면서 한국 경제에 전환기가 찾아왔다. 이때부터 1990년대 중반까지 한국은 6~9% 대의 높은 경제 성장률을 기록했다.

30년이나 지속된 높은 성장세는 그야말로 기적을 연출했다. 볼펜 하나 제대로 못 만들던 나라가 세계에서 수위권에 꼽히는 공업국으로 변모했다. 특히 한국처럼 반도체, 휴대폰, 자동차, 조선, 석유화학, 철강, 건설 등 각종 첨단산업 및 중화학공업이 골고루 발달한 나라는 드물다. 반도체와 조선은 한국이 세계 1위이며, 자동차, 철강 등도 다섯 손가락 안에 꼽힌다.

1988년에는 서울 올림픽을, 2002년에는 일본과 공동으로 월드컵을 개최하기도 했다. 오늘날 한국의 경제 규모는 세계 11위 수준으로 모든 국제기구가 한국을 선진국으로 분류한다. 흔히 '한강의 기적'이라고 칭하는 한국의 눈부신 경제 성장의 결과 체제 대결은 한국의 완승으로 끝나고 있다.

　오늘날 자본주의 진영에서 동아시아는 서유럽과 함께 당당히 한 축을 이루고 있다. 이는 미국의 지원 영향도 있지만, 그 이상으로 동아시아 국가들의 잠재력이 우수한 덕분이었다. 미국이 계속 원조해 줘도 좀처럼 개발도상국 지위를 벗어던지지 못하는 나라들은 남아메리카, 아프리카 등지에 수두룩하다. 뜨거운 교육열과 끈끈한 조직력을 갖춘 동아시아는 그들과 달랐다. 이는 비단 자본주의 진영만의 특성이 아니다. 중국도 개혁개방 후 불과 20여 년 만에 G2(세계 주요 2개국)로 떠오르면서 동아시아 국가 특유의 위대한 잠재력을 뽐냈다. 서양 중심의 사고관에 젖어 있던 미국은 그런 잠재력을 전혀 깨닫지 못하고 지나칠 뻔했다. 한국 전쟁이 아니었더라면.

3장

거짓 연금술과 탐욕이 빚은 비극, 글로벌 금융 위기

무한 동력의 영구기관은 불가능하다. 마찬가지로 값싼 금속에 수많은 화학 처리 과정을 거친다고 해도 금이 만들어지지는 않는다. 현대에 사는 우리는 이런 사실들을 잘 알고 있다. 그런데 신기하게도 가끔 금융은 무無에서 유有를 창조하거나 연금술이 가능할 것으로 믿는 사람들이 있다. 하지만 금융은 본래 실물경제가 원활히 돌아가도록 지원하는 윤활유 역할이지, 실물경제가 할 수 없는 마법을 부리는, '알라딘의 램프'가 아니다. 다만 마치 연금술을 쓴 것처럼 거짓된 술수를 부릴 수는 있다. 그런 식으로 금융이 거짓된 환상으로 수많은 사람들을 현혹한 예는 역사 속에 얼마든지 있다. 2008년에 발생한 글로벌 금융 위기도 마찬가지였다. 글로벌 금융 위기는 거짓된 연금술과 은행가들의 탐욕이 결부돼 발생한 비극이었다.

유동성 증가와 집값 급등

주택담보대출은 본래 중산층 및 서민의 내 집 마련을 돕기 위해 만들어진 금융 상품이다. 고액의 집값을 단번에 지불하는 것은 어지간한 부자가 아니고서는 힘들다. 그래서 돈이 부족한 서민에게 은행이 구입 주택을 담보로 돈을 빌려주고, 대출 원리금은 장기간에 걸쳐 회수하는 구조의 금융 상품이 만들어진 것이다. 물론 이 상품은 채무자뿐 아니라 은행에게도 매력적이었다. 주택이 담보이기에 채무자가 빚을 못 갚더라도 집을 경매에 넘겨 대출금을 회수할 수 있기 때문이다. 그만큼 안정적이므로 은행은 주택담보대출을 적극적으로 취급했다. 그런데 21세기 들어 미국의 주택담보대출 시장에 두 가지 큰 변화가 일어났다. 주택담보대출 유동화의 유행과 집값 폭등이었다.

은행은 주택담보대출 채무자에게 고액의 현금을 일시금으로 빌려준 뒤 20~30년에 걸쳐서 원리금을 나눠 회수한다. 은행의 자산이 워낙 큰 데다 예금 등으로 끊임없이 새로운 유동성이 공급되기에 이런 시스템의 운용이 가능하다. 다만 은행도 종종 목돈이 필요할 때가 있다. 일종의 파생금융상품인 주택저당증권MBS은 그럴 때 딱 알맞은 상품이다. 예를 들어 은행이 한 채무자에게 1억 원의 주택담보대출을 해 주면서 20년에 걸쳐서 총 1억 8천만 원의 원리금을 받기로 계약을 맺었다고 가정해 보자. 은행은 이 권리 자체를 하나의 증권, 즉 MBS로 만들어 투자자에게 매각한다. 이것이 주택담보대출의 유동화다. 이때 장기에 걸쳐 나눠 받아야 된다는 것을 감안해 MBS의 가격은 1억 8천만 원보다 낮게 책정한다. 만약 투자자가 MBS를 1억 1천만 원에 매입했다면, 은행은 그 액수의 현금을 일시금으로 손에 넣어 유용한 곳에 쓸 수 있다.

투자자 입장에서도 이는 나쁘지 않은 거래다. MBS 매매를 통해 총 7천만 원의 이익을 남길 수 있기 때문이다. 물론 채무자가 성실하게 빚을 상환해야 한다는 조건이 붙지만, 그에 대한 리스크 평가는 이미 은행이 대신해 줬다. 리스크 평가 대행 수수료로 1천만 원을 지불했다고 생각하면 그만이다. 또 여차하면 주택을 압류해 경매로 넘길 수 있기에 MBS가 부실화될 가능성은 매우 낮았다. 무엇보다 MBS는 여신을 취급할 수 있는 면허가 없는 투자자에게 굉장히 매력적인 상품이었다.

금융은 규제 산업인 동시에 면허 산업이다. 어느 나라든 금융업 진입 장벽은 매우 높게 쌓아 아무나 함부로 들어올 수 없게 막고 있다. 특히 금융의 시초이자 핵심인 여신과 수신 면허는 더 엄격하게 관리된다. 이는 그만큼 금융이 사회에 미치는 영향력이 크고, 악질적인 사기 행위가 벌어질 위험이 높기 때문이다.

실제로 유사 수신이나 유사 투자 자문 등 정부의 손길이 닿지 않는 음지에서 금융을 흉내 낸 사기 행각은 종종 벌어진다. 물론 제도권 금융사가 정직하게 경영한다는 뜻은 아니지만 말이다. 거꾸로 그들은 공신력을 지니고 있음을 악용해 더 큰 규모의 사기를 치기도 한다.

안정적이고 쏠쏠한 수익을 내는 주택담보대출을 취급하고 싶어도 면허가 없어서 군침만 흘리는 투자은행, 보험사, 대기업들은 MBS에 눈독을 들였다. 그들은 은행이 MBS를 내놓기만 하면, 앞다퉈 사갔다. 여기서 우리는 MBS란 상품이 그 자체로 사기나 다름없다는 것을 알 수 있다. 국가는 분명히 은행에게만 여신 면허를 내줬다. 그런데 여신 면허도 없는 투자은행과 보험사 등이 MBS 구매를 통해 마치 여신 상품을 취급하는 것과 같은 효과를 누리는 것이다.

은행가들은 '자산의 유동화', '새로운 형태의 투자 상품' 등의 단어를 내세워 자신들의 행위를 그럴듯하게 포장했지만, 그 본질이 사기란 점은 변하지 않는다. 그나마 MBS 거래 규모가 작을 때는 그리 큰 문제가 되지 않았다. 하지만 21세기 들어 은행들이 MBS의 효용성에 눈을 뜨면서 문제가 커지기 시작한다.

위의 예시에서 은행이 주택담보대출 계약을 맺고 1년 뒤에 MBS로 만들어 매각했다고 가정해 보자. 혹은 2년 뒤라고 해도 좋다. 채무자에게 1억을 지불했던 은행이 1년 후 MBS 매각으로 1억 1천만 원의 현금을 손에 넣는다. 불과 1년 사이 10%라는 높은 이익률을 기록한 것이다. 2년 후라고 가정해도 이익률이 연 평균 5%에 달해 예대 마진보다 오히려 더 쏠쏠하다. 게다가 혹여 빚을 못 받을지도 모른다는 위험에서도 해방된다. 뿐만 아니라 MBS에는 또 다른 유리함이 있었다. 은행이 1억 1천만 원의 현금을 얻었으니 그 돈으로 새로운 대출을 해 줄 수 있다. 여기서 이자 이익이 또 발생한다.

MBS가 굉장히 유용하다는 것을 깨달은 은행들은 신나게 MBS를 매각하기 시작했다. 앞서 말했듯 사실상 여신 상품을 취급하는 것과 다름없는 MBS를 원하는 구매자들은 얼마든지 있었다. 이로 인해 MBS는 불티나게 팔렸다. 은행은 그 돈으로 새로운 주택담보대출을 시행하고, 이 대출을 새로운 MBS로 만들어 매각했다. 그리고 그 돈으로 또 대출해 줬다. 은행의 대출 자산은 눈덩이처럼 부풀어 올랐다.

1930년대에 금본위제가 종말을 고하고, 1940년대에 미국 달러화가 국제 무역의 기축통화가 되면서 신용통화 시스템은 이미 정착된 상태였다. 신용통화 시스템 하에서는 은행이 대출을 많이 할수록 통화량이, 즉 사회에 공급되는 유동성이 늘어나는 효과가 발생한다. 유동성이 풍부해지면, 곧 잉여 자금이 생기고, 잉여 자금이 생긴 사람들은 투자를 고려한다. 동서고금을 막론하고 가장 인기 좋은 투자 대상은 부동산이다. 그리하여 2000년대 초반부터 미국의 집값이 폭등하기 시작했다. 이 시기 미국의 집값 상승률은 연 평균 10%가 넘었다.

가파른 집값 상승 곡선은 미국인들의 소득 증가율을 훨씬 뛰어넘었다. 1990년대 중반만 해도 국민소득 중간 값의 2.2배였던 보스턴의 주택 가격은 2000년대 중반 4.6배로 뛰어올랐다. 캘리포니아, 플로리다 등 따뜻하고 살기 좋은 지역의 집값 상승률은 그보다 더 높았다. 피닉스는 2005년 한 해에만 집값이 42%나 폭등하기도 했다.

2005년이 되자 전문 투자자들뿐 아니라 일반인들도 부동산 투자로 몰렸다. 부동산 투자 관련 책이 베스트셀러가 되고, 부동산 수수료 총합이 전년도의 2배로 늘었다. 당연히 주택담보대출도 급증했다. 주택담보대출 수요가 어마어마했기에 은행은 계속 돈을 빌려주고는 MBS를 통해 대출을 유동화했다. 저금리는 이런 현상을 더 부추겼다. 그야말로 유동성이 유동성을 낳는 순환 구조였다. 통화량은 팽창하고, 집값은 오르고, 대출은 증가했다.

사라진 리스크 관리와 서브프라임 대출

어느새 은행에 돈은 남아도는데, 더 이상 빌릴 사람이 없는 지경에 이르렀다. 그리하여 은행은 접근해서는 안 될, 위험한 곳으로 발을 내디뎠다. 세칭 '서브프라임 대출'의 대유행이었다. 서브프라임 등급이란 충분한 자산과 소득을 겸비한 프라임 아래 등급을 뜻한다. 즉, 빚을 잘 갚을 수 있을지 의심스러운 사람들로서 본래는 은행 문턱을 넘기 힘든 계층이다. 우리나라로 치면, 2금융권에서도 대출을 거절당해 대부 업체까지 흘러 들어간 소비자들에 해당된다. 설령 담보가 있다 해도 서브프라임 계층에게는 은행이 대출을 꺼리는 것이 일반적인 풍조였다. 그저 정부의 압박에 못 이겨 할당량만 채울 뿐이었다. 그런데 이때만은 달랐다. 은행들은 앞다퉈 서브프라임 계층에 돈을 빌려줬다. 묻지도 따지지도 않았다. 심지어 'NINA^{No Income No Asset} 대출'이란 황당한 상품까지 등장했다. 자산도 없고, 소득도 없는 채무자에게까지 마구 대출을 해 준 것이다. 단 한 가지, 주택만 담보로 제공하면 됐다.

은행가들이 집값의 가파른 상승세를 너무 믿은 탓이었다. 소득이 없으면 빚을 못 갚지만, 상관하지 않았다. 대출이 연체되면, 주택을 경매에 넘겨서 원리금을 회수하면 그만이다. 집값이 매년 오르고 있으니 대출 회수에 어려움을 겪을 리는 없다고 판단했다.

서브프라임 계층은 그간 자신들에게 꽉 닫혀 있던 은행 문이 열리자 신이 나서 돈을 빌렸다. 게다가 내 집까지 생기니 더더욱 환영이었다. 애초부터 빚을 갚을 계획 따위에는 관심이 없었다. 1~2년 정도 버티다가 대출 상환이 힘들어지면, 집을 은행에 넘기고 떠나면 그만이었다.

우리나라는 채무자의 집이 경매로 넘어가도 그 매각금으로 주택담보대출을 갚는 데 충분하지 않으면, 빚의 상환 의무가 끝나지 않는다. 은행은 끝까지 채무자를 쫓아가 월급을 압류하고, 신용불량자를 만드는 등 갖가지 방식으로 남은 빚을 받아낸다. 조금 심할 정도로 은행에게 유리한 제도라 할 수 있다. 반면 미국의 관련 제도는 한국보다는 훨씬 채무자에게 유리하다. 일단 집이 경매로 넘어가면, 그 집을 담보로 한 모든 대출도 깨끗이 사라진다. 채무자의 의무는 주택의 소유권을 은행에 넘기는 것으로 끝나며, 주택 매각금이 대출 원리금에 모자란다는 이유

압류된 집
집이 압류된 것을 알리는 표지판.
집을 경매로 넘겨도 빚이 남아
있을 경우 끝까지 갚아야 하는
한국과 달리 미국은 담보로 잡힌
집을 경매로 넘기는 것만으로
빚 상환 의무에서 벗어난다.
이러한 제도적 차이가 서브프라임
모기지 사태를 더욱 키웠다.

로 계속해서 추징을 당할 위험은 없었다.

덕분에 'NINA'에 해당하는 채무자들도 마음 편하게 대출을 받을 수 있었다. 운이 좋으면 적당한 시기에 집을 팔아서 큰 이익을 남길 수도 있으니 그들은 더더욱 신이 나서 대출을 신청했다.

미국의 전체 주택담보대출 가운데 서브프라임 대출의 비중은 점점 더 높아져 갔다. 미국의 신규 서브프라임 대출 규모는 2002년 2천억 달러에서 2004년 4천억 달러로 늘었다. 같은 기간 총 주택담보대출 자산 가운데 서브프라임 대출이 차지하는 비중도 8%에서 16%로 뛰어올랐다. 이는 역사상 유례없는 일이었다. "서브프라임 계층에게 함부로 돈을 빌려주면 안 된다"는 리스크 관리의 기본마저 어디론가 사라진 듯한 풍경이었다. 마침내 서브프라임 대출의 폭증세가 대출 총량마저 큰 폭으로 높였다. 2006년에는 미국의 주택담보대출 규모가 무려 8조 달러에 달했다.

나아가 은행과 투자은행은 서브프라임 대출의 유동화를 촉진하기 위해 MBS 외에 부채담보부증권CDO을 새롭게 만들었다. CDO는 MBS 여럿을 모아서 합성해 만든 상품이다. CDO 하나에는 많을 경우 수천 건에서 수만 건의 주택담보대출이 집적되기도 했다. 은행과 투자은행이 다수의 주택담보대출을 하나의 증권으로 모은 이유는 그래야 신용평가가 높아져서 해당 증권을 팔기 쉬워지기 때문이었다.

서브프라임 대출은 당연히 리스크가 높기에 이를 유동화한 증권의 신용평가도 낮게 책정된다. 이렇게 되면 매각하기가 힘들기 때문에 비슷한 대출 수천 건에서 수만 건을 뭉치고 뭉친 것이다. 이렇게 만들어진 CDO에 무디스, 피치, 스탠더드앤드푸어스 등 글로벌 신용평가사들은 AAA 등급을 매겼다. 하나하나의 서브프라임 대출은 부실화되기 쉽지만, 하나의 CDO에 모인 수천 건의 주택담보대출이 몽땅 부실화될 가능성은 매우 낮다고 평가한 것이다.

얼핏 들으면 그럴듯한 이야기다. 사과나무에 달린 사과 하나가 땅에 떨어질 확률이 5%라면, 2개가 떨어질 확률은 0.25%로 대폭 하락한다. 리스크는 모을수록 낮아진다는 게 그간의 통계가 증명하는 바였다. 그러나 여기에는 한 가지 함정이 숨어 있었다. 그리고 그 함정이 글로벌 금융 위기를 유발시키게 된다.

CDO의 등장은 단지 질 낮은 서브프라임 채권을 무사히 유동화시키는 데 성공한 은행과 투자은행만 기쁘게 한 것이 아니었다. 유동성이 넘쳐흐르는 가운데 새로운 투자 대상을 물색하던 투자자들의 눈도 번쩍 뜨이게 만들었다. 서브프라임 대출은 위험도가 높기에 당연히 일반 대출보다 금리도 높았다. 따라서 그 서브프라임 대출을 모아 놓은 CDO 역시 수익률이 높은 편이었다. 그럼에도 신용등급은 AAA로 평가돼 매우 우수했다. '로우 리스크 로우 리턴', '하이 리스크 하이 리턴'은 금융의 상식이다. 그런데 안정성과 수익성을 동시에 갖춘, '로우 리스크 하이 리턴'의 환상적인 금융 상품이 등장한 것이다. 투자자들은 열광할 수밖에 없었다. 모두가 CDO를 원했으며, 은행과 투자은행은 행복한 비명을 지르면서 신나게 CDO를 발행했다. 2003년 500억 달러였던 CDO 발행액은 2006년 2,250억 달러로 치솟았다. 그래도 CDO를 원하는 사람이 너무 많아서 그 수요를 다 메울 수 없었다. 은행과 투자은행은 단지 CDO를 만들어 파는 역할만 한 게 아니라 자신들도 열심히 샀다. 다들 CDO의 고수익률에 흥겨워했다.

CDO가 크게 유행을 타면서 CDO보험도 만들어졌다. 미국의 보험사 AIG는 CDO보험을 적극적으로 팔았다. 마침내 CDO 투자 수요에 대응하기 위해 합성 CDO라는 괴물까지 탄생했다. 한 개 또는 여러 개의 CDO를 기준점으로 삼아 그 CDO의 손익률과 동일하게 움직이는 상품이었다. CDO가 수천 건, 수만 건의 주택담보대출을 모아 유동화한 증권이라면, 합성 CDO는 그 CDO의 손익 구조를 그대로 따라가는 상품이다. 누군가 주택을 구매한 적도 없고, 은행이 대출을 실행한 적도 없는데, 뜬금없이 허공에 주택담보대출이 생긴 것이다. 명색이 제도권 금융사이면서 이런 장난질을 쳐도 되는지 의심스러울 만큼 황당한 사기술이다. 그러나 합성 CDO에 만족하는 투자자들이 너무 많았기에 금융사도, 금융 당국도 신경 쓰지 않고 넘어갔다.

합성 CDO는 뜨거운 인기를 누렸다. 당연히 금융사들은 열심히 합성 CDO를 만들었다. 2006년에는 합성 CDO의 발행 규모가 일반 CDO와 맞먹을 정도였다. 그러는 사이 그들의 바로 옆에서 파멸의 발소리가 울리고 있었다.

위험한 상품을 안전한 상품으로 둔갑시킨 거짓 연금술

2000년대 초중반의 미국은 실로 미친 광풍의 시대였다. 은행은 소득도 자산도 없는 사람들에게 돈을 빌려주고, 사람들은 빚 상환 계획 따위는 미뤄 둔 채 대출부터 냉큼 받았다. 집값은 엄청난 고공비행을 계속했다. 다들 집값은 앞으로도 계속 오를 것이며 풍부한 시중 유동성 또한 영원할 거라고 믿었다.

풍요와 거품은 마치 실과 바늘처럼 함께 따라다니기 마련이다. 풍요로움은 거품을 일으키며, 거품이 일어날 때 인류는 더욱 풍요로워진다. 그 풍요와 거품이 절정에 달했을 무렵, 금융 전문가들의 오만함은 하늘을 찔렀다. 경제학자 라구람 라잔Raghuram Rajan과 루이지 징갈레스Luigi Zingales는 "금융 시스템의 혁신적인 발전을 통해 모두를 위한 금융의 유토피아에 근접했다"고 자신했다.

뉴욕과 런던의 딜링 룸에서 일하는 트레이더들, 그리고 대형 은행 혹은 투자은행을 경영하는 은행가들은 자신들이 무無에서 유有를 창조했다고 목소리를 높였다. 금융의 연금술로 모두가 행복한 세상을 만들었다면서 당연하다는 듯 고액의 보수를 챙겼다. 그들의 연봉은 보통 수백만 달러였으며, 많은 경우 수천만 달러에까지 이르렀다. 특히 거품이 절정에 달했던 2006년에 그들의 보수도 최고치로 뛰었다.

패니메이의 최고경영자 대니얼 머드는 1,500만 달러, 와무의 CEO 킬링어는 2,400만 달러, 리먼브러더스의 CEO 리처드 풀드는 2,800만 달러를 받았다. 골드만삭스는 로이드 블랭크페인에게 5,500만 달러를, 컨츄리와이드는 안젤로 모질로에게 4,300만 달러를, 모건스탠리는 존 맥에게 4,100만 달러를, 베어스턴스는 제임스 케인에게 4,000만 달러를 각각 지급했다.

　은행가와 일부 경제학자들의 오만함 및 자기 과신에 대해 논하기 전에 아주 기초적인 의문을 하나 던져 보자. CDO는 서브프라임 대출 등 질 낮은 주택담보대출을 엮은 상품이다. 그런데 신용등급이 무려 AAA다. 리스크가 높은, 위험한 금융 상품 여럿을 모으면 안전한 금융 상품이 되는 걸까? 정말로 그럴까? 합성 CDO는 기준점으로 잡은 CDO 손익률을 그대로 따라가는 상품이다. 존재하지도 않는 주택담보대출을 가상으로 만들어 내도 되는 걸까?

　우리는 이 광풍의 결과를 잘 안다. 그러므로 이 의문에 대한 답도 '아니요'란 것을 잘 알고 있다. 실물경제가 그렇듯 금융도 무에서 유를 창조하거나 연금술을 부릴 수는 없다. '로우 리스크 하이 리턴'의 금융 상품 역시 불가능하다. 위험한 상품 여러 개를 묶는다고 해서 안전한 상품으로 변하지는 않는다. 그것은 단지 그럴듯한 숫자와 통계로 위장해 안전한 상품인 것처럼 둔갑시킨, 거짓된 연금술일 뿐이다. 거짓 연금술이 만들어 낸, 허공에서 금을 만들어 낼 수 있다는 환상은 햇빛이 비추자 신기루처럼 사라져 버렸다.

　빌리 빈 오클랜드 애슬레틱스 단장의 성공 이후 야구에서 세이버매트릭스가 주목을 받기 시작했으며, 지난 10여 년간 관련 연구가 깊숙이 진행됐다. 이제 우리는 타율, 홈런, 타점, 평균 자책 등 클래식 스탯뿐만 아니라 OPS, WRC+, FIP, WAR 등 각종 세이버 스탯들도 익숙하게 접하고 있다. 다만 아무리 세이버 스탯이 발전하고, 또한 유행한다고 해도 그것의 뿌리가 클래식 스탯이란 점은 변하지 않는다. 세이버 스탯은 결국 클래식 스탯, 즉 원초적인 스탯을 이리저리 보정하고 버무려서 만든 스탯이지, 아무것도 없는 허공에서 툭 튀어나온 스탯은 아니다. 어떤 타자의 타율이 낮아지고 홈런 개수가 감소한다면, 그 타자의 OPS와 WRC+도 하락한다. 세이버 스탯은 클래식 스탯과 같은 방향으로 움직인다. 그 반대의 케이스는 있을 수 없다.

첨단 금융 기법도 마찬가지다. 아무리 유동화하고, 여러 개를 하나의 증권으로 묶고, 가상의 손익 구조를 만든다 해도 MBS, CDO, 합성 CDO 등의 뿌리가 주택담보대출이란 사실은 변하지 않는다. 따라서 주택담보대출의 성질도 그대로 갖는다. 첫째, 채무자가 빚을 성실하게 상환해야 이익을 낼 수 있다. 빚을 갚지 않으면, 상품은 부실화된다. 둘째, 담보물인 주택을 경매에 넘겨 대출 원리금을 회수할 수는 있지만, 집값이 하락할 경우 손해를 볼 위험이 높아진다. 특히 이와 관련해 미국 특유의 제도가 더 치명적으로 작용했다.

한국이 2000년대 초반부터 주택담보대출비율LTV를 60~80%로 규제한 것과 달리 미국은 LTV가 100%로 적용됐다. 즉, 집값은 무조건 오른다는 판단하에 주택 가격의 100%까지 꽉꽉 채워서 대출을 해 줬다. 이러면 여유분이 없기 때문에 집값 하락 시 즉시 손실로 연결된다.

또 한국의 채무자들이 은행에게 마지막 1원까지 빚을 추징당하는 것과 달리 미국의 채무자들은 담보로 잡힌 주택을 은행에 넘기는 것으로 의무가 종료된다. 역시 집값 하락을 보충할 수단이 없는 셈이다. CDO에 아무리 수만 건의 주택담보대출을 집적시킨다고 해도 그것이 리스크를 낮춰 줄 수 없는 이유가 여기에 있다. 모든 주택담보대출은 집값 하락세에 취약하다. 집값이 떨어지는 순간, MBS도, CDO도, 합성 CDO도 동시에 부실화될 수밖에 없는 운명이었다.

당시 미국의 은행들은 서브프라임 계층에게 돈을 잔뜩 빌려준 상태였다. 즉, 빚의 성실 상환은 이미 기대할 수 없었다. 단지 집값의 멈추지 않는 상승세만이 유일한 버팀목이었다. 그러나 집값이 영원히 오를 수는 없다. 고공비행하던 집값이 반전되는 순간, 거짓된 연금술의 실체가 드러나고, 장밋빛 환상은 무너져 내렸다. 수많은 주택담보대출이 부실화됐다. 부실의 파도는 주택담보대출을 유동화시키고, 조합하고, 흉내내어 만든 MBS, CDO, 합성 CDO로도 퍼져 나갔다.

터져야 할 것이 터지던 날

2000년대 초중반에 유행한 파생금융상품의 뿌리가 주택담보대출이란 걸, 따라서 주택담보대출의 성질을 그대로 지니고 있다는 걸 금융 전문가들도 모르지는 않았다. 일부 어리석은 사람들은 있어도 현명한 사람들은 작금의 상황이 무언가 이상하다는 걸, 몹시 위험하다는 걸 인식했다. FPA의 뉴인컴펀드 운용자인 밥 로드리게스는 2006년 초 패니메이와 프레디맥이 발행한 MBS, CDO 등 모든 증권을 매각했다. 패니메이와 프레디맥은 미국인들, 특히 서민들의 주택 보유를 지원하기 위해 만들어진 주택담보대출 전문 취급 기관이었다. 은행은 아니지만, 은행보다 더 거대한 규모의 주택담보대출 및 그것을 유동화한 파생금융상품을 다루기에 흔히 '모기지 쌍둥이'라고 불리곤 했다.

두 기관은 특성상 서브프라임 대출의 취급 비중이 높았다. 그래도 다들 은행이나 투자은행보다 오히려 더 안전하다고 믿었다. 연방 정부가 그들을 보증했기 때문이다. 무엇보다 2006년은 거품이 절정에 달했을 무렵이었다. 또한 헤지펀드는 그 특성상 하이 리스크 하이 리턴을 추구해야 한다. 헤지펀드의 투자자들은 대개 연평균 10% 이상의 수익률을 원하곤 했다. 그럼에도 로드리게스는 모두가 CDO 등 파생금융상품에 열광할 때, 패니메이와 프레디맥이 세상에서 가장 안전하다고 믿을 때, 그것을 거부했다. 헤지펀드의 입장에서 볼 때도 MBS, CDO, 합성 CDO 등은 너무 위험하다는 판단이었다. 그는 이런 광풍이 영원히 계속될 리 없다고 생각했으며, 그 판단은 옳았다.

통화감독관 존 듀건은 2005년 여름에 벌써 'NINA 대출'은 미친 짓이라면서 규제하려고 했다. 무디스의 수석 경제학자 마크 잔디는 2006년 5월, "신용평가 기준이 위험하리만치 느슨해지고 있다"며 질 낮은 주택담보대출을 모은 CDO나 합성 CDO에 쉽게 AAA 등급을 매기는 관행에 우려를 표했다.

이들의 경고는 다른 금융 전문가들, 은행 및 투자은행의 트레이더와 경영진들에게도 번져 나갔다. 거품이 절정에 올랐다는 것은 파멸이 다가왔다는 것과 동의어였다. 2006년에 이미 다수의 서브프라임 대출이 부실화됐으며, 곳곳에서 집값 상승세가 꺾이고 있었다. 사방에서 위험 신호가 울렸다. 위험 수위는 날이 갈수록 올라갔다. 무언가 조치가 필요한 때였다.

그런데 대형 은행 및 투자은행의 최고경영진들이 이 경고를 무시했다. 리먼브러더스의 임원 몇 명이 최고경영진 풀드에게 부동산 및 유동화 증권에서 손을 떼자고 충고했다. 풀드는 이를 묵살하고 더 많은 부동산과 증권을 매입했다. 가장 강경하게 풀드의 방침에 반대한 임원인 마이클 걸밴드는 해고당했다.

씨티그룹, UBS, 메릴린치 역시 트레이더들의 우려에도 2006년 말에도 심지어 2007년 초에도 거듭해서 CDO 자산을 늘렸다. 2007년 초 프라이빗에쿼티펀드의 수장 크리스토퍼 플라워스는 베어스턴스 최고경

월가 시위
글로벌 금융 위기 당시 월가의 고액 연봉자들이 보인 도덕적 해이는 후에 "월가를 점령하라"라는
구호를 앞세운 시위로 연결된다.

영자인 앨런 슈워츠에게 증자를 권했다. 그는 "나중에 증자가 필요하다
는 걸 깨달았을 때는 이미 늦을 것"이라고 말했다. 그러나 슈워츠는 "황
당한 소리"라면서 조언을 일축하고는 여전히 MBS와 CDO를 구입했다.

뉴욕 월가의 5대 투자은행 중 골드만삭스만이 2006년 말부터 조금씩
이나마 부동산 및 유동화 증권의 비중을 줄이기 시작했다. 훗날 5대 투
자은행 중 살아남은 기업은 골드만삭스와 모건스탠리뿐이었으며, 골
드만삭스의 상태가 제일 괜찮은 편이었다.

대체 왜 그랬을까? 하필 CEO만 모조리 바보여서는 아니었다. 문제
는 그들이 막대한 보너스를 탐냈다는 점이다. 그들은 모두 2006년에 수
천만 달러의 보너스를 받았다. 2007년에도, 2008년에도 계속해서 그런
고액 연봉을 누리고 싶었다. 그러려면 기업의 이익률을 올려야 했으며,

수익률이 높은 상품으로는 CDO만 한 것이 없었다. 또한 CEO들은 회사가 속으로 썩어 들어가든 말든, 일단 지급된 보너스는 자기 소유가 된다는 사실을 잘 알고 있었다.

21세기 들어 미국은 주주자본주의가 완연하게 자리 잡았다. 누군가의 자녀란 이유만으로 경영권을 물려받는 오너 경영보다는 주주가 중심이 돼 전문 경영인을 고용하는 게 더 낫다는 판단이었다. 문제는 아무래도 '월급쟁이 사장'은 '오너 사장'에 비해 회사에 대한 애정이 약하다는 점이었다. 더불어 주주들은 대개 장기적인 비전보다는 지금 당장 이익을 내서 자기에게 고액의 배당을 해 주길 바라는 경향이 강하다. 때문에 주주자본주의 체제하에서 전문 경영인 CEO들은 일단 단기적으로 높은 이익을 시현한 뒤 그 대가로 보너스를 잔뜩 챙기려는 흐름을 종종 보이곤 한다. 그 과정에서 장기적으로 회사에 해가 될 수도 있는 부분은 슬그머니 무시된다.

리먼브러더스 록펠러 센터
가시적인 성과를 내서 막대한 보너스를 받고 싶었던 리먼브러더스의 최고경영진들은 몇몇 임원들이 부실화되는 유동화 증권에 대해 경고했음에도 불구하고 이를 묵살했다. 결국 리먼브러더스는 글로벌 금융 위기를 견디지 못하고 파산했다.

당시 월가의 CEO들이 딱 그랬다. 그들은 수백만에서 수천만 달러의 보너스를 손에 넣기 위해 사방에서 울리는 붉은 경고등을 무시했다. 이들의 보너스에 대한 집착이 어찌나 심했는지, 후일 AIG의 경영진들은 파산 위기를 벗어나기 위해 정부로부터 1,440억 달러의 공적자금을 지원받은 상황에서도 태연히 수백만 달러씩의 보너스를 챙겨 사회적 물의를 일으켰다.

회사의 경영을 잘못해 국민 세금으로 막대한 공적자금을 지원받게 만든 장본인들이 회사 자금으로 고액의 보너스를 받는다? 믿기 힘들 정도로 지독한 도덕적 해이다. 경영권을 쥔 만큼 무거운 책임을 지는 게 당연함에도 "회사야 망하든 말든, 국민 세금이 소요되든 말든, 나만 돈을 벌면 그만"이라는 월가 경영진들의 무책임한 태도에 전 미국인들이 격분했다. 이 분노는 훗날 "월가를 점령하라Occupy Wall Street!"는 구호를 앞세운 시위로 연결된다.

월가 CEO들의 보너스에 대한 탐욕은 결국 파국을 불렀다. 공기가 가득 찬 풍선은 톡 찌르기만 해도 터지듯 절정에 오른 거품이 꺼지는 데는 한순간이면 족했다. 2007년, 집값이 뚜렷한 하락세를 그리자마자 서브프라임 대출이 대부분 부실화됐다. 서브프라임 대출로 만들어진 MBS, CDO 등 각종 증권의 가치는 75%나 폭락했다. 2008년이 되자 하락률이 더 커졌다.

그걸로 끝이었다. 월가가 자랑하던 첨단 금융 기법은 이 위기에서 아무런 소용도 없었다. '모기지 쌍둥이'인 패니메이와 프레디맥이 맨 먼저 굉음을 울리면서 쓰러졌다. 그들을 구할 수 있는 건 오직 미국인들이 낸 세금뿐이었다. 패니메이에 1,161억 달러, 프레디맥에 713억 달러의 공적자금이 투입됐다.

은행과 투자은행들의 처지도 별반 다르지 않았다. 씨티그룹은 450억 달러의 구제금융과 3천억 달러의 지급 보증을 지원받고도 모자라 결국 연방 정부에 36%의 지분을 넘겨 사실상 국유화되고 나서야 겨우 숨을 돌렸다. AIG도 거액의 구제금융을 제공받았다.

월가의 5위 투자은행 베어스턴스는 JP모건체이스에, 3위 투자은행 메릴린치는 뱅크 오브 아메리카에 각각 매각됐다. 4위 투자은행이자 부동산 및 CDO 투자에 제일 열심이었던 리먼브러더스는 부실이 너무 심해서 매수자를 구할 수조차 없었다.

2008년 9월 리먼브러더스는 결국 파산했다. 미국 역사상 최대 규모의 파산이었다. 전 세계가 충격에 빠졌다. 부동산, MBS, CDO 등에 투자했던 모든 금융 기관들이 바람 앞에 갈대처럼 휘청거렸다. 부동산이 폭락했고 주식시장은 붕괴됐다. 채권시장은 얼어붙었으며 자금은 경색됐다.

대공황과 마찬가지로 미국에서 일어난 위기는 전 세계로 번졌다. 이것이 '글로벌 금융 위기'다. 거짓된 연금술과 월가 경영진들의 도덕적 해이가 일으킨 피해 규모는 상상을 불허하는 수준이었다. 이후 10여 년이 지났건만, 세계 각국은 지금까지도 글로벌 금융 위기가 불러온 경기 침체에서 벗어나지 못한 채 허우적거리고 있다.

4장

암호화폐의 위험한 매력과
불분명한 미래

비트코인, 이더리움, 비트코인 캐시, 대시, 지캐시, 모네로, 이오스, 리플 등 암호화폐들은 이제 우리 주변에서도 쉽게 들을 수 있는 익숙한 이름이 됐다. 이들은 글로벌 투자 상품으로 자리 잡아 세계 곳곳의 암호화폐 거래소에서 거래되고 있다. 특히 10~30대의 젊은 층에서 암호화폐를 거래하는 사람들이 많다.

'XX코인', '떡상', '떡락', '존버' 등 암호화폐 투자자들의 용어를 어느새 일반인들도 흔하게 쓰고 있다. 비트코인, 이더리움 등이 얼마나 올랐는지, 얼마나 떨어졌는지 등의 이야기가 종종 들린다. 큰 이익을 남겨서 "인생이 바뀌었다"는 투자자도 있고, 반대로 막대한 손해를 보고 절망한 사람도 있다.

한국은행에 따르면, 2017년 말 기준으로 전 세계에서 거래되는 암호화폐의 종류는 총 1,335종이며, 이들의 시가총액은 5,725억 달러에 달한다. 한화로 600조 원이 넘는, 어마어마한 규모다. 이처럼 암호화폐 시장이 점점 더 커지고, 사람들의 이목이 쏠리면서 암호화폐의 미래가 어찌될지에도 관심이 커지고 있다. 암호화폐의 미래에 대해서는 흔히 "새로운 시장이 형성돼 그 가치가 점점 더 올라갈 것"이라는 희망적인 견해와 "합법적인 도박에 불과하다"는 비판이 함께 존재하고 있다.

암호화폐의 위험한 매력

암호화폐의 시초인 비트코인은 2009년 나카모토 사토시가 만들었다. 다만 그는 이름만 알려져 있을 뿐, 진짜로 일본인인지, 실제로 존재하는 사람인지도 전혀 알려져 있지 않다. 한 사람이 아니라 한 조직이라는 설도 있다.

사토시는 지금까지 존재하는 통화와는 전혀 다른 새로운 통화를 만들겠다고 발표했는데, 실제로도 그랬다. 비트코인은 단지 실물통화가 아닌, 온라인상에만 존재하는 암호화폐란 점 외에도 일반적인 통화와 크게 달랐다.

일반적으로 통화는 발행 주체가 정해져 있고, 그 주체에 의해 발행량과 유통 규모 등이 통제된다. 그러나 비트코인은 발행 주체가 없다. 즉, 아무나 만들 수 있으며, 통화량 등을 관리하는 기구 역시 없다. 비트코인은 컴퓨터로 어려운 수학 문제를 풀면 만들어지는데, 자격 요건 따위를 요구받지 않는 것은 물론 자기 신분을 밝힐 필요도 없다.

비트코인을 만드는 과정을 '캔다' 또는 '채굴'이라고 하며, 비트코인을 만든 사람을 '광부'라고 부른다. 요새는 전문적으로 비트코인을 채굴하는 기업이 여럿 생겨서 이들을 '채굴 업체'라 칭하기도 한다.

비트코인은 온라인을 통해서 전 세계 어디서든, 또 누구하고든 직접

비트코인 ATM 기기
암호화폐는 이 시대의 뜨거운 감자다.
암호화폐의 미래에 대해서는 여전히 의견이
엇갈린다.

거래할 수 있다. 관리 주체가 없기에 지켜야 할 거래 절차 역시 없다. 비트코인 거래를 위해 필요한, 비트코인용 계좌는 흔히 '지갑'이라고 불리는데, 지갑을 만드는 데도 역시 신분 증명이 필요 없다.

거래 수수료는 매우 저렴하다. 비트코인 거래 수수료는 최저 0.0005비트코인이며, 이 수수료는 해당 비트코인을 처음 채굴한 사람에게 돌아간다.

아울러 비트코인은 관리 주체가 없기에 결제에 대한 제한도 없다. 누군가가 비트코인을 받아 주기만 하면, 어떤 상품이나 서비스든 자유롭게 구매할 수 있다. 근래에는 비트코인 결제를 인정하는 기업들이 점점 늘고 있다. 심지어 비트코인 전용 선불카드까지 등장했다. 이처럼 비트코인은 매우 자유롭고 편리하다. 관련 규제가 아직 약한 데다 신분 증명이 필요 없으므로 '익명 거래'도 얼마든지 가능하다.

비트코인의 최대 매력은 그 가치가 정해져 있지 않으며, 매일매일 변동성이 매우 크다는 점이다. 관리 주체가 없으므로 당연히 주가 상하한제 같은 제도는 존재하지 않는다. 비트코인의 가격은 그야말로 '랜덤'이다. 내재된 가치가 존재하지 않는 것은 물론 어느 수준에서 형성될지 측정하는 것조차 불가능하다. 이로 인해 비트코인 가격의 변동성은 매우 심하다. 한 달 만에 2배로 뛰었다가 다시 일주일 만에 반토막 나는 일도 종종 벌어진다.

일례로 2017년 3월, 1천 달러 근방이었던 비트코인 개당 가격은 꾸준히 올라 9월 초에는 5천 달러 선을 돌파했다. 이후 열흘 만에 34.8% 폭락해 3,200달러로 떨어졌다가 다시 급등세로 전환, 2017년 말에는 2만 1천 달러까지 올랐다. 그 후에도 비트코인 가격은 급격한 변화를 거듭해서 보였다. 2018년 초 비트코인 가격이 갑자기 곤두박질쳤다. 순식간에 1만 달러 이하로 폭락하더니 2월에는 7천 달러 선도 무너졌다. 4월까지 6천 달러대에서 헤매던 비트코인의 개당 가격은 4월 말부터 반등, 5월 들어 다시 1만 달러에 육박했다.

가격의 변동성이 매우 심한 특성은 비트코인 외 다른 암호화폐들도 마찬가지다. 일례로 암호화폐인 이더리움의 개당 가격은 2017년 3월, 10달러에서 6월에는 400달러로 40배나 치솟았다. 그 후에도 급등락을 거듭하던 이더리움 가격은 2018년 5월 초 가파르게 올라 800달러 선을 넘겼다.

이토록 가격 변동성이 심하니 리스크도 굉장히 높다. 그러나 이는 또한 위험한 매력을 풀풀 풍긴다. 단 몇 주, 몇 달 만에 가격이 몇 배로 뛸 수 있다는 것은 곧 매수 및 매각 타이밍을 적절하게 잡을 경우 큰 이익을 남기는 것도 가능하다는 이야기가 된다. 단숨에 큰돈을 벌고 싶은 투자자에게 이만큼 매력적인 상품도 드물다.

실제로 법무부에서 "암호화폐 거래 금지 및 암호화폐 거래소 폐쇄를 추진하겠다"는 이야기가 나오자 암호화폐 투자자들은 거세게 반발했다. 이때 올라온 청와대 청원은 암호화폐를 '흙수저의 희망'이라고 표현했다. 그만큼 수십 배 혹은 수백 배의 이익 실현이 가능하다고 기대되는 암호화폐에 매력을 느끼는 청년층이나 서민들이 많다. 이로 인해 암호화폐를 둘러싼 시장 규모는 날이 갈수록 커지고 있다. 미국, 중국, 일본, 독일, 영국, 프랑스 등 여러 나라에서 암호화폐 전문 채굴 업체와 암호화폐 거래소가 운영 중이다. 우리나라에서도 코인원, 빗썸, 업비트, 코빗 등 여러 거래소에서 암호화폐가 활발히 거래되고 있다.

암호화폐는 '화폐'로 불리지만, 사실 결제 기능으로는 거의 쓰이지 않는다. 결제 기능에 흥미를 가지는 사람들도 거의 없다. 대신 세계 어느 나라에서든 암호화폐는 이미 투자 상품으로 받아들여지고 있다. 수많은 암호화폐 투자자들은 그 높은 가격 변동성에 관심을 기울이고 있으며, 암호화폐가 점점 더 발전할 것이라고 주장한다. 암호화폐가 글로벌 투자 상품으로 뿌리내려 새로운 시장을 형성할 것이라고 기대하고 있다.

아비게일 피델리티 최고경영자는 "암호화폐를 적극적으로 수용하겠다"면서 구내식당에 암호화폐 결제를 허용했다. 피터 틸 페이팔 창업자도 "비트코인 등 암호화폐가 사이버 금에 그친다 해도 엄청난 잠재력을 지니고 있다"며 "암호화폐를 과소평가해서는 안 된다"고 강조했다. 또한 라나 야레드 골드만삭스 이사는 "암호화폐는 사기가 아니라 미래에 더 큰 가치를 가져올 수 있는 투자 상품"이라며 "많은 고객들이 새로운 가치 저장수단으로 비트코인이나 비트코인 선물을 원한다"고 말했다.

골드만삭스는 2018년 5월 미국 대형 투자은행 중 최초로 암호화폐 시장에 본격 진출했다. 이처럼 암호화폐에 대한 관심이 뜨거워지면서 이를 제도권 금융으로 끌어들이려는 시도까지 나타나고 있다. 시카고 상품거래소와 시카고옵션거래소는 2017년 12월부터 비트코인 선물을 취급 중이다.

암호화폐, 투자인가 투기인가?

그러나 암호화폐에 대해 회의적인 시선을 보내는 사람들도 많다. "암호화폐는 투자 상품이라기보다 투기에 가까우며, 내재된 가치가 없으므로 결국 소멸될 것"이라는 의견이다. 심지어 "합법적인 도박"이라는 비판도 존재한다.

제이미 다이먼 JP모건체이스 CEO는 "암호화폐는 사기"라면서 "17세기 네덜란드에서 발생한 '튤립 버블'보다 더 나쁘다"고 비난했다. 다이먼은 나아가 자사에서 비트코인 등 암호화폐를 거래한 트레이더들을 모두 해고했다. 워런 버핏 버크셔 해서웨이 회장 역시 "암호화폐는 스스로 가치를 창출할 수 없으니 투자가 아니라 투기일 뿐"이라며 "암호화폐 투자란 결국 다른 사람이 더 많은 돈을 내고 되사기만을 바라는 것"이라고 지적했다. 그는 "암호화폐는 쥐약을 제곱한 것만큼 치명적 존재"라면서 "나쁜 결말에 이를 것"이라고 내다봤다. 찰리 멍거 버크셔 해서웨이 부회장도 "암호화폐 거래는 치매환자나 할 법한 행위"라고 꼬집었다. 누리엘 루비니 뉴욕대 교수 역시 "암호화폐는 아무짝에도 쓸모가 없다"며 "엑셀스프레드시트를 미화한 형태에 불과하다"고 평가절하한 바 있다.

한 증권사 애널리스트는 "사람들이 암호화폐의 '장밋빛 환상'에 젖어 있는 사이 거래소만 막대한 수익을 누리고 있다"고 지적했다. 실제로

워런 버핏
투자의 귀재로 불리는 워런 버핏은
암호화폐를 인정하지 않는 대표적인 투자자
가운데 한 사람이다.

2017년에 빗썸이 4,272억 원, 업비트가 1,093억 원의 당기순이익을 기록하는 등 암호화폐 거래소들은 높은 수수료 수입을 거둔 것으로 집계됐다. 또 금융 당국 조사에서 몇몇 거래소들이 규제 미비를 틈타 사기 행위를 저지른 정황이 발각돼 큰 혼란을 일으키기도 했다.

더욱이 암호화폐는 그 특유의 익명성 때문에 범죄에 악용될 위험성이 늘 우려되고 있다. 2017년 5월, 인도 북부 펀자브에서 6인조 범죄단이 현지 상인을 납치한 뒤 피해자 가족에게 몸값으로 20비트코인을 요구한 사건이 발생했다. 그해 9월 한국에서 체포된 마약 조직도 비트코인으로 마약 대금을 받았다. 이는 비트코인의 익명성이 돈세탁에 용이하기 때문이다. 2017년 7월에는 실제로 비트코인으로 돈세탁을 한 조직의 총책 알렉산더 비닉이 그리스에서 체포됐다. 비닉은 비트코인을 이용해 2011년부터 최소 40억 달러 규모의 '검은 돈'을 세탁한 것으로 알려졌다. 노르만 찬 홍콩 금융관리국 총재도 "비트코인 등 암호화폐가 '돈세탁'에 악용될 수 있다"고 염려한 바 있다.

현재 세계 각국 정부는 암호화폐 처리 문제를 놓고 고심 중이다. 미국은 되도록 암호화폐를 제도권 금융으로 끌어들이려는 자세다. 제도권의 대형 거래소에 비트코인 선물을 상장하고, 암호화폐에 양도소득세를 부과하는 등 암호화폐의 존재를 합법화하려는 움직임을 보이고 있다. 반면 중국은 암호화폐 거래소를 모두 폐쇄하고, 암호화폐 거래를 금지했다. 인도도 암호화폐 거래를 금지할 방침이다.

한국은 일단 암호화폐 거래 실명제를 실시해 거래소를 통한 거래는 반드시 실명으로 이뤄지도록 규정했다. 다만 암호화폐 거래를 전면 금지할지, 투자 상품으로 인정해 세금을 부과할 것인지 등에 대해서는 아직 갑론을박이 심한 상태다.

5장

성공한 독일 제4제국,
유로존

독일 제1제국은 신성 로마 제국을, 독일 제2제국은 '철혈 재상' 비스마르크의 구상에 따라 프로이센을 중심으로 여러 독일 소공국들이 뭉쳐진 프로이센 제국을, 독일 제3제국은 아돌프 히틀러의 나치 독일을 각각 뜻한다. 그런데 세 제국은 모두 성공과는 거리가 멀었다. 신성 로마 제국은 영토는 컸으나, 빛 좋은 개살구에 불과했다. 신성 로마 제국 황제는 교황과의 정쟁 및 이탈리아 영지 획득에 지나치게 골몰하느라 국력을 낭비했다. 무엇보다 그 과정에서 귀족들의 지지를 얻기 위해 영지 보장, 영지 내 재판권 및 치안권 보장, 면세 등 여러 특권을 퍼준 나머지 언제부터인가 점점 황제가 허수아비로 변해 갔다. 대귀족일수록 황제의 명령에 좀처럼 복종하지 않았으며, 전쟁 중에 황제를 배신하고, 적국과 손잡는 경우도 허다했다. 결국 나폴레옹 전쟁 시기 아우스터리츠 전투에서 오스트리아-러시아 연합군이 프랑스군에게 참패하면서 신성 로마 제국은 강제로 해체당했다.

비스마르크가 만든 제2제국은 처음에는 강력했다. 오스트리아를 깨고 독일 통일을 이뤄 냈으며, 프랑스를 격파한 뒤 베르사유 궁전에서 빌헬름 1세Wilhelm I의 대관식을 치렀다. 하지만 빌헬름 1세의 손자 빌헬름 2세Wilhelm II가 즉위하면서 제국에 암운이 드리운다. 비스마르크의 높은 명성과 강대한 권력을 꺼려한 빌헬름 2세는 탄광 파업을 핑계 삼아 그를 몰아냈다. 이후 빌헬름 2세는 지나치게 공격적인 식민지 확장과 '자국 우선주의'를 고집하다가 프랑스, 러시아, 영국 등 사방에 적을 만들었다. 결국 제1차 세계대전에서 패배하면서 제2제국도 끝을 고했다.

히틀러의 제3제국은 아르덴 돌파로 프랑스-영국 연합군을 궤멸시켜 프랑스를 완전히 점령하는 등 초반에는 기세를 올렸으나, 역시 초반뿐이었다. 히틀러는 승리에 들뜬 나머지 소련과 미국을 동시에 적으로 만드는 우를 범했다. 결과는 패망이었다. 제2차 세계대전 종료 후 열강은 상당한 규모의 독일 영토를 빼앗았을 뿐만 아니라 아예 독일을 동독과 서독으로 갈라 버렸다. 독일이 다시 한 나라로 통일되기까지 반세기 가까운 세월이 걸렸다.

그런데 놀랍게도 21세기 들어 독일 제4제국이 등장하는 분위기다. 그것도 매우 성공적이다. 요새 독일은 총칼을 쓰지 않고도 합법적으로 유럽 각국의 부를 빨아들이고 있다. 합법적이기에 세계 각국의 비난 세례를 뒤집어쓸 염려도, 무력 침공을 받아 붕괴될 위험도 없다. 따라서 작금의 성공 가도는 한동안 계속될 전망이다.

독일 제4제국을 탄생시키고, 나아가 눈부시게 성공시킨 기구는 바로 유로존이다. 그리고 독일이 유럽의 부를 합법적으로 훔쳐 가는 도구는 유로화다.

국가 간 양극화가 심화되다

독일은 2016년 경상수지 흑자 2,970억 달러로 세계 1위를 기록했다. 중국(2,450억 달러), 한국(987억 달러) 등보다 훨씬 큰 규모다. 반면 유럽 남부 국가들, 특히 세칭 피그스PIIGS로 불리는 포르투갈, 이탈리아, 아일랜드, 그리스, 스페인 등 다섯 나라의 경제 상황은 매우 좋지 않다. 2017년 6월 말 기준 스페인의 실업률은 17%다. 특히 2013년 이후 새로 만들어진 일자리 160만 개 중 90%가 임시직이다. 사실상 스페인 청년들이 안정적으로 소득을 올릴 수 있을 만한 일자리는 생겨나지 않고 있다. 그리스 역시 실업률 22%에 일자리의 질 악화 현상이 심각하다. 베테랑 근로자들이 현장에서 밀려나고, 경험은 없지만 임금이 낮은 파트 타임 노동자들이 그 자리를 메우고 있다.

더 심각한 문제는 피그스 등 남유럽 각국에서 실업률 상승 현상이 구조적으로 일어나고 있다는 점이다. 기업이 노동 시장에 제공하는 일자리의 구성과 취업 준비생들의 구성이 달라서 발생하는 장기 실업을 구조적 실업이라 칭한다. 현재 이탈리아의 구조적 실업률은 10% 안팎, 스페인은 최대 15%로 추산된다. 구조적 실업이 고착화되면서 장기 실업자 수도 늘어나고 있다.

2017년 6월 말 기준 그리스의 실업자 중 장기 실업자 비중은 70%가 넘는다. 이탈리아도 전체 실업자의 약 60%인 120만 명이 장기 실업자로 조사됐다. 스페인은 50% 수준이다.

피그스 국가들은 또한 감당하기 힘든 빚으로 인해 비틀거리고 있다. 2016년 말, 그리스의 국내총생산 대비 국가 부채 비율은 무려 153%에 달했다. 이탈리아(120%), 아일랜드(114%), 포르투갈(98%) 등의 국가 부

유럽중앙은행
유로존의 핵심 기구 가운데 하나인
유럽중앙은행 전경

채 비율 역시 매우 높은 수준이다. 자칫 부채 상환에 차질을 빚을 경우 유럽중앙은행ECB을 비롯해 독일 등 유로존 핵심부 국가들이 다시금 구제금융을 제공해야 하는 처지로 몰릴 수도 있다.

이처럼 지난 십여 년간 유럽 국가들 사이에서는 양극화 현상이 심화되고 있다. 독일은 계속해서 고공비행을 하는 반면 그리스, 스페인, 포르투갈, 이탈리아, 아일랜드 등 피그스는 불황의 늪을 헤맨다. 그사이 그들의 위상도 크게 낮아졌다. 이탈리아는 우수한 제조업과 명품 산업 및 관광업을 내세워 본래 'G7'으로 꼽혔다. 지금도 'G7'의 일원으로 거론은 되지만, 그 위상이 크게 내려왔다.

2000년대까지만 해도 우리나라보다 우위에 있던 스페인의 경제력은 이제 대한민국 아래로 떨어졌다. 2016년 기준 스페인의 1인당 국내총생산은 2만 6,643달러로 대한민국(2만 9,115달러)보다 적다. 인구도 대한민국(약 5,100만 명)이 스페인(약 4,600만 명)을 능가하므로 국가 경제규모 역시 우리나라가 더 크다. 글로벌 신용평가사 무디스는 대한민국의 신용 등급을 3등급으로, 스페인은 10등급으로 평가했다.

왜 이런 현상이 벌어지고 있는 걸까? 단지 독일인들이 똑똑하고 근면하고 우수한 것과 달리 그리스인들은 멍청하고 게을러서일까? 과도한 복지가 그리스를 망친 걸까? 정오부터 오후 3시까지는 모든 상점이 문을 닫고, 관공서와 기업 역시 일을 하지 않는 풍습이 이탈리아의 잠재력을 갉아먹은 걸까? 스페인인들이 게으르고, 관광업에만 의존하다가 폭삭 무너진 걸까?

그렇지 않았다. 유럽 내 국가 간 양극화 심화는 유로존과 유로화의 근본적인 결함에서 비롯됐다.

최적통화지역이 아닌 상태로 출발한 유로존

유럽연합, 그리고 유로존은 두 차례 세계대전의 유산이다. 제1차 및 제2차 세계대전의 여파로 유럽은 완전히 파괴됐다. 수천만 명의 사람이 죽고, 헤아릴 수 없이 많은 산업 시설이 폐허로 변했다. 유럽의 경제는 심대한 타격을 입었으며, 그들의 세계 패권마저 무너졌다. 그사이 세계의 헤게모니는 한때 유럽 각국이 변방에 불과하다고 경멸하던 미국으로 넘어갔다.

"더 이상 유럽에 대규모 전쟁이 발발해서는 안 된다. 그것은 너무 끔찍하다"는 것은 전 유럽인들의 일치된 바람이었다. 이리하여 우선 유럽의 분쟁을 미연에 방지하기 위한 기구, 유럽연합이 1993년 탄생했다. 유럽연합은 이사회, 집행위원회, 유럽의회, 유럽사법재판소, 유럽회계감사원 등으로 구성됐다.

유럽연합의 궁극적인 목표는 유럽 구성원들의 안전 보장과 유럽 내 단일 시장 성립이다. 즉, 유럽의 경제를 완전히 하나로 통합시키는 것이다. 유럽위원회는 「하나의 시장, 하나의 통화」 보고서에서 "유럽 경제의 통합이 유럽에 진정한 평화를 도래시키고, 나아가 유럽 경제를 크게 발전시킬 것"이라고 예상했다.

유럽 각국의 경제를 하나로 통합시키기 위해 필수적인 절차는 통화의 단일화다. 특히 압도적인 경제력을 지닌 미국에 대항하기 위해서는 유럽 각국의 단합이 꼭 필요한 점, 유럽 국가끼리도 달러화로 수출입 결제를 하다 보니 환율 변화에 취약한 점 등이 추진력을 일으켜 유럽연합 탄생 직후부터 통화 단일화가 적극적으로 논의됐다.

1999년 유럽통화연맹이 발족됐으며, 마침내 2002년 유로존이 태어났다. 유로존 내에서 쓰는 단일 통화는 유로화로 정해졌다. 그 외에 유로존 내에서는 관세를 면제하고, 금융 거래 장벽도 낮추기로 했다. 드디어 달러화와 대결할 수 있을 만큼 강력한 통화가 탄생한 것이다. 유로화는 태어난 지 얼마 되지 않아 엔화를 제치고, 달러화 다음으로 신용도 높은 국제 결제 통화로 떠올랐다. 유로존 내에서는 거의 유로화만 쓰이면서 유로화의 가치는 계속 올라갔다. 유럽이 하나의 시장으로 통합되면서 유럽 각국의 교류 증대와 경제 발전에도 크게 기여했다. 그러나 세계 5위권 내에 드는 경제 강국인 영국은 유럽연합에는 가입했으면서도 유로존 가입은 거부했다. 영국은 유로존 탄생 후에도 유로화가 아니라 자체 통화인 파운드화를 썼다.

금융업이 크게 발달한 영국이었기에 유로화의 근본적인 결함, 그리고 그 결함이 초래할 파국을 미리 예측한 것일까? 여하튼 영국은 유로존 가입을 거부한 덕에 독일에 자국의 부를 빼앗기는 억울한 꼴은 면할 수 있었다.

사실 유로존과 유로화는 시작부터 근본적인 결함을 안고 있었다. 가장 큰 문제점은 유로존이 출발할 때, 아직 최적통화지역을 이루지 못했

유로존 국가
유로화를 현재 사용하고 있는
유럽연합 회원국(검정색)

다는 점이었다. 최적통화지역이란 하나의 지역이 한 통화를 사용하기 위해 반드시 달성돼야 하는 조건을 뜻한다. 재정 통합, 자유로운 노동 이동, 상품 가격 및 임금의 신축성, 경기 변동 시 동일한 영향 등이 최적 통화지역을 이루는 조건에 해당한다.

무엇보다 유로존은 재정이 통합되지 않았다. 유로화라는 단일 통화를 사용하면서도 프랑스, 독일, 이탈리아, 스페인, 그리스 등 유럽 여러 나라들은 각각 따로 재정을 운용했다. 이 통화와 재정의 분리가 훗날 그리스 재정 위기 등 피그스 국가들의 재앙을 잉태하는 씨앗이 되었다.

단일 통화 사용 시 재정 통합의 중요성

최적통화지역 이론에서는 단일 통화를 쓰는 지역의 재정 통합을 필수적인 요소로 꼽고 있다. 한 나라 안에서 발생하는 지역 간 경제력 격차 및 단일 통화의 결함을 해소하는 데 재정 통합만큼 좋은 수단이 없기 때문이다. 우리나라를 예로 들면, 여러 지자체 중 가장 부유한 곳은 서울, 경기도 등 수도권이다. 세금도 제일 많이 낸다. 그런데 수도권에서 걷은 세금이 온전히 수도권에만 쓰이느냐 하면, 그렇지는 않다.

서울시는 전국에서 가장 부유한 지방자치단체다. 지방세를 통한 세수만으로도 넘쳐흐르는 돈을 주체 못해 여러 공공건물들이 화려하기 그지없는 건물로 지어질 정도다. 시청을 비롯해 서울시 내의 각 구청 등은 모두 현대식 예술을 가미한, 기하학적인 미를 추구하고 있다. 그리고 당연히 이렇게 사치스러운 건물들의 건축비는 매우 비싸다.

그런데 서울 시민과 서울시 소재 기업 등이 내는 세금은 지방세뿐만이 아니다. 지방세의 10배가 넘는 규모의 국세 및 간접세 등을 국가에, 즉 중앙 정부에 납부하고 있다. 중앙 정부는 이 돈으로 국방, 치안, 교육, 소방 등 각종 국책 사업을 영위한다. 특히 국책 사업에서 중요한 부분 중 하나가 경제적으로 열악한 지자체를 지원하는 것이다. 자립 능력이 없는 지자체의 모자란 예산을 메꿔 주는 것은 물론 해당 지역 내의 도로, 철도 등 사회간접자본 건설, 교육 지원, 다양한 복지 정책 등을 국가 예산으로 시행하고 있다. 이런 열악한 지자체 지원에 쓰이는 세금 중 가장 큰 비중을 서울시 등 수도권이 점하고 있다. 그런데 자신이 낸 세금이 다른 지자체를 위해 쓰인다고 해서 서울 시민이 손해인 걸까? 그렇지 않다. 서울시는 가난한 지자체와 같은 통화, 동일 환율을 쓴다는 것만으로도 이미 충분한 이익을 누리고 있다.

어느 지역이든 부유할수록, 수출이 잘될수록 그 지역의 통화 가치가 올라가기 마련이다. 통화 가치 상승으로 인해 원·달러 환율 등이 하락하면, 그만큼 해외 시장에서의 가격 경쟁력이 떨어져 수출 감소로 이어지게 된다. 반면 수입품은 국내 시장에서의 가격 경쟁력이 올라가므로 수입 증가가 일어나곤 한다. 수출은 줄고, 수입은 늘어나므로 해당국의 경상수지는 악화된다.

즉, 서울시만으로 환율을 책정할 경우 환율이 급락하게 된다. 그런데 다른 지자체의 경제력과 통합해 환율이 산정되므로 그만큼 환율이 올라가는 효과가 발생한다. 이는 곧 수출 증대 및 경상수지 개선으로 연결된다. 반대로 가난한 지자체는 본래 환율이 더 올라가야 되는데, 서울시와 단일 통화를 쓴다는 이유로 환율 상승이 억제된다. 그 때문에 경상수지가 악화되므로 손해를 보고 있는 셈이다.

이 문제를 해결해 주는 것이 재정 통합이다. 서울시 등 부유한 지자체에서 걷은 세금으로 가난한 지자체를 지원해 준다. 그럼으로써 가난한 지자체의 손해를 보상해 주고, 하나의 국가 체제를 유지하는 힘을 만들어 내는 것이다.

유로존에는 이런 시스템이 마련돼 있지 않았다. 그리하여 모든 부는 서울시로, 즉 독일로 빨려 들어가게 되었다.

융성하는 독일 제4제국과 무너지는 피그스 경제

유로존 성립 당시 경제학자 마틴 펠드스타인은 "유럽은 최적통화지역을 이룰 수 없다"며 유로화의 미래에 대해 회의적인 입장을 내놓았다. 배리 아이첸그린과 폴 크루그먼도 이에 동의했다. 이와 달리 경제학자 제프리 프랑켈과 앤드류 로스는 "지금은 유로존이 최적통화지역이 아니지만, 일단 유로화가 도입되면 자연스럽게 최적통화지역으로 진화할 것"이라며 '최적통화지역 내생성' 이론을 주장했다.

그러나 지나고 보니 결국 전자가 옳았다는 것이 증명됐다. 후자의 이론은 인간의 이기심, 특히 '님비NIMBY, Not In My Backyard 현상'을 제대로 이해하지 못한 것이었다. 인간은 결과적으로 모두에게 이익이 돌아가더라도 지금 당장 내가 약간의 손해를 보는 듯하면, 이를 참아 내지 못한다. 그래서 부자가 끝없는 탐욕을 부리다가 민란이나 혁명을 두들겨 맞는 것이다.

독일과 남유럽 국가들이 같은 통화를 쓰니 자연스럽게 21세기 들어독일의 경상수지 흑자가 점점 커지기 시작했다. 독일은 부국이고, 제조업 강국이라 수출도 잘되므로 통화 가치가 올라간다. 통화 가치 상승은곧 수출 경쟁력 약화로 연결된다. 이를 증명하듯 1990년대 후반 독일의경상수지는 적자였다.

하지만 유로화 도입 이후 모든 것이 달라졌다. 피그스 등 유로존 주변부 국가들의 가난함과 미약한 수출은 통화 가치를 떨구는 역할을 했다.즉, 새로 탄생한 유로화는 과거의 독일 마르크화보다 가치가 낮았다.이는 자연히 독일 상품의 수출 경쟁력을 끌어올렸다. 반대로 독일로 수입된 외국 상품의 가격 경쟁력은 낮아졌다.

덕분에 유로존이 성립된 2002년부터 적자 상태를 면치 못하던 독일의 경상수지가 갑자기 흑자로 전환됐다. 이후에도 독일의 경상수지 흑자는 계속 확대돼 2007년에는 독일 국내총생산의 6%를 넘어섰다. 오늘날 독일은 세계 최대 경상수지 흑자국이다. 반면 피그스 국가들의 경상수지는 시간이 지날수록 악화됐다. 1990년대 후반만 해도 흑자를 유지하던 아일랜드의 경상수지는 유로화 도입 후 적자인 채로 굳어졌다.

2000년대 중반에는 경상수지 적자가 국내총생산의 4~5%에 달했다. 이탈리아도 비슷한 처지가 됐다.

그나마 이들은 그리스, 스페인, 포르투갈 등의 처참함에 비하면 훨씬 나은 상황이다. 1990년대 후반, GDP의 0~2% 수준이던 세 나라의 경상수지 적자는 21세기 들어 큰 폭으로 확대됐다. 2007년 스페인의 경상수지 적자는 GDP의 9%를 넘어섰다. 포르투갈의 경상수지 적자는 GDP의 약 6%에서 12%까지 크게 너울거렸다. 그리스가 제일 심각했다. 2008년 그리스의 경상수지 적자는 GDP의 15%까지 치솟았다.

이렇게 된 원인은 결국 독일과 그리스가 단일 통화를 쓰는, 어이없는 상황에서 비롯된 것이라 할 수 있다. 즉, 독일의 통화 가치는 올라야 할 만큼 올라가지 않았고, 그리스의 통화 가치는 내려가야 할 만큼 내려가지 않았다. 그만큼 그리스가 가져야 할 부가 독일로 흘러갔다.

독일과 그리스 사이에 재정 통합이 되어 있었다면, 독일에서 걷은 세금을 그리스 지원에 썼을 것이다. 그러나 유로존은 재정 통합이 이뤄져 있지 않았다. 독일이 거둬들인 막대한 경상수지 흑자는 독일 역내에만 머물렀다. 그나마 세계 경기가 호황일 때는 큰 문제가 불거지지 않았다. 피그스 등 유로존 주변부 국가들이 경상수지 적자를 자본수지 흑자로 메운 덕이었다.

유로존이 결성되면서 피그스 국가들의 신용도가 크게 올라갔다. 그 결과 신용부도스와프CDS 프리미엄과 국채 금리가 낮아졌다. 덕분에 부동산, 주식 등 자산 가치도 상승하기 시작했다. 여기에 독일 부자와 대기업들이 눈독을 들였다.

사람이든, 기업이든 돈을 벌면 그다음은 투자를 생각하기 마련이다. 막대한 경상수지 흑자를 챙긴 독일, 프랑스 등 유로존 핵심부 국가들에게 이제 막 뜨기 시작한 피그스 등 유로존 주변부 국가들은 매력적인 투자처였다. 같은 유로존 소속이기에 신용도가 높다는 점도 그들의 투자를 부추겼다. 그리하여 독일 등의 자본이 피그스로 흘러들었다. 특히 스페인, 아일랜드 등에서는 부동산 시장이 놀라운 활황세를 보였다.

피그스 국가들의 자산 가치가 계속 오르자 물가도 급격하게 상승했다. 이는 곧 해당국 노동자들의 실질 임금을 증가시켰으며, 나아가 이곳에서 생산된 물건 가격까지 올렸다. 가뜩이나 환율이 비우호적인 상황에서 임금 증가분이 물건 가격에 얹어지자 피그스 국가들의 수출은 더 부진해졌다. 경상수지 적자폭은 늘어나기만 했다. 반면 독일 등에서는 자본수지 적자를 기록하는 바람에 자산 가치가 상승하지 않았다. 자연히 물가, 실질 임금 등도 별로 오르지 않아 독일 제품의 수출 경쟁력은 오히려 더 강화됐다. 독일의 경상수지 흑자 폭은 더욱더 커졌다. 이 와중에 2008년, 미국에서 발생한 글로벌 금융 위기가 피그스 경제에 치명타를 가했다.

경기가 나빠지면, 부자와 대기업들은 보유 자산을 매각하고, 현금 보유량을 늘리는 쪽으로 움직이게 된다. 금융 위기가 터지자 그간 피그스에 투자됐던 독일, 프랑스 등의 자본이 빠져나가기 시작했다. 여전히 심각한 경상수지 적자에 자본수지 적자까지 겹치자 피그스 등 남유럽 국가들은 대번에 휘청거렸다.

너무 급격하게 비틀거리는 피그스 국가들의 경제 상황은 글로벌 자본에 붉은 경고등을 발했다. 그들은 단일 통화를 쓴다는 이유만으로 국가의 경제력까지 엇비슷해질 수는 없다는 사실을 그제야 깨달았다. 특히 수백 년간 축적된 기술력, 자본력, 인적 자원 등 국가 경제의 기초 체력 부문에서 차이가 컸다. 결국 독일은 독일이고, 그리스는 그리스다.

독일과 그리스가 똑같은 유로화를 쓴다고 해서 그리스가 독일이 될 수는 없었다.

나폴레옹이 말했듯 자본가들은 오직 이익만을 탐한다. 특히 글로벌 자본은 한 나라의 경제 안정이나 건전함에는 흥미가 없다. 피그스 국가들이 위험하다고 느끼자 가차 없이 투자금이 빠져나갔다. 자본수지 적자가 확대되면서 피그스 국가들의 신용도가 떨어지고, CDS 프리미엄과 국채 금리가 상승했다. 이는 곧 자산 가치 하락으로 연결됐다.

부동산과 주식 가격이 떨어지면, 이를 담보로 돈을 빌려준 은행에 비상이 걸린다. 앞서 살펴보았듯이 서브프라임 사태와 글로벌 금융 위기의 근본 원인이 주택 가격 하락이란 점은 유명한 사실이다. 집값이 내려가면서 담보 대출 회수가 어려워지자 미국의 은행과 투자은행들이 대번에 파산 위기로 몰렸다.

피그스 등 유로존 주변부 국가들에서 벌어진 일도 마찬가지였다. 자산 가격 하락세 탓에 어마어마한 규모의 대출이 부실화됐다. 유로존 주변부 국가의 은행들은 파산 위기에 처했다. 은행을 구하기 위해 각국 정부는 막대한 공적자금을 쏟아부어야 했다. 그 결과 피그스 국가들의 국가 부채가 눈덩이처럼 부풀어 올랐다. 자연히 빚에 눌린 국가 경제는 더 심하게 망가져 갔다. 피그스 국가들을 더 괴롭게 한 부분은 정부에게 최종 대부자 역할을 해 줄 중앙은행이 존재하지 않는다는 점이었다.

IMF 위기 당시 우리나라가 국제통화기금으로부터 구제금융을 받을 수밖에 없었던 것은 국고에 외화 부채를 갚을 외화가 부족한 탓이었다. 사실 원화 부채는 어떻게든 갚을 수 있다. 여차하면 한국은행이 최종 대부자 역할을 수행해 줄 수 있기 때문이다. 즉, 발권력을 동원해 '헬리콥터 벤'처럼 원화를 마구 찍어 뿌리던지 정부가 발행한 국채를 한국은행이 무제한으로 인수해 주면 된다.

하지만 외화 부채는 그럴 수 없다. 한은에서 달러화 등 외화는 찍어 내지 못하기 때문이다. 수출해서 벌어 오든지, 어딘가에서 빌려 오든지 두 가지 방법밖에 없다. 김영삼 정부의 실책으로 인해 외화 대출을 받을 통로가 모두 막히자 결국 정부는 IMF에 손을 내밀 수밖에 없었다. 이때의 아픔 때문인지 그 후 우리나라 정부는 외환 보유고 적립과 외화 유동성 확보에 몹시 애를 쓰고 있다. 2018년 2월 말 기준 한국은행의 외환 보유고는 3,948억 달러로 세계 9위 수준이다. IMF 위기가 발생했던 1997년 말의 204억 달러와 비교해 19배 이상 부풀어 오른 것이다. 특히 한국은행은 거의 매년 사상 최고치를 경신할 정도로 외환을 쌓고 있다. 그러고도 모자라 세계 각국과 통화스와프를 체결하는 등 외화 유동성 확보에 많은 노력을 기울이고 있으며, 금융 당국은 국내 은행의 외화 유동성 비율을 엄격하게 감독하고 있다.

다소 편집증적으로 느껴질 정도의 집착이지만, 그래도 이렇게 확보한 외환이 글로벌 금융 위기 당시 한국 경제를 받쳐 주는 든든한 대들보 역할을 했다. 정부가 늘 "대한민국의 펀더멘털은 견고하다"고 외치는 배경에는 풍부한 외환 보유고가 있다.

일본 정부의 부채는 천문학적임에도 글로벌 자본은 이에 대해 별로 우려하지 않는다. 여전히 일본의 신용도는 무척 높고, 국채 금리는 낮다. 세계 경기가 후퇴할수록 엔화 가치는 거꾸로 상승한다. 엔화는 손꼽히는 안전 자산이다.

이는 일본 정부의 부채 대부분이 일본 기업과 국민들에게 진 빚, 즉 엔화 부채이기 때문이다. 이 빚은 언제든지 일본은행이 발권력을 동원해 해결할 수 있다. 그래서 천문학적인 부채에도 불구하고 일본의 CDS

프리미엄이 매우 낮은 것이다.

반면 그리스, 이탈리아, 스페인 등 피그스 국가들의 국가 부채는 대부분 유로화 부채다. 유로화는 유럽중앙은행에서 발행한다. 따라서 이들 국가의 중앙은행은 자신의 정부에 최종 대부자 역할을 해 줄 수 없다. 물론 유럽중앙은행이 발권력을 동원하면, 이들의 빚은 해결된다. 그러나 유럽중앙은행은 유로존 전체의 중앙은행이며, 유럽중앙은행의 정책 하나하나마다 여러 유로존 국가들의 이해가 첨예하게 대립하고 있다. 유로존 일부 국가, 특히 경제력과 발언권이 약한 피그스 국가들만을 위해 발권력을 동원하는 것은 불가능하다.

이에 따라 현재 피그스 등 유로존 주변부 국가들은 헤어 나오기 힘든 늪에서 허우적거리고 있다. 반면 유로존 핵심부 국가들은 때 아닌 경제 부흥을 만끽하고 있다. 특히 예전부터 제조업 강국으로 유명했던 독일이 가장 큰 이익을 누렸다. 품질 좋기로 유명한 독일 물건이 가격까지 싸지니 세계 각국에서 수요가 급증했다. 독일의 수출액과 경상수지 흑자 규모는 나날이 커져 매년 사상 최대치를 경신하고 있다.

독일 경제는 지금 역대 최고의 융성기를 달리는 중이다. 식민지나 속국을 여럿 거느렸던 과거보다 오히려 지금이 훨씬 더 나을 정도다. 식민지는 그곳에 군대와 관료 조직을 유지해야 한다. 그 운영비가 워낙 높아서 해당 식민지를 유지하는 게 더 손해인 경우도 많았다. 속국 역시 외적이 침입하거나 재정 위기 시 지원해야 하고 복잡한 내부 문제를 해결해 줘야 하는 등 신경 써야 할 부분이 많다. 그만큼 시간과 비용이 소요된다.

그러나 지금 독일은 식민지나 속국 같은 힘들고 어려운 수단을 쓰지 않고도 합법적으로 유럽 각국의 부를 빼앗아 오고 있다. 비용과 인력의 투자, 타국의 비난, 전쟁 혹은 반란의 가능성 등 여러 리스크에서 제외된 채 유로존 주변부 국가들로부터 오직 이익만 흡수하고 있는 것이다. 그야말로 식민지를 경영하는 것보다 훨씬 더 유리한 구조다. 그래서 흔히 유로존을 '독일 제4제국'이라 칭한다.

유로존과 유로화는 지속 가능할까?

그리스의 재정 위기가 발발했을 때 우리나라에서 처음 나온 원인 분석은 과도한 복지였다. 직후 그에 대한 반론으로 "탈세 문제가 더 심각하다"는 의견이 나왔다. 이 두 가지 의견은 모두 핵심에서 비껴갔다고 할 수 있다. 진짜 핵심은 독일에 그리스의 부를 강탈당할 수밖에 없는 유로존이란 시스템이다. 독일과 그리스가 유로화라는 단일 통화, 같은 환율을 쓰는 것은 그 자체로 그리스에게는 식민지보다 더한 수탈이다. 그러다 보니 그리스가 디폴트(채무불이행)나 그렉시트(그리스의 유로존 탈퇴)까지 감수하겠다고 외친 끝에 결국 거대한 규모의 국가 부채 탕감을 얻어 냈을 때, 우리나라에서는 "저런 배짱을 배워야 한다"고 감탄했지만, 그리스인들은 전혀 그렇게 느끼지 않았다.

2011년, 그리스는 채권단과 50%의 국채 삭감을 합의하고, 1천억 유로가 넘는 빚을 탕감받았다. 그 후 독일, 프랑스, 네덜란드 등 여러 유럽 국가들과 유럽중앙은행로부터 수천억 유로의 구제금융을 지원받았다. 뿐만 아니라 2015년에도 공공 부채 30%를 탕감해 달라며 최대 채권국인 독일을 졸라 댔다. 이에 앙겔라 메르켈 독일 총리가 부정적인 입장을 밝히면서 양국 관계가 매우 험악해지기도 했다.

어떻게 보면, 그리스가 무리한 요구를 늘어놓는 것 같다. 하지만 최소한 그리스 입장에서는 지극히 정당한 요구였다. 그리스의 시각으로 볼 때, 재정 통합 없이 유로존을 출범시켜 독일 등 일부 국가들만 막대한 이익을 누리는 것 자체가 매우 불공평한 시스템이라 할 수 있다. 결국 그리스가 원하는 것은 서울시에서 걷은 세금이 가난한 지자체로 흘러가는 것과 같은 구도라 할 수 있다. 독일 재정의 지원을 받는 것은 그리스 입장에서는 당연한 권리로 여겨졌다.

다만 서울시와 다른 지자체는 수천 년 동안 한 나라라는 동질감을 공유해 왔다. 그래서 자신이 낸 세금이 타 지자체 지원에 쓰여도 서울 시민들이 느끼는 거부감은 그리 크지 않다. 반면 독일과 그리스 등 남유럽 국가들에는 그런 동질감이 없다. 독일인들은 그리스에 거듭해서 구제금융을 제공하는 것에 염증을 내고 있다. 그리스에 무상 지원을 하는 게 아니라 엄연히 빌려주는 것임에도 독일인들은 이에 불만이 많다. 유로화 덕에 눈부신 경상수지 흑자를 시현했지만, 그런 기억은 이미 그들의 머릿속에서 사라지고 없었다. 이래서는 독일 정치가들이 유로존을 유지하기 위해 그리스를 지원해야 한다는 사실을 깨닫더라도 실제로 수행하기가 어려워진다. 일반 시민들의 반발을 사 다음 선거에서 정권을 잃을까 두렵기 때문이다.

2017년 독일 연방 하원 선거에서 극우정당 '독일을 위한 대안'이 94석을 차지해 원내 제3당으로 우뚝 섰다. '그리스 등 타 유럽 국가에 대한 지원 반대'가 그들이 표를 얻은 주된 이유였다.

거꾸로 그리스인들은 무상 지원도, 부채 탕감도 싫어하면서 자꾸 빚을 갚으라고 독촉하는 독일에 분노를 금치 못하고 있다. 유로화로 재미를 볼 때는 즐거워하면서 그 이익을 약간이나마 나누자는 요구에는 질

색하는 독일인들의 행태는 그들에게 지독하게 이기적으로 느껴졌다.

유로화를 발행하는 유럽중앙은행이 발권력을 동원해 그리스, 이탈리아, 아일랜드 등을 도우려 해도 역시 독일의 반대가 가로막았다. 유럽중앙은행이 그리스 등에 최종 대부자 역할을 수행한다는 것은 곧 유로화 발행량이 대폭 늘어난다는 뜻이다. 통화량이 증가하면, 유로화의 가치는 떨어진다. 이는 독일, 프랑스 등 유로화 채권을 잔뜩 쥔 유로존 핵심부 국가들에게 반가운 상황이 아니다. 자신의 재산이 감소하는 것을 누가 즐기겠는가?

대신 독일은 피그스 국가들에게 재정 긴축을 통해 돈을 아끼고, 빚을 갚을 것을 권했다. 하지만 개인 단위와 달리 국가 단위 경제에서 절약은 결코 미덕이 아니다. 경제가 불황으로 흐를 때, 모든 정부는 확장적인 재정 정책을 취한다. 시중에 돈을 풀어 자금 경색을 풀고, 소비자들의 소비를 진작시키기 위한 정책이다. 이를 통해 당장 국가 경제의 막힌 숨을 틔우고, 유동성 위기에 처한 사람과 기업들을 돕는 것이다.

뉴딜 정책의 성공 이후 경기가 부진할 때 정부가 적극적으로 재정을 풀어야 한다는 것은 상식으로 받아들여지고 있다. 따라서 안 그래도 불황의 그림자가 짙은 상황에서 정부가 재정을 확대하긴커녕 거꾸로 긴축을 실시하는 것은 자살행위에 가깝다. 시중에 돈이 사라지고, 소비 부진이 극심해진다. 기업의 실적은 고꾸라지고, 실업률은 더 올라간다. 이처럼 디플레 스파이럴deflationary spiral의 마수가 나라를 휘감으면, 국민들의 고통 지수는 급상승한다. 기업은 실적이 하락할 경우 매출을 늘리기 위해 종종 바겐세일을 한다. 다만 그러면서도 이익률을 유지하기 위해 노동자의 임금을 깎고, 구조조정을 실시한다. 이 경우 노동자의 소득이 감소해 더 싸진 물건 값도 감당하지 못하게 되므로 소비가 나아지지 않는다. 그러면 기업은 매출 감소를 충당하기 위해 또 근로자들을 해고한다. 아예 기업이 파산하면서 대규모의 실직자가 발생하기도 한다. 따라서 소비 부진은 더 심각해진다. 이와 같은 구도로 디플레이션이 점점 더 심해지는 것을 '디플레 스파이럴'이라고 칭한다. 뿐만 아니라 경기 부진 탓에 세수까지 감소하므로 결국 긴축의 효과마저 얻을 수 없게 된다.

자연히 그리스인들은 이런 고통을 강요한 독일을 혐오하게 됐다. 2017년 들어 또다시 그렉시트 이야기가 나온 것은 이런 배경에서 비롯됐다. 이에 따라 여러 전문가들이 유로존의 지속 가능성에 대해 회의적인 의견을 표출하고 있다. 에릭 슈타인 이튼 벤스 국제 채권 디렉터는 "1년에 한 번씩 유럽발 위기를 겪는 것 같다"며 "유럽의 현안들은 마법처럼 해결되지는 않고 있다"고 지적했다. 구제금융 제공 등으로 일단 위기를 넘긴다 해도 유로화의 근본적인 결함은 전혀 해소되지 않고 있음을 꼬집은 것이다. 니콜라 마이 핌코 국제 국가 신용 분석 연구원은 "유로존 붕괴는 장기적으로 충분히 가능한 시나리오"라고 예상했다.

당장 유로존이 해체될 가능성은 낮다. 피그스 국가들의 입장에서 봐도 유로화를 포기하고, 자체 통화를 발행할 경우 그들의 통화 가치는 큰 폭으로 떨어지게 된다. 이는 그들이 짊어진 유로화 부채의 상대적인 규모가 급증하는 결과를 야기하므로 쉽게 내릴 수 있는 결정이 아니다. 유로화 덕에 이익을 톡톡히 누리고 있는 독일 등 유로존 핵심부 국가들은 당연히 유로존을 떠날 이유가 없다.

따라서 한동안은 유로존이 유지될 것이다. 그러나 결국 유로존이 장기적으로 생존하기 위해서는 재정 통합이 필수적이다. 재정 통합 없이 통화 단일화만으로는 최적통화지역을 이룰 수 없다는 것이 이미 증명됐다. 나아가 최적통화지역이 성립되지 않을 시 독일만 희희낙락하는 현 상황이 지속돼 유로존 주변부 국가들의 불만과 분노를 키울 것이다. 그들의 분노가 폭발하는 순간, 유로존은 해체된다.

2017년 9월 프랑스의 대통령 에마뉘엘 마크롱은 "유로존 공동 예산을 편성하자"고 제안했다. 미국의 연방 재정처럼 유로존 전체에 쓰기 위한 공동 재정을 만들자는 의미다. 유로존의 결함을 제대로 꿰뚫어본 해법이라고 볼 수 있다. 그러나 자신의 돈이 타국을 위해 쓰이는 게 싫은 독일은 지금까지도 유로존 공동 예산에 부정적이다. 마크롱 대통령은 열심히 독일 등을 설득하고 있지만, 실제 이뤄질 수 있을지는 미지수다.

이미지 출처
*앞의 굵은 숫자는 페이지임

16 https://pixnio.com

17 ⓒ Otraff from wikimedia commons

20 『社会历史博物馆』

23 ⓒ Lutatius from wikimedia commons

27 ⓒ Heinrich Leutemann

32 ⓒ Dennis Jarvis from Wikimedia Commons

33 ⓒ 아테네 국립 고고학 박물관

41 ⓒ Jean-Baptiste Claude Eugène Guillaume

45 ⓒ François Topino-Lebrun

49 From Glyptothek

56 From Glyptothek

60 ⓒ Lionel Royer

63 ⓒ Wknight94 from wikimedia commons

67 ⓒ James Grout/Encyclopaedia Romana / Wikimedia Commons / CC BY-SA 3.0

74 ⓒ Marie-Lan Nguyen / Wikimedia Commons / CC-BY 2.5

81 ⓒ Petar Milošević from wikimedia commons

83 ⓒ Neuceu from wikimedia commons

86 ⓒ San Vitale in Ravenna.

90 ⓒ Charles de Steuben

93 ⓒ Palminellafede from wikimedia commons

95 ⓒ Flanker from wikipedia

98 ⓒ CNG from wikimedia commons

99 ⓒ Caspar van Wittel

104 (위) ⓒ Benozzo Gozzoli (아래) ⓒVergil123 from wikimedia commons

109 ⓒ Jacques-Louis David

112 ⓒ 쉬투트가르트 국립기록관

116 ⓒ Robert Walker

121 ⓒ judepics from wikimedia commons

123 https://pxhere.com/ko/photo/809999

125 ⓒ Maurycy Gottlieb

129 ⓒ Gustave Doré

133 https://commons.wikimedia.org/wiki/File:Innozenz3.jpg
136 https://commons.wikimedia.org/wiki/File:ConquestOfConstantinopleByTheCr usadersIn1204.jpg
144 ⓒ Gentile Bellini
147 ⓒ Jean-Joseph Benjamin-Constant
155 ⓒ Emanuel Leutze
156 ⓒ Bibliothèque Nationale de France
161 ⓒ Gerard Ter Borch
167 ⓒ Iijjccoo from Wikimedia Commons
169 ⓒ Norton Simon Museum
170 ⓒ Hendrik Gerritsz Pot
172 ⓒ Casimir Balthazar
173 https://commons.wikimedia.org/wiki/File:JohnLawCamp-Biloxi-1720.jpg
183 ⓒ Bibliothèque nationale de France
186 ⓒ Jacques-Louis David
187 ⓒ Bibliothèque nationale de France
195 ⓒ National Museum of American History
199 https://commons.wikimedia.org/wiki/File:Assignat_de_15_sols.jpg
202 ⓒ Antoine-Jean Gros
210 ⓒ U.S. National Archives and Records Administration
223 ⓒ Godfrey Kneller
225 ⓒ Beyond My Ken from wikimedia commons
226 ⓒ Rdsmith4 from wikimedia commons
235 https://commons.wikimedia.org/wiki/File:American_union_bank.gif
237 ⓒ National Archives and Records Administration Blue pencil.svg wikidata:Q518155
238 ⓒ National Archives at College Park
244 ⓒ John Trost.
247 https://www.archives.gov/exhibits
251 ⓒ National Archives, Washington, D.C.
252 ⓒ National Archives and Records Administration
262 https://www.flickr.com/photos/respres/2539334956/
270 ⓒ David Shankbone from flickr
271 ⓒ David Shankbone from wikimedia commons
276 ⓒ Martin E. Walder from wikimedia commons
279 ⓒ USA International Trade Administration
284 https://www.flickr.com/photos/maveric2003/

참고 문헌

『로마인 이야기』 시오노 나나미 지음, 김석희 옮김, 한길사

『바다의 도시 이야기』 시오노 나나미 지음, 정도영 옮김, 한길사, 2002

『전쟁 3부작』 시오노 나나미 지음, 최은석 옮김, 한길사, 2002

『로마 멸망 이후의 지중해 세계』 시오노 나나미 지음, 김석희 옮김, 한길사, 2009

『십자군 이야기』 시오노 나나미 지음, 송태욱 옮김, 문학동네

『살아남은 로마, 비잔틴 제국』 이노우에 고시치 지음, 이경덕 옮김, 다른세상, 2010

『결코 사라지지 않는 로마, 신성로마제국』 기쿠치 요시오 지음, 이경덕 옮김, 다른세상, 2010

『흐름을 꿰뚫어보는 경제독해』 세일러 지음, 위즈덤하우스, 2009

『불편한 경제학』 세일러 지음, 위즈덤하우스, 2010

『착각의 경제학』 세일러 지음, 위즈덤하우스, 2013

『탐욕의 도둑들』 로저 로웬스타인 지음, 제현주 옮김, 한국경제신문, 2013

『위기를 쏘다』 이헌재 지음, 중앙북스, 2012

『약탈적 금융사회』 제윤경·이헌욱 지음, 부키, 2012

『은행은 군대보다 무서운 무기다』 김준환 지음, 두리미디어, 2008

『부채의 늪과 악마의 유혹 사이에서』 아데어 터너 지음, 우리금융경영연구소 옮김, 해남,
    2017

색인